Deutscher
Mittelgebirgs-Trail

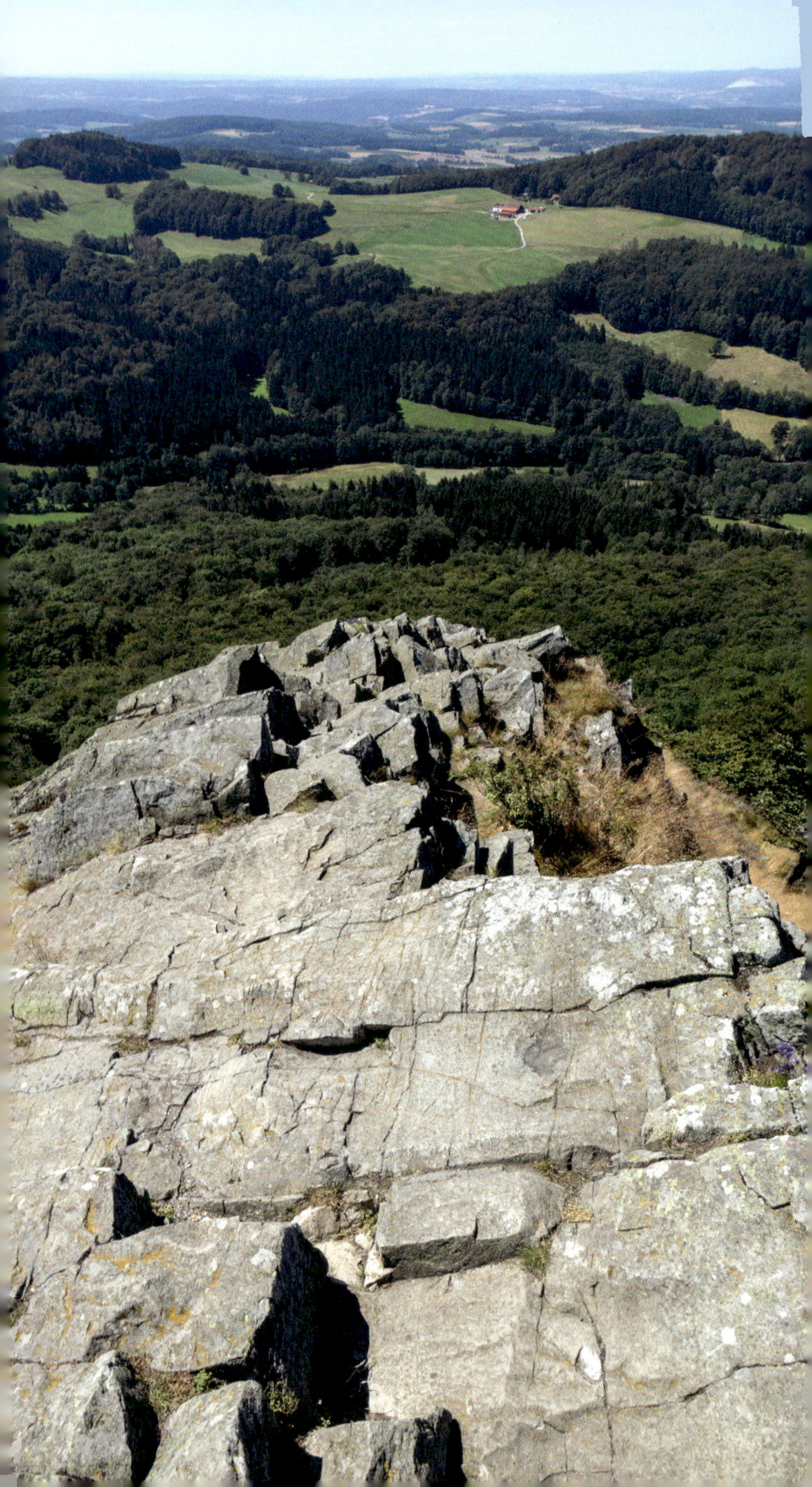

Frank Gerbert

# Deutscher Mittelgebirgs-Trail

Auf stillen Wegen
vom Schwarzwald bis zum Harz
1100 Kilometer durch eine
alte Kulturlandschaft

BERG & TAL

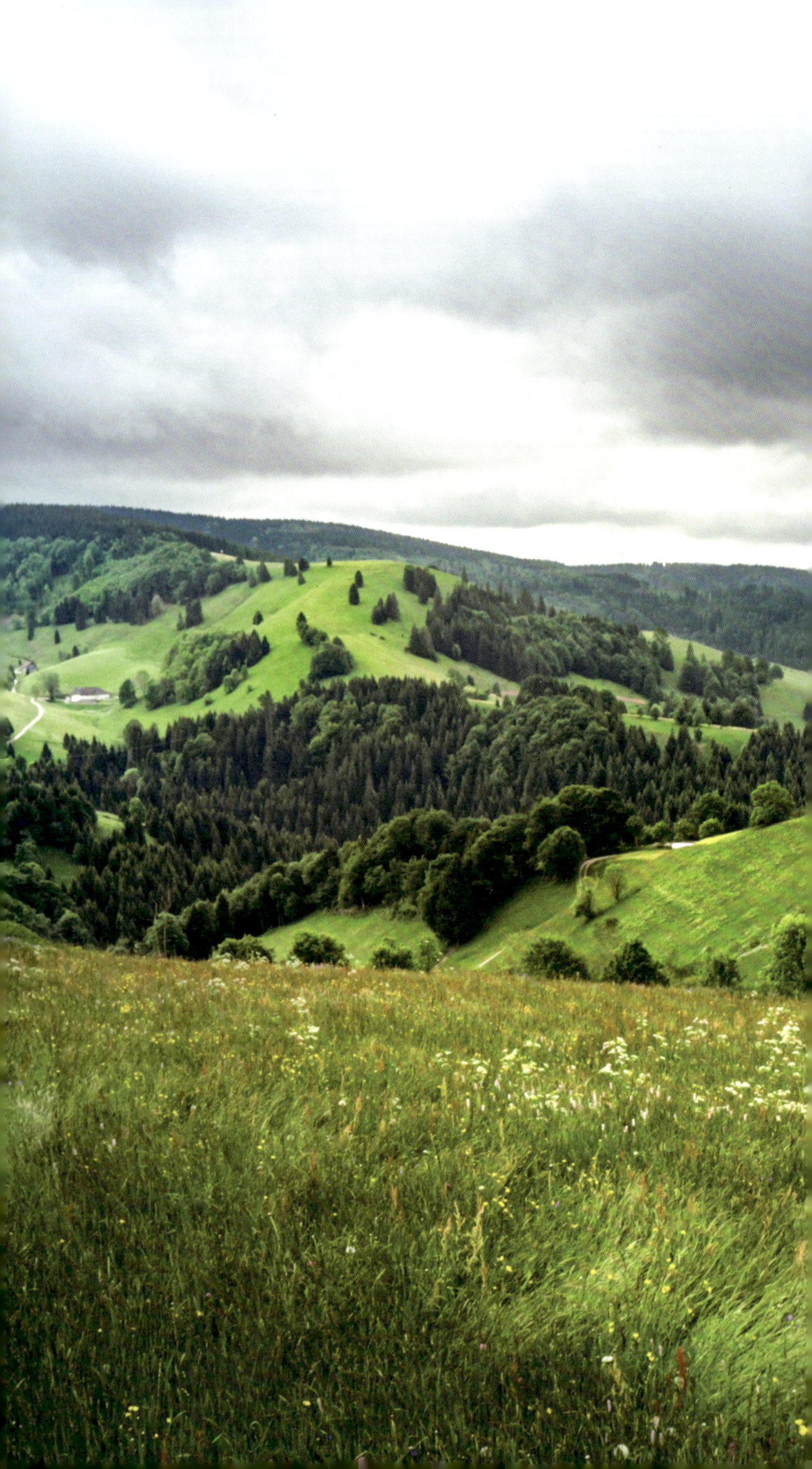

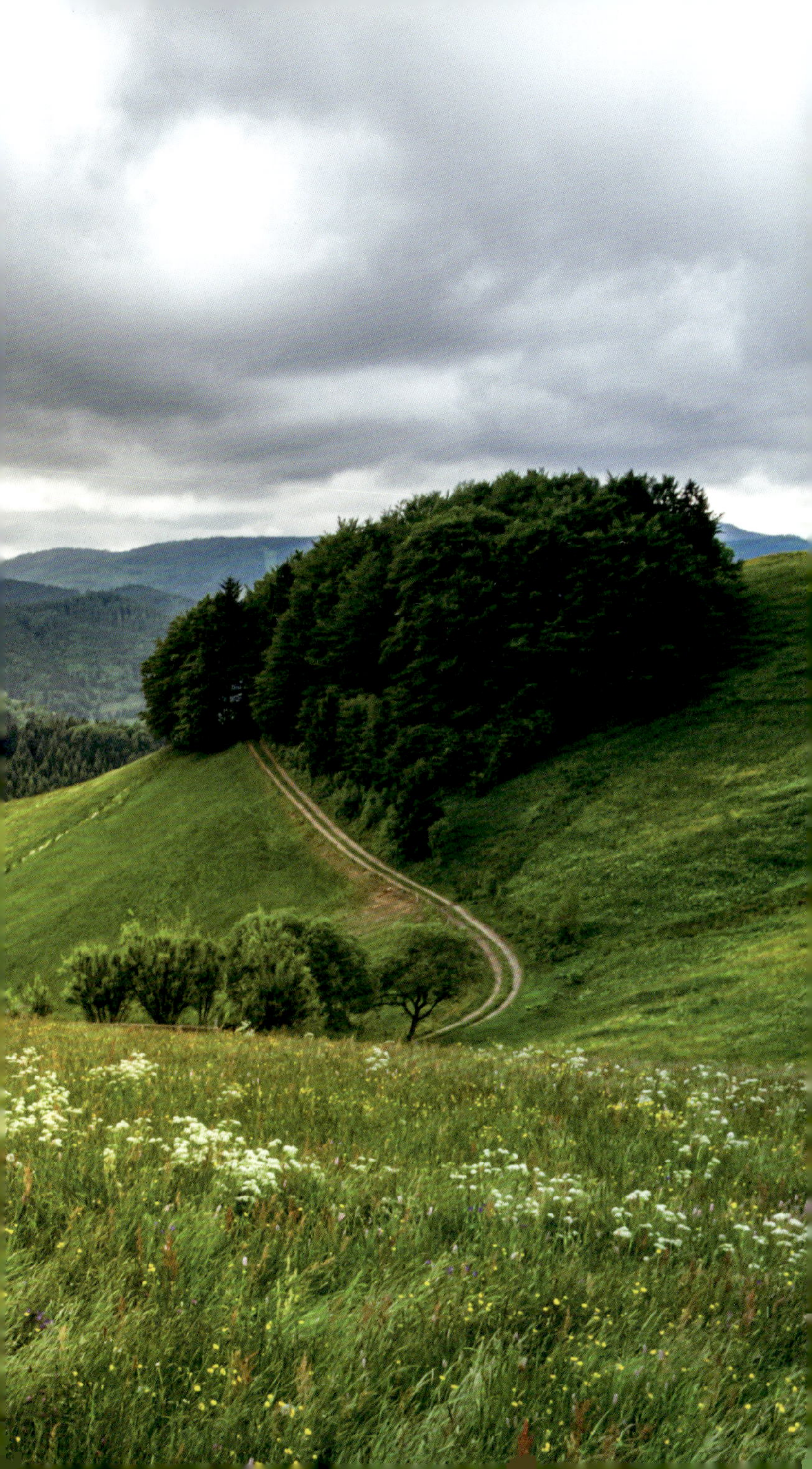

# INHALT


## EINFÜHRUNG ... 10

Warum dieser Weg noch gefehlt hat ... 11

Die deutschen Mittelgebirge: ein bisschen Geologie und Tektonik ... 18

Wie die Menschen mit den Mittelgebirgen umgingen ... 23

Alpen, Anden – und nun Odenwald? ... 30

Ein paar Ratschläge für Ihre Tour ... 34

Die einzelnen Etappen ... 39


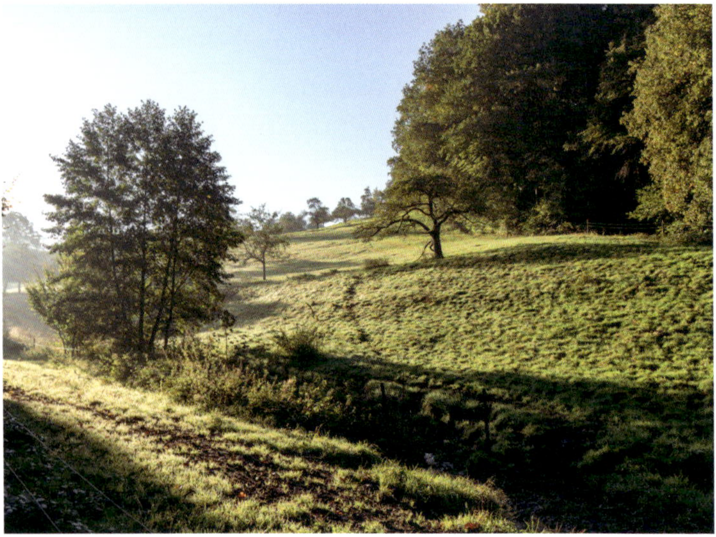

*Sommermorgen im Odenwald*


## SCHWARZWALD ... 42

1 Waldshut – Nöggenschwiel ... 43

2 Nöggenschwiel – Höchenschwand – St. Blasien ... 45

3 St. Blasien – Herzogenhorn – Feldbergpass ... 47

4 Feldbergpass – Feldberg – Hinterzarten ... 49

5 Hinterzarten – Furtwangen ... 50

6 Furtwangen – Bäracker ... 52

7 Bäracker – Farrenkopf – Hausach – Einbach – Brandenkopf . . 55

8 Brandenkopf – Harkhof – Littweger Höhe – See-Ebene – Alexanderschanze – Zuflucht . . . . . . . . . . . . . . . . . . . . . . . 58

9 Zuflucht – Schliffkopf – Ruhestein – Seekopf – Hornisgrinde – Wanderheim Ochsenstall . . . . . . . . . . . . . . . . . . . . 59

10 Ochsenstall – Unterstmatt – Sand – Badener Höhe – Forbach . . . . . . . . . . . . . . . . . . . . . . . . . . . . . . . . . . . . . 61

11 Forbach – Hohloh-Moor – Wildsee-Moor – Sommerberg – Bad Wildbad . . . . . . . . . . . . . . . . . . . . . . . . . . . . . . . . 63

12 Bad Wildbad – Calmbach – Bad Liebenzell . . . . . . . . . . . . . . 65

GÄU UND KRAICHGAU . . . . . . . . . . . . . . . . . . . . . . . . . . . 66

13 Bad Liebenzell – Friolzheim – Wiernsheim . . . . . . . . . . . . . . . 67

14 Wiernsheim – Mühlacker – Maulbronn . . . . . . . . . . . . . . . . . 68

15 Maulbronn – Sternenfels – Eppingen . . . . . . . . . . . . . . . . . . 72

16 Eppingen – Steinsberg – Sinsheim . . . . . . . . . . . . . . . . . . . . 74

ODENWALD . . . . . . . . . . . . . . . . . . . . . . . . . . . . . . . . . . . . 76

17 Sinsheim – Dilsberg – Neckargemünd . . . . . . . . . . . . . . . . . 77

18 Neckargemünd – Wilhelmsfeld – Oberflockenbach . . . . . . . . 79

19 Oberflockenbach – Tromm – Gras-Ellenbach . . . . . . . . . . . . . 81

20 Gras-Ellenbach – Lärmfeuer – Michelstadt . . . . . . . . . . . . . . 83

21 Michelstadt – Vielbrunn – Miltenberg . . . . . . . . . . . . . . . . . 84

SPESSART . . . . . . . . . . . . . . . . . . . . . . . . . . . . . . . . . . . . . . 86

22 Miltenberg – Wildensee . . . . . . . . . . . . . . . . . . . . . . . . . . . 87

23 Wildensee – Geißhöhe – Mespelbrunn . . . . . . . . . . . . . . . . . 89

24 Mespelbrunn – Waldaschaff – Heigenbrücken . . . . . . . . . . . . 91

25 Heigenbrücken – Wiesen – Lettgenbrunn . . . . . . . . . . . . . . . 92

26 Lettgenbrunn – Pfaffenhausen – Sinngrund-Jossa . . . . . . . . . 95

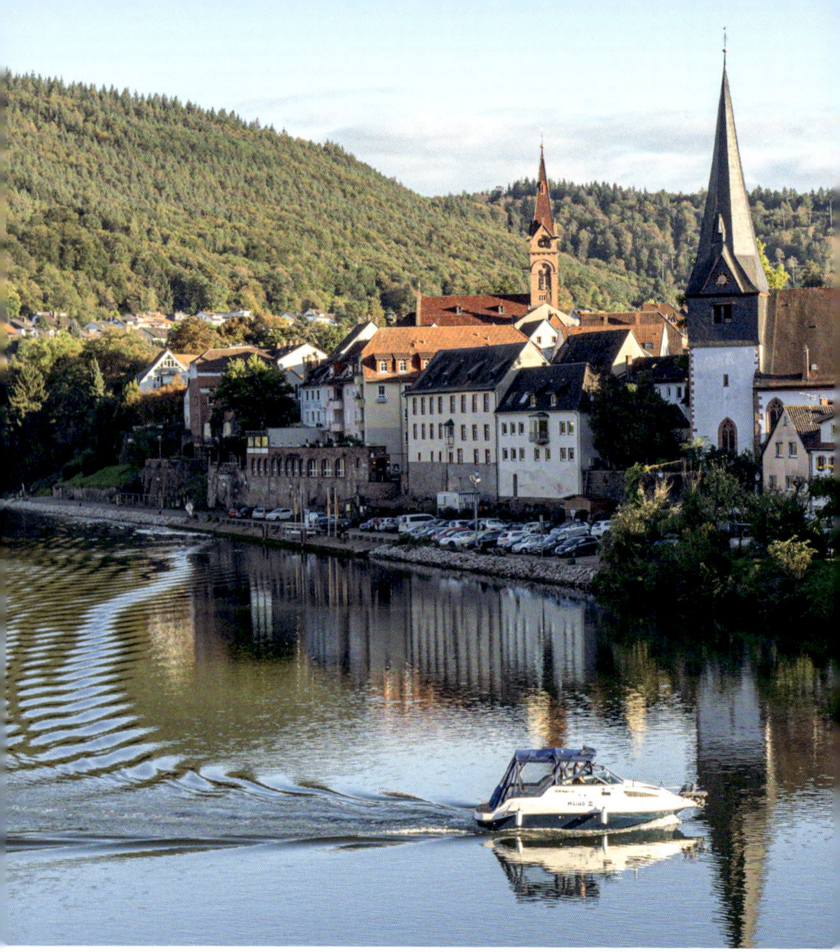

*Abendstimmung in Neckargemünd (Etappe 17 und 18)*


**RHÖN** . . . 96

**27** Sinngrund-Jossa – Schwarzenfels – Bad Brückenau . . . 97

**28** Bad Brückenau – Kissinger Hütte – Kreuzberg . . . 98

**29** Kreuzberg – Rotes Moor – Wasserkuppe . . . 100

**30** Wasserkuppe – Milseburg – Schwarzbach . . . 103

**31** Schwarzbach – Tann . . . 104

**32** Tann – Gläserberg – Dermbach . . . 105

**33** Dermbach – Pleß – Breitungen . . . 106

THÜRINGER WALD . . . . . . . . . . 108

34 Breitungen – Großer Inselsberg – Brotterode . . . . . . . . . . 109

35 Brotterode – Drachenschlucht – Wartburg – Eisenach . . . . . . 111

EICHSFELD . . . . . . . . . . 114

36 Eisenach – Creuzburg – Scherbda – Treffurt . . . . . . . . . . 115

37 Treffurt – Plesse – Hülfensberg – Pfaffschwende . . . . . . . . . . 118

38 Pfaffschwende – Heilbad Heiligenstadt . . . . . . . . . . 120

39 Heilbad Heiligenstadt – Burg Scharfenstein – Leinefelde . . . . 122

40 Leinefelde – Worbis – Holungen . . . . . . . . . . 125

41 Holungen – Weilrode – Bad Sachsa . . . . . . . . . . 126

HARZ . . . . . . . . . . 128

42 Bad Sachsa – Ravensberg – Braunlage . . . . . . . . . . 129

43 Braunlage – Schierke – Brocken – Torfhaus . . . . . . . . . . 130

44 Torfhaus – Clausthal-Zellerfeld . . . . . . . . . . 133

45 Clausthal-Zellerfeld – Seesen . . . . . . . . . . 136

LEINEBERGLAND . . . . . . . . . . 138

46 Seesen – Bad Gandersheim – Freden . . . . . . . . . . 139

47 Freden – Ammensen – Kaierde – Grünenplan . . . . . . . . . . 140

48 Grünenplan – Lauenstein . . . . . . . . . . 144

49 Lauenstein – Coppenbrügge – Springe . . . . . . . . . . 146

50 Springe – Bad Nenndorf . . . . . . . . . . 148

Register . . . . . . . . . . 152

Impressum . . . . . . . . . . 158

# EINFÜHRUNG

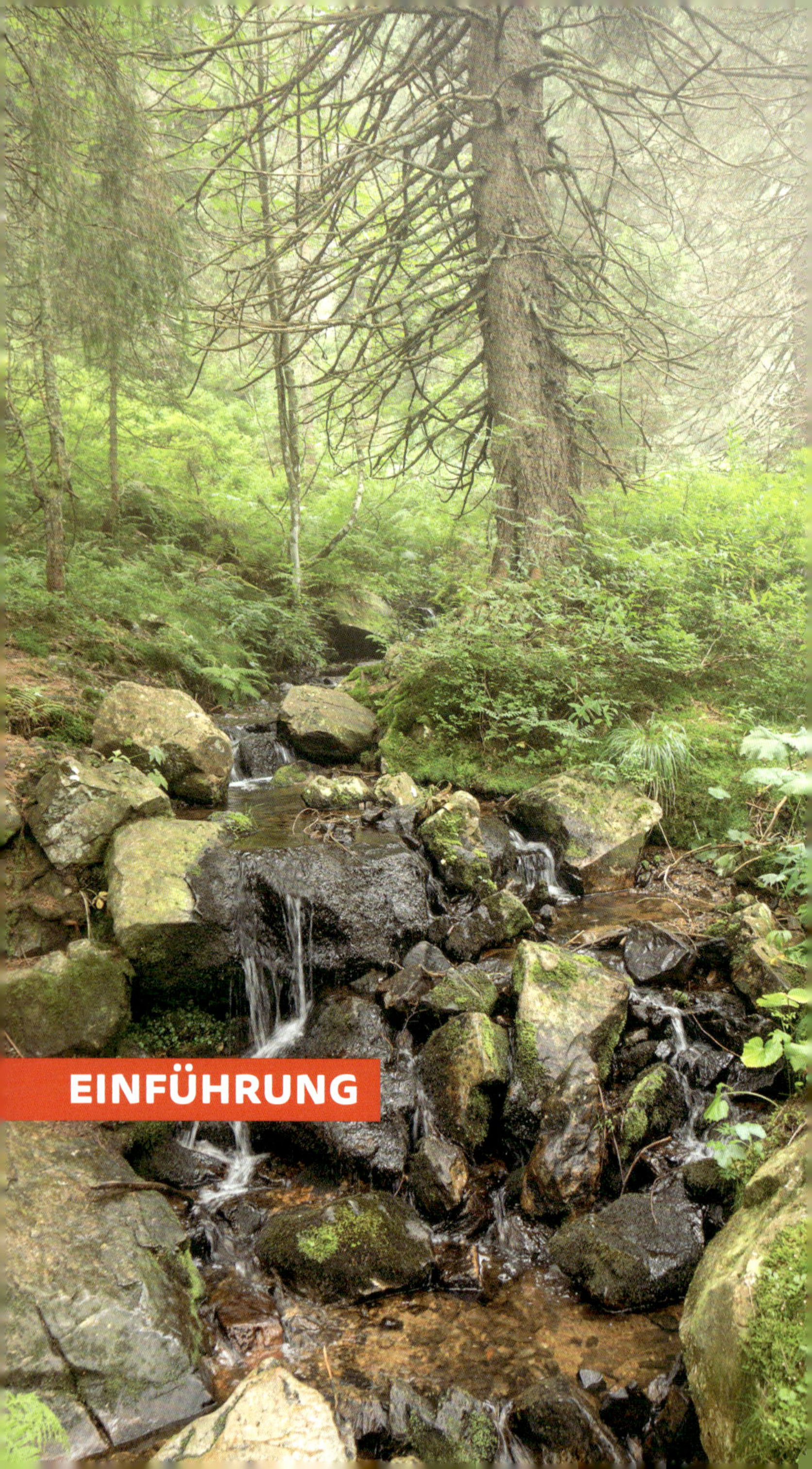

## WARUM DIESER WEG NOCH GEFEHLT HAT

Ich kann es mir denken: Manche Leute werden den Namen nicht so toll finden. Deutscher Mittelgebirgs-Trail, was soll das denn sein? Und warum überhaupt dieser Anglizismus?

***Die kürzest mögliche Antwort:* Der Deutsche Mittelgebirgs-Trail ist ein Fernwanderweg vom Süden bis ganz in den Norden der deutschen Mittelgebirge. Einen solchen gab es bis jetzt nicht! Trail heißt diese Route, weil ich versucht habe, ein deutsches Gegenstück zum Appalachian Trail zu schaffen, dem berühmten Fernwanderweg, der die östlichen Gebirge der USA durchquert.**

Und nun ein paar ausführlichere Informationen.
Der Deutsche Mittelgebirgs-Trail ist in meinem Kopf entstanden. Dann bin ich ihn gegangen, jeden Zentimeter. Sie werden bis auf Weiteres kein anderes Buch über ihn und keine entsprechenden Wegweiser in den Bergen finden. Dass sich Letzteres irgendwann ändert, hoffe ich, aber sicher ist es nicht.
Es gibt zwar bereits Fernwanderwege durch Deutschland, doch keinen, der versucht, möglichst viele der Mittelgebirge in einer mehr oder weniger direkten Route zu durchqueren. Es existieren zum Beispiel die Europäischen Fernwanderwege, von denen manche auch durch Deutschland führen. Doch haben alle von ihnen längere Abschnitte in Ebenen oder dicht besiedelten Gebieten.
Außerdem findet man zahlreiche Bücher und Online-Reiseberichte von Menschen, die Deutschland zu Fuß durchquert haben. Allerdings kam keiner von ihnen – soweit mir bekannt ist – auf die Idee, eine durchgängige Route durch die Mittelgebirge zu beschreiten. Das verstehe ich nicht! Warum durch langweilige Ebenen, große Städte und öde Industriegebiete wandern, wenn sich diese auf schönen Bergpfaden umgehen lassen?

Dass es in Deutschland keinen offiziellen Mittelgebirgs-Fernwanderweg gibt, liegt auch daran, dass das Wandern hierzulande regional organisiert ist. Erst einmal durch die Vereine: Schwarzwaldverein, Harzklub, Spessartbund, Eifelverein und viele mehr. Die kümmern sich nur um »ihr« Gebirge. Und da gibt es noch die Tourismusverbände. Die haben meistens ein noch kleineres Gesichtsfeld, setzen sich nur für jene Region ein, für die sie laut Statut zuständig sind. Deshalb schre-

*Auf dem malerischen Felsenweg am Feldberg (Etappe 4)*

cken die Touristiker meistens davor zurück, einen überregionalen Wanderweg zu propagieren, der die Gäste schnell wieder aus dem eigenen Terrain hinausführen würde.
Ausnahmen bestätigen die Regel: Es gibt Routen, die einzelne Gebirge oder Regionen durchqueren, wie den Schwarzwald-Westweg, den Hochrhöner, den Eifelsteig, den Harzer Hexenstieg… Doch am Gebirgsrand ist dann finito.

Think big! Daran hält man sich zum Beispiel in den USA. Dort existieren Trails, die jeweils mehrere 1000 Kilometer lang sind, der älteste und berühmteste davon ist der Appalachian Trail. Er verbindet die höchsten Berge im Hinterland der Ostküste miteinander und ist rund 3500 Kilometer lang. Obwohl einige der Gipfel um die 2000 Meter hoch sind, handelt es sich um ein Mittelgebirge. Die Anlage des Wegs wurde von Seiten der US-Regierung gefördert und war Teil der »New-Deal«-Arbeitsbeschaffungsmaßnahmen in den 1930er-Jahren. Hierzulande bekannt wurde der Weg durch das Buch des Autors Bill Bryson, der einen Teil des Wegs selbst abwanderte. »A Walk in the Woods« (deutscher Titel: »Picknick mit Bären«) wurde sogar verfilmt, mit Robert Redford in der Rolle des Bryson.

Besonderes Prestige genießen die »Thru-Hiker«, das sind Leute, die den gesamten Weg in einem einzigen Sommerhalbjahr zurücklegen. Dazu müssen sie schon im März vom südlichsten Punkt aufbrechen und im Oktober am nördlichsten Punkt sein. Die Begehung von Süd nach Nord ist die übliche Richtung, weil in den Südstaaten schon früh im Jahr mildes Wetter herrscht.
Mein Deutscher Mittelgebirgs-Trail ist eine Art Reverenz an den Appalachian Trail, und vor allem deshalb ging auch ich von Süd nach Nord. Allerdings spielte bei der Richtung auch eine Rolle, dass mir die südlichen Mittelgebirge schon bekannt waren, die nördlichen aber überhaupt nicht – und ich lieber vom Bekannten ins Unbekannte gehen wollte.
Wenn Sie wollen, können Sie meinen Trail auch von Nord nach Süd gehen – dazu müssen Sie lediglich die Tourenbeschreibungen von hinten nach vorne lesen. Und die Höhenmeter im Auf- und Abstieg vertauschen.
Meine Idee beim Entwurf des Mittelgebirgs-Trails war, die deutschen Mittelgebirge als EIN großes Gebirge zu betrachten. So wie die Amerikaner von den Appalachen sprechen, obwohl Teile davon auch eigene Namen haben, wie Great Smoky Mountains, Blue Ridge Mountains oder White Mountains.

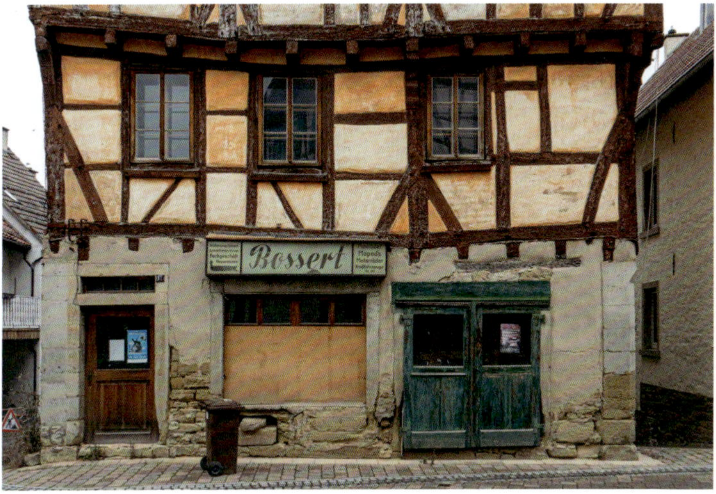


*In der Altstadt von Eppingen (Etappe 15 und 16)*

Die deutschen Mittelgebirge als ein einziges Gebirge zu betrachten, ist auch geologisch-geografisch nicht falsch. Die Fachwelt spricht vom Mitteleuropäischen Mittelgebirgsraum und meint damit alles zwischen der Norddeutschen Tiefebene und dem Alpenvorland. Das sind sozusagen unsere Appalachen. Nur zwei große Unterregionen werden dann noch unterschieden: das Südwestdeutsche Schichtstufenland und nördlich davon die Deutsche Mittelgebirgs-Schwelle. Durch beide führt mein Trail.
Ich gebe aber zu, dass der Vergleich Appalachian Trail (AT) und Deutscher Mittelgebirgs-Trail (DMT) so stark hinkt wie ich während einiger meiner Schwarzwald-Etappen (wegen eines zu klein gekauften Schuhs).

Der AT misst 3500 Kilometer, der DMT 1116 Kilometer. Der AT führt durch Wildnisgebiete und dünn besiedeltes Land (wenn auch nicht immer), der DMT durch gut erschlossene Gegenden. Wanderer des AT müssen meistens campieren und deshalb Zelt und Proviant mitschleppen, Wanderer des DMT können in Hotels und Pensionen übernachten sowie abends und meistens auch tagsüber in Gasthöfe gehen. Die AT-Hiker müssen Schwarzbären und mordlüsterne Hinterwäldler fürchten, die DMT-Wanderer (sofern keine Pandemie herrscht) lediglich Zecken und freilaufende Hunde.
Der DMT ist sozusagen ein Fernwanderweg de Luxe – sonst hätte ich ihn nicht ersonnen, denn ich mag und kann keinen 20-Kilo-Rucksack

mit Campingausrüstung schleppen. Deshalb habe ich auch nie ernsthaft erwogen, selber den AT zu bewandern.
So ganz ohne ist aber auch der DMT nicht. Er ist 1116 Kilometer lang, und 26.500 Höhenmeter sind auf- und 26.750 abzusteigen, im Durchschnitt etwa 530 pro Etappe. Eine durchschnittliche Etappe ist 22,3 km lang, dafür braucht man rund sechs Stunden (ohne Pausen gerechnet), vielleicht mehr, abhängig von den Anstiegen.

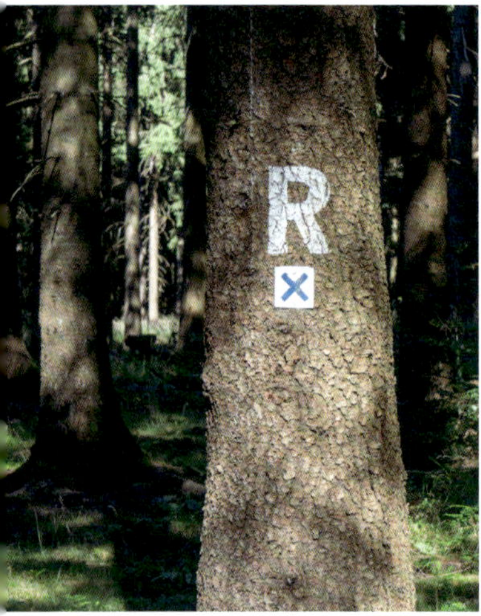

*Markierung des Thüringer Rennsteigs (Etappe 34 und 35)*

In einer »Wildnis« unterwegs zu sein, ist ja heute schwer angesagt im Bereich Wandertourismus. Hier kann der DMT nicht punkten. Doch diese Schwäche wird durch eine Stärke kompensiert.
Während im amerikanischen Gebirge nicht viel passierte, außer den Jagdzügen der Ureinwohner und später den Zugriffen der Holzfäller, war das deutsche Bergland Schauplatz einer bewegten Geschichte. Sichtbares Zeugnis davon sind zum Beispiel sehenswerte Dörfer und Kleinstädte. Der DMT bringt auch eine Begegnung mit der Vergangenheit (und Gegenwart) der deutschen Provinz.
Wahrscheinlich sollte ich hier noch begründen, warum ausgerechnet ich mir herausnehme, einen solchen Weg zu ersinnen.
Ich interessiere mich schon seit meiner Kindheit für Landkarten und Reisen, wahrscheinlich habe ich das von meinem Vater. Der führte mich auch ins Bergwandern ein, zuerst im Schwarzwald, dann in den Alpen.
Später studierte ich – neben Germanistik – Geografie und unterrichtete eine Zeitlang als Referendar Erdkunde an Gymnasien. Doch wegen der damaligen »Lehrerschwemme« musste ich umsatteln und bin Journalist und Zeitschriftenredakteur geworden. Sozusagen nebenher habe ich auch einige Wanderbücher verfasst.
In meinen mittleren Lebensjahren entflammte ich fürs Fernwandern, speziell für die Variante, die Alpen zu Fuß von Nord nach Süd zu überqueren. Zwischen 2003 und 2019 absolvierte ich zehn Alpenüberquerungen, deren Routen ich selbst entworfen habe – zusammengefasst sind sie im Buch »Alpenüberquerungen« aus diesem Verlag.

Nach zehn solcher Touren wollte ich mal etwas anderes versuchen – nämlich die deutschen Mittelgebirge zu überqueren. Nun gibt es derer ganz schön viele. Hätte ich durch alle gehen wollen, wäre dabei eine Art Kreis herausgekommen oder ein riesiges Zickzack, mit sehr vielen Etappen. Ich wollte aber am Prinzip einer »Überquerung« festhalten, und, ähnlich wie bei meinen Alpentouren, eine halbwegs geradlinige Verbindung zwischen dem Start- und dem Endpunkt haben.
Eine zweite Bedingung, die ich mir stellte, war, dass der Weg maximal gebirgig sein sollte. Zwischen den deutschen Mittelgebirgen gibt es nämlich diverse flache oder nur hügelige Gebiete. Diese wollte ich, soweit es eben ging, aussparen. Ebenso wie »Agrarsteppen«, damit meine ich Gebiete, in denen sich über viele Kilometer eine riesige Anbaufläche an die nächste anschließt. Das ist mir wohl nicht hundertprozentig gelungen, aber Ballungsgebiete und große Städte blieben außen vor.
Um möglichst gebirgig unterwegs zu sein, musste ich zunächst einmal die Rheinebene zwischen Basel und Frankfurt am Main ausschließen, ebenso das Alpenvorland, die Schwäbische und Fränkische Alb und das fränkische Hügelland. Als südlicher Startpunkt kamen damit lediglich noch der Schwarzwald und der Bayerische Wald in Frage. Beide sind sehr attraktive Wandergebiete. Eine weitere Bedingung für den Trail war aber auch, dass dieser einen maximal südlichen Punkt mit einem maximal nördlichen verbinden sollte. Hätte ich mich für den Bayerischen Wald entschieden, wäre eine deutlich kürzere Gesamtstrecke herausgekommen, denn der beginnt nicht ganz im Süden Deutschlands, sondern rund 150 Kilometer weiter nördlich.

*Zwei Große Perlmuttfalter in der Rhön (Etappe 31)*

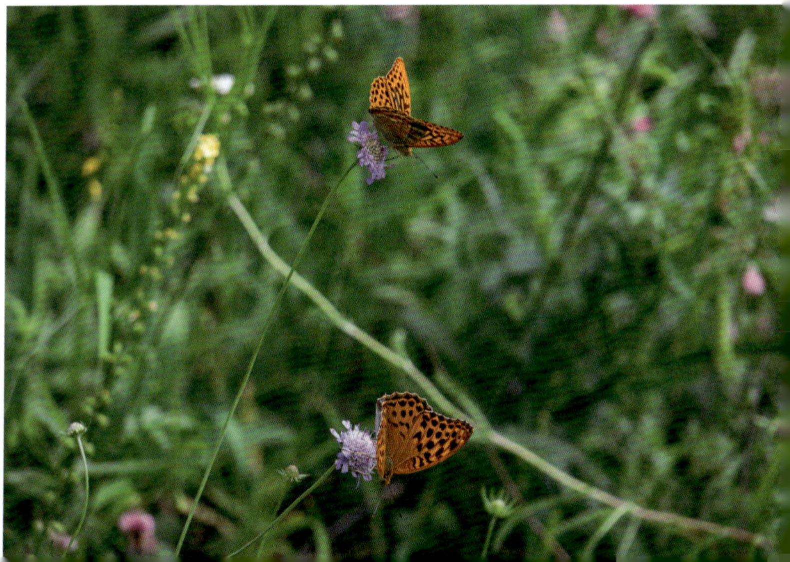

Nachdem so die Entscheidung für den Schwarzwald gefallen war, ergab sich die Route fast von allein. Eine Überquerung der Rheinebene in Richtung der linksrheinischen Gebirge kam nicht in Frage – wegen des mir auferlegten »Gebirgsgebots«, auch wenn dadurch attraktive Wandergebiete wie der Pfälzerwald und die Eifel außen vor bleiben mussten. Also kamen Odenwald und Spessart ins Programm. Vom Spessart aus nach Nordwesten zu gehen, Richtung Sauerland und Rothaargebirge, hätte mich durch die Hessische Senke um Marburg geführt, außerdem hätte ich dann die Rhön verpasst, ein klassisches (und attraktives) Mittelgebirge, das direkt nördlich an den Spessart grenzt. Vom Norden der Rhön aus wären Sauerland und Rothaargebirge nur noch in einer weiten Kurve nach Westen erreichbar gewesen, und wenn man schon mal in der Rhön ist, liegt im Osten der Thüringer Wald sehr viel näher. Zumal ich auch gerne eine längere Passage östlich der ehemaligen deutsch-deutschen Grenze gehen wollte. So kam es, dass die Rheinischen Mittelgebirge komplett außerhalb meines Weges bleiben mussten.

Klar war auch, dass der Harz als nördlichstes der klassischen deutschen Mittelgebirge in den Trail gehörte. Die Landschaft zwischen Thüringer Wald und Harz – das Eichsfeld – ist zwar nur ein »Bergland«, jedoch mit mittelgebirgigen Anteilen.

Wenn ich aber schon mal im Harz sein würde – warum dann nicht gleich ganz an den nördlichsten Punkt der Deutschen Mittelgebirgsschwelle wandern, den Nordabhang des Deister bei Hannover?

Klarstellen muss ich hier, dass ich keinen »neuen Weg« trassiert, sondern lediglich eine – wie mir scheint – sinnvolle Kombination von existierenden Wegen vorgenommen habe. Nur in Ausnahmefällen baute ich unmarkierte Wege in den Trail ein. Das schon deshalb, weil meine »Follower« es sonst sehr schwer hätten, die Route des DMT zu finden, da es ja – wie schon gesagt – keine Markierungen für diesen gibt. Der DMT folgt über längere Strecken zum Beispiel dem Schwarzwald-Westweg, dem Hochrhöner, dem Thüringer Rennsteig, dem Harzer Hexenstieg. Ich möchte mich also nicht größer machen als ich bin: Ich bin nur ein Landkarten-Tüftler, der Bestehendes neu kombiniert hat. Allerdings wurden viele Fernwanderwege nach diesem Prinzip kreiert, in den Alpen zum Beispiel der »Traumpfad München-Venedig« und die Via-Alpina-Routen.

Stark beeinflusst wurde meine Route logischerweise von der Notwendigkeit, immer Etappenorte zu finden, in denen Übernachtungsmöglichkeiten existieren. Das war oft gar nicht so einfach, denn außerhalb der touristisch geprägten Gebiete haben viele Ortschaften keine Hotels oder Pensionen.

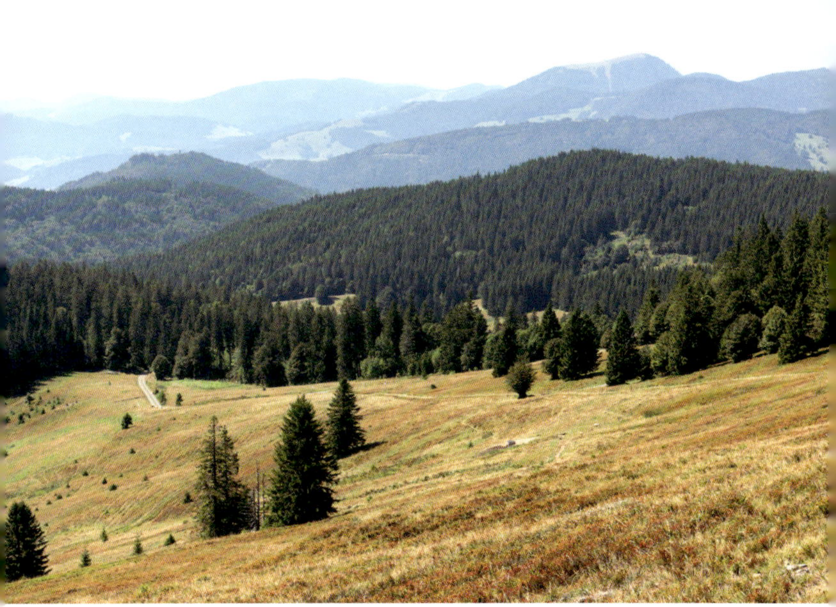

*Blick vom Herzogenhorn zum Belchen (Etappe 3)*

Einen »wunden Punkt« hat der Verlauf meines Trails durchaus (die Landeskundigen werden ihn schon bemerkt haben): Die Region zwischen dem Schwarzwald und dem Odenwald, der Kraichgau, ist kein Mittelgebirge. Ich kann die Hügel dort nicht höher machen als sie nun mal sind, konnte allerdings den Trail so weit an den Ostrand des Kraichgaus schieben, dass anderthalb Etappen durch den Naturpark Stromberg-Heuchelberg führen, bei dem man immerhin schon von einem Bergland sprechen kann.
Ich habe mal ausgerechnet, mit wie vielen Höhenmetern Anstieg pro Tagesetappe man in den einzelnen Gebirgen meines Trails rechnen muss. Hier, in absteigender Reihenfolge: Rhön, 590 Meter Anstieg pro Tag; Schwarzwald, 587 Meter; Leinebergland, 574 Meter; Eichsfeld, 543 Meter; Thüringer Wald, 535 Meter; Spessart, 526 Meter; Odenwald, 510 Meter; Harz, 460 Meter; Kraichgau, 300 Meter.
Überraschenderweise sind die »hohen« Mittelgebirge nicht unbedingt die mit dem größten Auf und Ab. Es kommt auf den relativen Höhenunterschied zwischen den Bergen und den Tälern an. Während die Rhön eher kuppig ist, haben Schwarzwald und Harz teilweise den Charakter von Hochebenen. Und, sieh an, auch der Kraichgau bringt es noch auf 300 Meter Anstieg pro Tag …
Im Übrigen ist niemand gezwungen, den DMT komplett in allen Etappen zu begehen. Wer die (wenigen) eher flachen Anteile nicht mag, kann diese auslassen und mit öffentlichen Verkehrsmitteln fahren.

## DIE DEUTSCHEN MITTELGEBIRGE: EIN BISSCHEN GEOLOGIE UND TEKTONIK

Geologie gilt als trocken und ist nicht allzu populär. Dennoch will ich hier einen kurzen und hoffentlich lebendigen Abriss der Vorgänge geben, die dazu führten, dass die hiesigen Gebirge so aussehen, wie sie es jetzt tun.

Die Erde ist etwa 4,5 Milliarden Jahre alt. Erst einmal war die Hölle los, der Planet war »feuchtflüssig« und furchtbar heiß. Durch Erkaltung bildeten sich feste Kontinentalschollen, die, angetrieben von der Hitze weiter unten, langsam auf der Oberfläche herumschipperten. Durch Abkühlung entstanden dann erste Gesteine.

So richtig etwas los war in dem Gebiet, das wir heute Mitteleuropa nennen, aber erst vor 400 bis 300 Millionen Jahren. Durch den Zusammenprall von Kontinentalschollen entstanden erste Gebirge aus kristallinem Urgestein, etwa die Vorformen des Schwarzwalds und des Harz. Aber sie existierten nicht lange, denn wer sich erhebt, wird erniedrigt werden (sagt die Bibel oder vielleicht auch Buddha – ist aber, was Berge betrifft, ganz simpel Folge der Schwerkraft). Schon während ein Gebirge emporsteigt, setzen die Kräfte der Abtragung ein. Diese Gebirge waren nach etwa 50 Millionen Jahren wieder eingeebnet.

Das heutige Deutschland trieb wild auf der Erdkugel herum und war klimatisch abwechselnd heiß und weniger heiß, feucht und dann wieder trocken, mal tauchte es ab in den Ozean, mal erhob es sich über ihn. Das führte dazu, dass sich Sedimentgesteine aus abgetragenen Gebirgen, aber auch ozeanischen Riffen ablagerten. Anders als das kristalline Urgestein sind sie meist geschichtet. Als viel Meerwasser

*Buntsandstein in der Monbachtalschlucht (Etappe 13)*

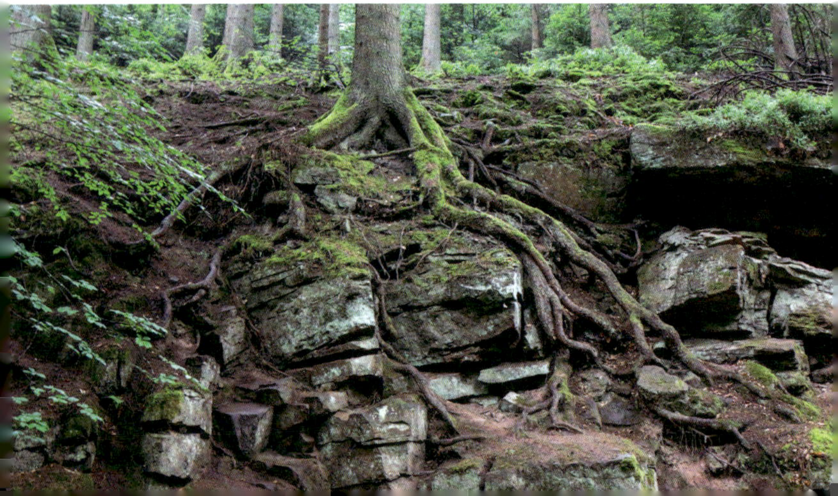

verdunstete, entstanden Gesteinsschichten aus salzhaltigem Zechstein, die sich über dem Kristallin ausbreiteten. Als das Klima trocken wurde, wurde alles von rötlichem Sand überdeckt, der sich zu Buntsandstein verfestigte. Dann ging »Deutschland« wieder unter, und Muscheln erzeugten Kalkgestein, den Muschelkalk. Dann ging's wieder nach oben, und es kam eine Lage Keuper drauf.

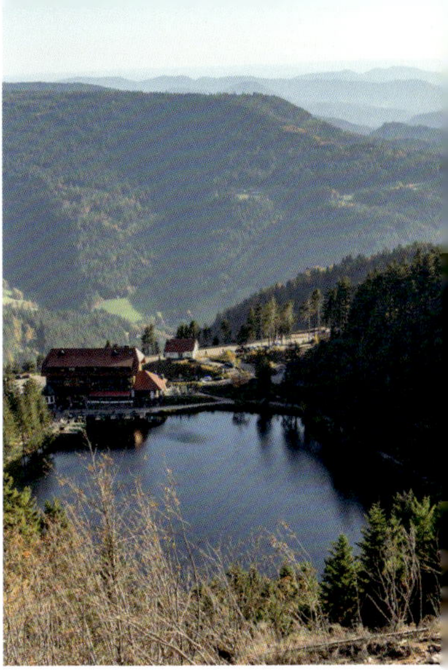

*Ein Gletscher schuf den Mummelsee an der Hornisgrinde.*

Vor 200 bis 140 Millionen Jahren gab es erneut lange Meeresphasen, in denen sich die meist hellen Jura-Gesteine ablagerten. Nicht alles war aber überschwemmt. Im Jura beherrschten die Dinosaurier die Erde, und auch noch in der anschließenden Kreidezeit, in der sich weitere Meeressedimente anhäuften. Vor 66 Millionen Jahren war dann aber für die Dinos Schluss mit lustig, wahrscheinlich wegen des berühmten Asteroideneinschlags in Mittelamerika, dessen Staub lange den Himmel verdunkelte.

Bis dahin ruhten die abgelagerten Gesteine einfach träge übereinander, doch dann wurde die europäische Erdgeschichte ziemlich lebhaft. Von Süden hatte sich die afrikanische Erdscholle an die eurasische herangeschoben und prallte nun mit dieser zusammen. Die Ablagerungen in dem dazwischenliegenden Meer wurden nach oben gequetscht und bilden die heutigen Alpen.

Der Zusammenprall blieb aber auch im Gebiet nördlich davon nicht ohne Folgen. Um sich wie in den Alpen zu falten, waren die Gesteinspakete dort freilich zu starr. Sie wurden aber gestaucht, wodurch sich Brüche bildeten, oder sie wurden schräg angehoben.

Freilich geschahen all diese Entwicklungen in Superzeitlupe, mit einigen Millimetern im Jahr. Die Vorgänge dauern bis heute an, aber wir merken kaum etwas davon, außer bei schwachen Erdbeben. Dagegen kommt es im Südostteil der Alpen, und überhaupt im Mittelmeerraum immer wieder zu schweren Erdbeben, denn auch die Hebung der Alpen und mancher mediterraner Gebirge dauert noch an. Auch das deutsche Alpenvorland gehört geologisch und tektonisch noch zu den Alpen und wird sich in den nächsten 10 bis 20 Millionen Jahren wahr-

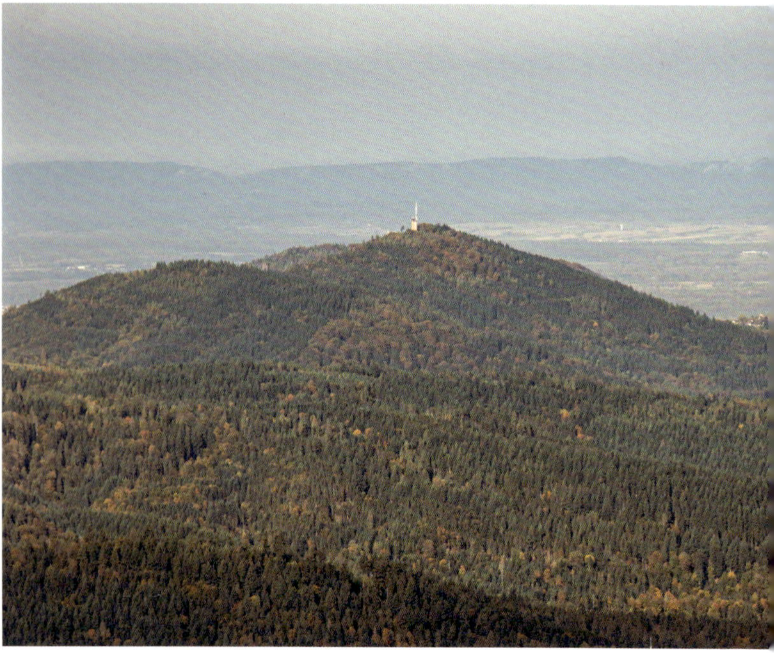

*Der Rheingraben hat sich zwischen Schwarzwald (vorne) und Vogesen (hinten) abgesenkt.*

scheinlich zu neuen Gebirgsketten auffalten. München könnte dann das neue Zermatt werden – vorausgesetzt, es gibt dann noch Städte bzw. überhaupt eine menschliche Zivilisation … Zurück zu vergangenen Jahrmillionen: Im heutigen Süddeutschland und in Ostfrankreich wurden die Sedimentgesteine zu einer flachen Kuppel aufgewölbt, die an ihrer höchsten Stelle einbrach – der heutige Rheingraben sackte ab, und die Ränder des Grabens standen nun höher als dieser, wurden von Gewässern zerschnitten und bekamen den Charakter von Gebirgen – die Vogesen und der Pfälzerwald im Westen des Grabenbruchs, Schwarzwald, Odenwald und Spessart in dessen Osten.

Gleich begann wieder die Abtragung der aufragenden Schichten, allerdings wirkte sie direkt am Grabenrand stärker. So wurde im Bereich des Schwarzwalds, Odenwalds und Spessarts alles, was über dem Buntsandstein lag, abgetragen, und erst weiter im Osten (im heutigen Württemberg und Franken) blieben teilweise Muschelkalk, Keuper und Jura-Schichten erhalten, und bilden hintereinander gestaffelte Schichtstufen. In den westlichsten Zonen des Schwarzwald und Oden-

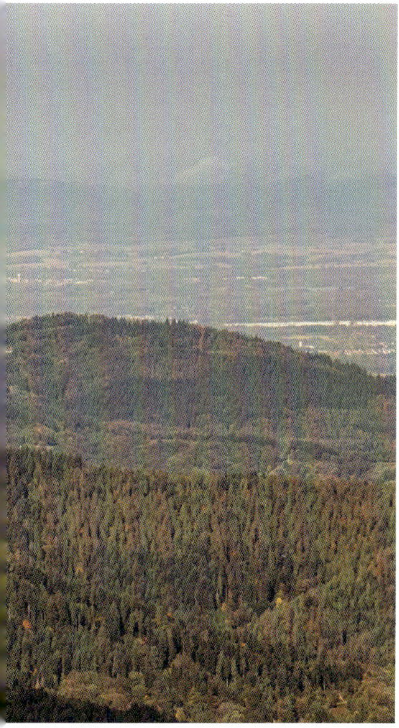

wald wurde selbst der Buntsandstein wegerodiert, und dort treten heute wieder die kristallinen Urgesteine (zum Beispiel Granit) zutage. Da aber, wie gesagt, die Gesteinsschichten schräg gestellt wurden und nach Osten hin abfallen, werden die höchsten Berge in Süddeutschland, die im Südschwarzwald, aus dem »untersten« Gestein, Granit, gebildet – der Buntsandstein kommt im Nordschwarzwald auf Platz zwei, und der Malm-Kalk als eine der obersten Schichten muss sich in der Schwäbischen Alb mit Platz drei begnügen. Eine gewisse Ausnahme macht der Kraichgau, dort hatte die Gesteinskuppel eine Art Delle, und deshalb ist er nicht so hoch. Wir finden dort auch die sonst nur weiter östlich anzutreffenden Gesteine Muschelkalk und Keuper.

Es ist doch gar nicht so kompliziert, das »Südwestdeutsche Schichtstufenland«, diese gekippte Schichttorte, zu verstehen, oder? Bei der Entstehung der im Norden anschließenden »Deutschen Mittelgebirgsschwelle« ging es jedenfalls wilder zu. Dort finden wir zwar auch die Sedimentgesteine vom Buntsandstein bis zur Kreide, aber es gab keinen ganz großen Grabenbruch wie in Süddeutschland, sondern verschiedene Bruchzonen. Der Harz und der Thüringer Wald sind Bruchschollen. Sie wichen dem Druck von Süden aus, in dem sie sich in die Höhe schieben ließen und über ihr Umland aufragen. Deshalb wurden auch hier (wie im Schwarzwald) die Deckgesteine großenteils abgetragen. Im Thüringer Wald tritt dadurch das sehr alte Gestein Rotliegendes zutage, das zur Bildung von Schluchten neigt.

Die Rhön ist ein Sonderfall. Hier kam es, ausgelöst durch den Stress aus Richtung Alpen, zu Vulkanismus. Die Sedimentgesteine wurden hier oft durch Basalt-Ergüsse überlagert oder durch Vulkanschlote durchbrochen. In der nördlichen Kuppenrhön sind diese Vulkanschlote (die meistens keine echten, feuerspeienden Vulkane waren, sondern schon unter der Erdoberfläche Halt machten) heraus erodiert worden, weil ihr Gestein härter war als zum Beispiel der Buntsandstein.

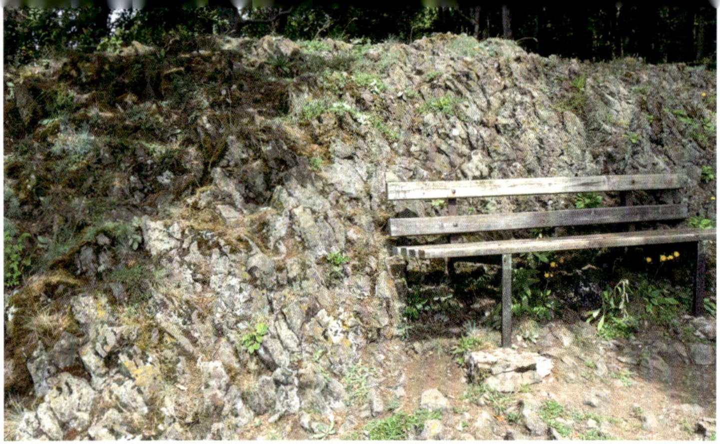

*Basaltstrukturen am Habelberg in der Rhön*

Das Eichsfeld kommt schon wieder der süddeutschen Geologie nahe. In seinem Norden sind Schichtstufen aus Buntsandstein sichtbar, in seinem Süden solche aus Muschelkalk.

Im Leinebergland stehen die Schichten schräger und ragen als Kämme auf. Im langgezogenen Ith-Kamm bildet der harte Jura-Kalk sogar Felsen aus. Im Hils und im Deister haben Kreideschichten die Anhöhen ausgebildet.
An verschiedenen Punkten der mittleren und nördlichen deutschen Mittelgebirge ist auch Zechstein (die Schicht unterhalb des Buntsandsteins) anzutreffen. Er enthält oft Buntmetalle, Stein- und Kalisalze, die in Bergwerken abgebaut wurden und zum Teil noch werden.
Sehr viel später setzten die Eiszeiten ein (ab 2,5 Millionen Jahren vor heute). Sie haben, was die Mittelgebirge betrifft, vor allem im Schwarzwald Spuren hinterlassen. Dort bildeten sich durch Hanggletscher zahlreiche Kare, in denen heute Seen oder Moore liegen. Die Wälder waren aufgrund der Kälte fast ausgestorben und haben sich erst in der Nacheiszeit wieder von Süden her ausgebreitet.

Die deutschen Mittelgebirge sehen also prinzipiell anders aus als Alpen und Co. Letztere, die »alpidischen Gebirge«, falteten sich durch den Druck von Süden und wurden weit emporgetürmt (zu ihnen gehören nicht nur Alpen, Pyrenäen, Apennin und Balkan, sondern auch Kaukasus und Himalaya). Die deutschen Mittelgebirge dienten den Alpen sozusagen als Widerlager und Prellbock, ihre Gesteine wurden zwar teilweise schräggestellt, teilweise an Brüchen angehoben, aber durch die ausbleibende Faltung dominieren Hochflächen und sanfte Bergformen.

## WIE DIE MENSCHEN MIT DEN MITTELGEBIRGEN UMGINGEN

Die prähistorischen Menschen waren aus heutiger Sicht vielleicht etwas primitiv, aber sie waren nicht blöd. Um zu überleben und sich fortzupflanzen, mussten sie Gefahren aus dem Weg gehen und vorteilhafte Gegenden finden.

Als sie sich über Europa ausbreiteten, siedelten sie zunächst dort, wo sich Tiere leicht erjagen ließen, und wo fruchtbarer Boden zu finden war. Um die Gebirge machten sie einen Bogen. Zu kalt, zu unwegsam, zu wenig fruchtbar.

In den Lössgebieten finden sich die ersten Spuren der Besiedlung. Löss ist ein kalkhaltiger Mineralstaub, der sich zu einem sehr fruchtbaren Boden verfestigt hat. Die Gletscher der Eiszeit lagerten Moränenmaterial ab, das dann von Flüssen ausgewaschen wurde, und die feinen Bestandteile wurden nach ihrer Ablagerung von Winden weggetragen und haben sich mancherorts als Löss angesammelt, meist vor Anhöhen, beispielsweise nördlich der Mittelgebirge oder an den Rändern des Oberrheingrabens.

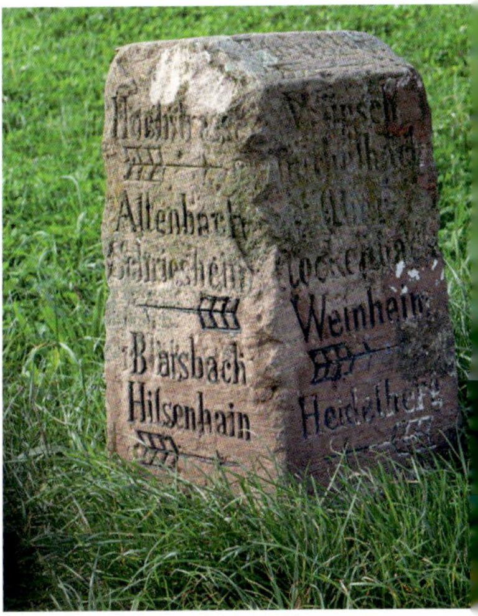


*Alter Wegweiser im Odenwald*

Etwa zwischen dem 5. und 7. Jahrhundert nach Christus gab es eine Welle verstärkter Besiedelung. Zu diesem »Altsiedelland« gehörten vor allem die Oberrheinebene, die Kölner Bucht und andere flache oder leicht hügelige Gebiete. Ortsnamen aus dieser Zeit enden oft auf -ingen und -heim. Zwischen dem 7. und 9. Jahrhundert wurden die Siedlungsgebiete etwas ausgeweitet, es entstanden Orte zum Beispiel mit den Endungen -hausen und -weiler. In dieser Zeit wuchsen auch erste Siedlungen in den Randgebieten der Mittelgebirge oder in ihren Flusstälern.

Die Bevölkerung nahm dann so stark zu, dass zwischen dem 11. und 14. Jahrhundert auch die höher gelegenen Teile der Mittelgebirge an die Reihe kamen. Dazu mussten dort erst einmal Wälder gerodet werden, oft durch Abbrennen. Daran erinnern heute noch Ortsnamen auf -reut, -rode, -brand, -lohe, -schwand, -schwende und -schlag.

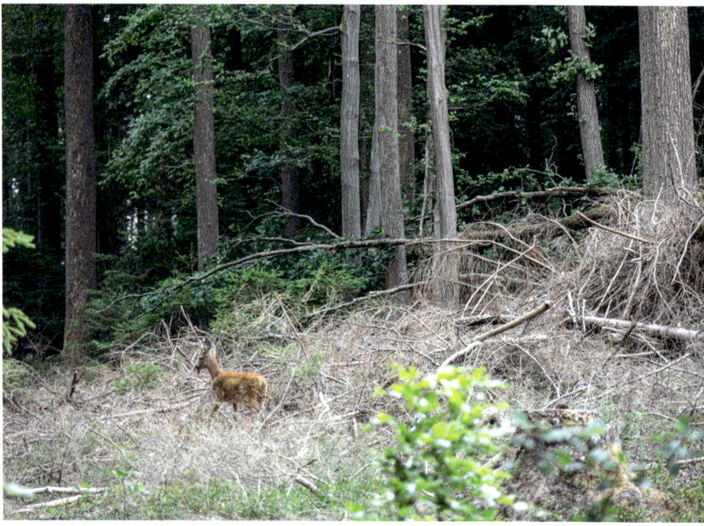

*Flüchtige Begegnung mit der heimischen Tierwelt*

Vor allem in den weniger fruchtbaren Buntsandsteingebieten hatten es die Neusiedler schwer. Zusätzlich zur Landwirtschaft entwickelten sich schnell weitere Erwerbszweige, vor allem Holzwirtschaft, Köhlerei (Holzkohleherstellung) und Bergbau. Die Mittelgebirge, darunter Harz, Thüringer Wald und Schwarzwald, wurden Zentren des Erzabbaus.

Der Holzbedarf war enorm. Der Wald litt unter dem Raubbau, zumal auch die Bauern ihre Nutztiere (Rinder, Pferde, Schweine, Schafe, Ziegen) zur Nahrungssuche dorthin trieben, wodurch zusätzlich Schäden entstanden. Mitte des 18. Jahrhunderts waren große Teile der Mittelgebirge entwaldet.

Ab Ende jenes Jahrhunderts wurde in großem Stil wiederaufgeforstet. Leider – so muss man aus heutiger Sicht sagen – vor allem mit Nadelbäumen, speziell Fichten. Die wachsen schnell und kerzengerade und sind gut zu verkaufen. Doch sie lieben kühle und feuchte Klimaverhältnisse, und deshalb leiden sie heutzutage stark unter den höheren Temperaturen und trockeneren Verhältnissen. Haben sich erst einmal Borkenkäfer eingenistet, ist nichts mehr zu retten. Vor allem in den Gebirgen der Mitte und des Nordens zeichnet sich ein großes Fichtensterben ab; im Harz ist es schon voll im Gange.

Der Wald, wie wir ihn heute in den Mittelgebirgen erleben, hat also mit einem Urwald nichts zu tun. Seine Bäume wurden entweder angepflanzt oder sind solche, die die Förster hochkommen ließen.

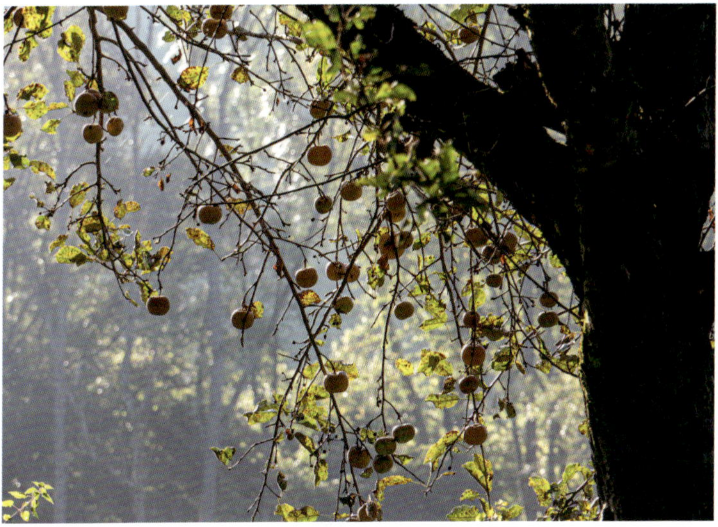

*Streuobstwiesen werden heute kaum noch gepflegt.*

Erst in den letzten 20, 30 Jahren werden in einigen Gegenden die Wälder sich selbst überlassen – abgestorbene Nadelbäume bleiben liegen, und man hofft, dass sich neue Arten, vor allem Laubbäume, ansiedeln, die den jetzigen Klimaverhältnissen besser entsprechen.

Ob Zufall oder innerer Zusammenhang: Gleichzeitig mit der Wiederbewaldung der Berge entstand im 19. Jahrhundert eine neue geistesgeschichtliche Epoche, die Romantik. Dadurch änderte sich auch die Einstellung zur »Provinz« und ihrer Landschaft. Die Gebrüder Grimm sammelten alte Märchen, der Maler Caspar David Friedrich schuf ernste Wald- und Gebirgsdarstellungen, der Schriftsteller Adalbert Stifter schilderte auf vielen hundert Seiten Landschaft und Natur des Böhmerwalds. Die Gebirge wurden zu einem Sehnsuchtsziel, auch in touristischer Hinsicht.

Allerdings änderte das zunächst nichts daran, dass die Gebiete arm blieben. Um die Mitte des 19. Jahrhunderts wanderten mehrere Millionen Deutsche, meist Mittelgebirgsbewohner, nach Nordamerika aus. Doch nach dem Bau der Eisenbahnen waren die Gebirge von den Städten aus leicht erreichbar. Zunächst wuchsen die Orte, die über Heilquellen verfügten, und bald entdeckte man auch die Lust am Wandern. 1864 wurde der Schwarzwaldverein gegründet, es folgten der Taunusklub 1868, der Rhönklub 1876 und der Erzgebirgsverein 1878. Wanderwege wurden angelegt und markiert.

Reiseführer priesen die Gebirge an, etwa der Baedeker »Rheinlande« von 1886: »Von allen Waldgebirgen Deutschlands bietet keines eine so reiche Folge erhabener wie lieblicher Landschaften, eine solche Fülle von ›Waldeinsamkeit‹, wie der Schwarzwald ... Die niedrigeren Höhen sind mit duftigen Fichten- und Tannenwald bedeckt, auf den höchsten Berggipfeln wächst nur Gras ... Sehr zahlreich sind die Mineralquellen, denen kleine Badeorte ihre Entstehung verdanken. Allerorten finden sich gute Wirthshäuser ... Der Schwarzwaldverein hat sich durch Anlage von Fusspfaden, Aufstellung zahlreicher Wegweiser etc. in hohem Grad verdient gemacht. Jährlicher Beitrag 5 Mark.«

Die einzelnen Teilregionen des Odenwalds nahmen unterschiedliche Entwicklungen. Die Bergstraße – der Gebirgssaum an der Rheinebene – ist schon seit Jahrtausenden besiedelt; das warme Klima erlaubt den Anbau von Wein. Der Kristalline Odenwald im Südwesten des Gebirges liegt eher niedrig und verfügt über fruchtbare Böden, dort herrschen Landwirtschaft und Obstbau vor. Der Buntsandstein-Odenwald war lange nur dünn besiedelt, der ursprüngliche Buchenwald wurde meist durch Fichten ersetzt.
Im besagten »Baedeker« von 1886 ist zu lesen: »So lieblich auch manche seiner Thäler sind, so grossartig die Aussicht von einzelnen Höhen, mit dem Schwarzwalde ist der Odenwald nicht zu vergleichen. Auch die Wirthshäuser stehen denjenigen im Schwarzwald nach.« Letzteres ist heute nicht mehr so; allerdings wurde der Odenwald als eines der niedrigen Mittelgebirge touristisch nie so nachgefragt wie die höhere Konkurrenz im Süden.

*Clausthal im Harz – Mittelgebirge waren Standorte des Bergbaus*

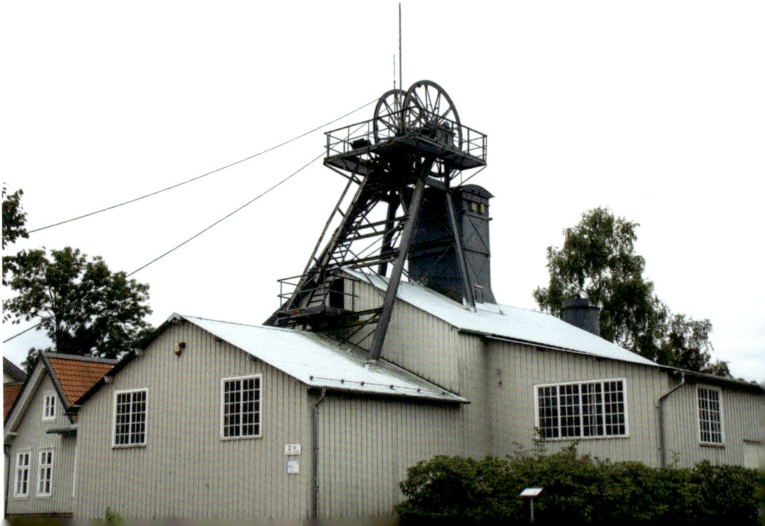

Nordöstlich des Mains schließt sich der Spessart an, geologisch und naturräumlich eine Fortsetzung des Odenwalds. Bis zum 12. Jahrhundert diente er als Jagdgebiet des Adels und war, abgesehen von den Rändern, unbesiedelt. Erst dann durften Ansiedler Waldinseln roden. Wahrscheinlich, weil die Landesherren weit entfernt in Mainz, Würzburg und Fulda saßen, konnten sich zeitweise Räuberbanden festsetzen. Dieses Phänomen griff der Romantiker Wilhelm Hauff in seiner Erzählung »Das Wirtshaus im Spessart« auf, die in den 1950er-Jahren zur Grundlage für die gleichnamige Filmkomödie wurde. Für ältere Deutsche ist dieser Streifen fast das einzige, was einem beim Stichwort Spessart einfällt. So ging es auch mir, bevor ich aufbrach. Immerhin wurde der Spessart nicht so stark mit Fichten durchforstet wie sein südliches Pendant, und darum darf seine Fremdenverkehrswerbung heute rühmen, hier existiere der größte zusammenhängende Laubmischwald Deutschlands.

Die Rhön wurde punktuell schon sehr früh besiedelt; auf der Milseburg (siehe Etappe 30) existierte beispielsweise ein keltisches Oppidum, eine befestigte Kleinstadt. Die Gegend war berühmt für ihre Buchenwälder, die aber während der Landnahme im Mittelalter zum Teil Rodungen zum Opfer fielen. Auf den Bergkuppen entstanden Burgen, in denen auch Raubritter hausten. Aufgrund der vorherrschenden Buntsandstein-Böden und der Höhenlage blieb die Rhön aber ein ärmliches Gebiet, und erst spät profitierte man vom Wandertourismus. Drei große politische Kräfte teilten sich die Rhön auf: die Bischöfe von Fulda, die von Würzburg und die Großherzöge des Hauses Sachsen-Weimar. Weil letztere zum Protestantismus konvertierten, gab es sogar konfessionelle Kleinkriege zwischen den Parteien. Letztlich gehen auch die heutigen Landesgrenzen zwischen Bayern, Hessen und Thüringen auf dieses Machtgefüge zurück.

Der Thüringer Wald wurde in größerem Stil erst ab dem Spätmittelalter besiedelt. Neben der hier sehr schwierigen Landwirtschaft gab es Gewerbe wie Bergbau, Köhlerei, Holzwirtschaft und Flößerei (der gefällten Bäume). Die Wiederentdeckung des Rennsteigs als Wanderweg gegen Ende des 19. Jahrhunderts führte zum Aufstieg des Fremdenverkehrs. In der DDR-Zeit wurde der Thüringer Wald sogar zu einer Top-Reisedestination innerhalb des Staates.

Das Eichsfeld (es wird ausgesprochen wie »Eixfeld«) ist strenggenommen kein Mittelgebirge, sondern eine Mischung aus Berg- und Hügelland. Allerdings sind die Höhenunterschiede beim Wandern (auf mei-

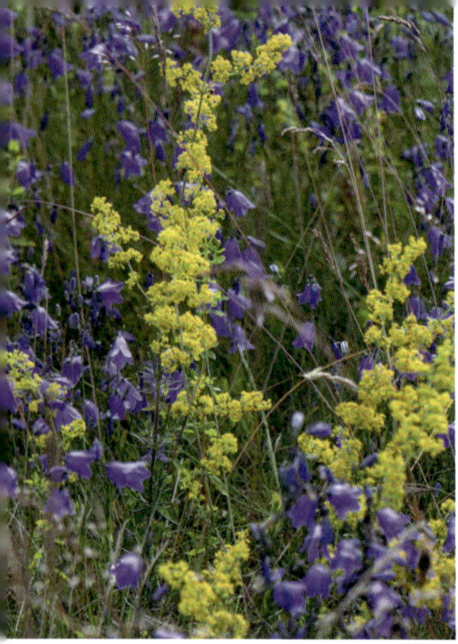

*Wildblumen in der Rhön*

ner Tour) größer als im Odenwald und Spessart; ich habe ja vor allem die bergigen Anteile gesucht. Eichsfeld ist eigentlich eine historische Bezeichnung und meint das Territorium, das die Fürstbischöfe und Kurfürsten von Mainz bis 1802 regierten. Es war eine katholische Exklave innerhalb protestantischer Gebiete.

Das niedriger gelegene Untereichsfeld um Duderstadt wurde wegen seiner Lössböden schon früh besiedelt und sogar als »Goldene Mark« bezeichnet. Schwieriger waren die Verhältnisse im Obereichsfeld. Dort finden wir die mittelgebirgstypische Mischung aus bescheidener Landwirtschaft, Forstwirtschaft und Bergbau.

Während die Randstädte des Harz wie Goslar und Quedlinburg eine alte Geschichte haben, ist das Gebirge selbst bis zum Hochmittelalter wenig besiedelt gewesen; es herrschte ein Jagdverbot zugunsten der deutschen Kaiser. Doch im 12. und 13. Jahrhundert entwickelte sich der Erz- und Silberbergbau samt Hüttenwerken, neben Goslar zum Beispiel in Zellerfeld. Durch Pestepidemien kam der Abbau vorübergehend zum Erliegen und nahm erst im 16. Jahrhundert wieder Fahrt auf. Clausthal, Zellerfeld, Altenau, Sankt Andreasberg und andere genossen als »Bergstädte« Privilegien. Das Gebirge wurde zu einem hoch industrialisierten Gebiet. Weil zum Antrieb der Entwässerungspumpen viel Wasserkraft benötigt wurde, legte man nicht nur Dutzende von Stauteichen an, sondern Kanäle, mit denen Wasser aus weit entfernten Gebieten herangeführt wurde (das sogenannte Oberharzer Wasserregal). Es existierten außerdem Tausende von Meilern zur Herstellung der für die Verhüttung notwendigen Holzkohle. Weil auch die Bergwerke Unmengen von Holz für die Schächte benötigten, war der Wald im 18. Jahrhundert – siehe oben – fast verschwunden.

Nachdem Johann Wolfgang von Goethe im »Faust« das Hexen-Unwesen am Brocken (Blocksberg) bedichtet und Heinrich Heine hymnisch über seine »Harzreise« berichtet hatte, kam das Gebirge auch für andere Naturschwärmer in Mode.

Während der DDR-Zeit lange Sperrgebiet, entwickelte sich der Brocken

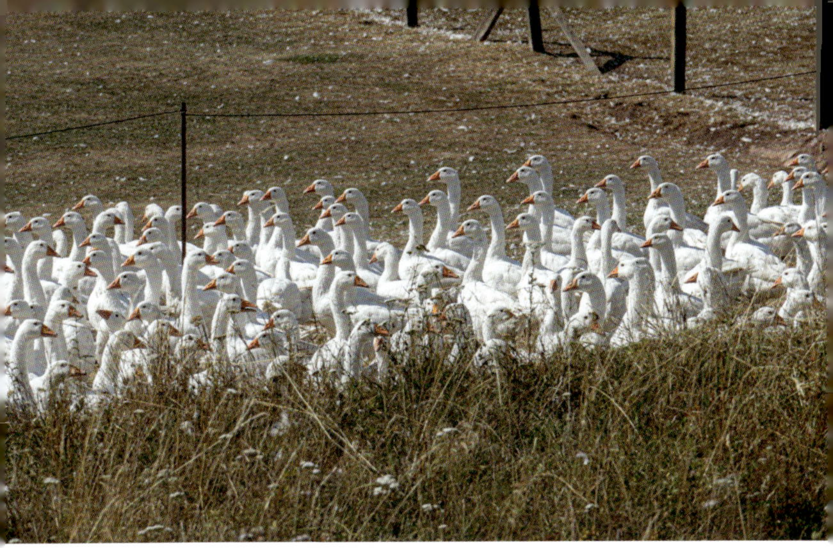

*Gänsefarm bei Dermbach, Rhön*

ab 1990 zu einem Top-Ausflugsziel in Norddeutschland und zieht Jahr für Jahr mehr als 500.000 Besucher an. 2007 wurde das letzte Harzer Bergwerk geschlossen.

Ob das Leinebergland nun ein Mittelgebirge ist oder »nur« ein Bergland, darüber streiten sich die Gelehrten. Wenn auch nicht sehr, denn die Frage ist nicht wirklich bedeutsam. In den breiten Tälern wird intensive Landwirtschaft betrieben; teilweise auf Lössboden. Entsprechend früh wurden sie besiedelt. Weil die Höhen linienförmig zwischen den Tälern liegen, haben sie keine eigene Entwicklung genommen und dienten hauptsächlich als Holzreservoir und zur Anlage von Steinbrüchen.
Die Entwicklung des Tourismus in allen Mittelgebirgen folgte großen gesellschaftlichen Trends: dem zunehmenden Wohlstand und dem allgemeinen Reiseverhalten der Deutschen. Ein Höhepunkt wurde in den 1950er- und 1960er-Jahren erreicht. Oft verbrachten die Menschen ihren Jahresurlaub in den Mittelgebirgen, und in den höhergelegenen von ihnen fuhr man im Winter auch gerne Ski. So urlaubte ich mit meinen Eltern 1962 nicht weniger als drei Wochen in Hinterzarten im Schwarzwald – mit Bahn und Bus pendelten wir fast täglich zu den Skigebieten am Feldberg.
Ab den 1970ern wanderten aber viele Gäste in die Alpen ab oder wählten mediterrane Ziele, und heute gelten die Mittelgebirge eher als Destination für Wochenendtrips und Tagesausflüge. Vielleicht bessern bald mehr Fernwanderer die Bilanz auf?

## ALPEN, ANDEN – UND NUN ODENWALD?

### Warum auch die kleinen Gebirge ihren Reiz haben

Meine Frau und ich haben uns während unseres Studiums an der Universität Heidelberg kennengelernt. Ausflüge und Wanderungen führten uns folglich in den Odenwald.
Später, auf Reisen in nahe oder ferne Länder, neckte sie mich hin und wieder mit der Erinnerung an diese Touren. Wenn sie eine Landschaft langweilig fand, sagte sie – als scherzhaften Vorwurf an mich, der ich als Reiseplaner für das Ziel verantwortlich war: »Hier ist es ja wie im Odenwald!«
Bewaldete Höhen, Täler mit Wiesen und Feldern, durchflossen von einem Bächlein – ganz nett für einen Tagesausflug. Aber will man in solchen Gegenden – ich beziehe jetzt auch die anderen deutschen Mittelgebirge mit ein – mehrere Wochen auf einer Trekking-Tour verbringen?
In den Katalogen der Wanderreiseveranstalter findet man Himalaya, Kaukasus, Anden, Alpen, Kilimandscharo, Azoren. Für Spessart, Harz und Leinebergland scheint es keine ausreichende Nachfrage zu geben.
Das Problem ist natürlich zunächst eines der Maßstäbe. Wer zum ersten Mal aus einer Stadt in den Odenwald kommt, wird angenehm überrascht sein. Wer schon die Alpen bereist hat, wird ihn vielleicht ganz hübsch, aber irgendwie mickrig finden. Heutzutage sind so gut wie alle schon mal in den Alpen und viele auch in anderen imposanten Gebirgsregionen gewesen. Klar, dadurch sind wir gegenüber dem weniger Großartigen abgestumpft.

*Kleinod der Mittelgebirge: Die Buchenwälder, hier am Ith in Niedersachsen*

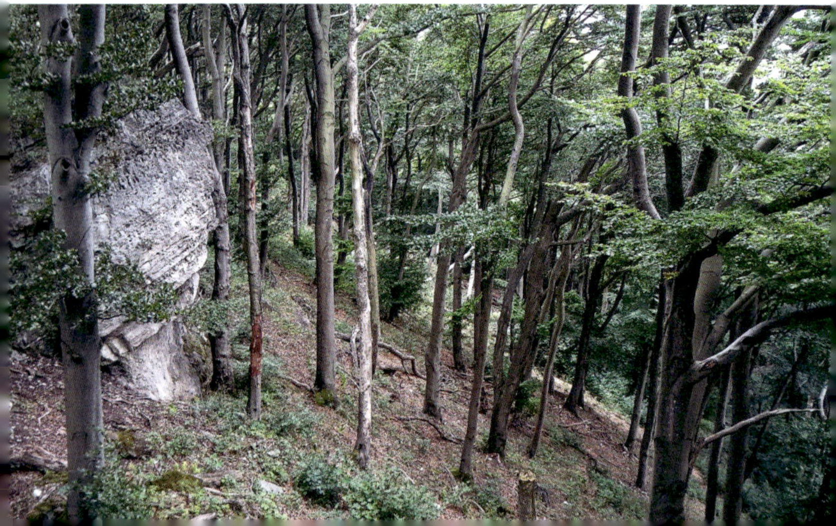

Von Vorteil wäre es, wenn man sich dann im deutschen Bergland in einer zwar nicht imposanten, aber wenigstens einigermaßen heilen oder zumindest hübschen Szenerie bewegen würde. Sozusagen eine Reise durch ein Bullerbü-Land unternehmen dürfte. Auch hier will ich offen sein.
Nur noch wenige Prozent der Einwohner eines Dorfes arbeiten in der Landwirtschaft. Alte Höfe wurden durch moderne Zweckbauten ersetzt. Heute kräht kein Hahn mehr auf dem Mist, denn Abfälle wandern gleich in die Biogasanlage. Die Felder werden immer größer, ebenso die Trecker, die Kuhställe, die Schweineställe.

In den Neubaugebieten stehen überall die gleichen Allerweltshäuschen, ob in Niedersachsen oder Baden-Württemberg. In der Dorfmitte gibt es fast keine Geschäfte mehr; am Rand größerer Dörfer oder von Kleinstädten haben sich Supermärkte angesiedelt, umgeben von Parkplätzen. Überhaupt ist der Autoverkehr enorm, denn alle pendeln zur Arbeit, zum Einkaufen, zum Arzt, ins Fitness-Studio oder wohin auch immer. Die Dorfkneipe samt ihrem Stammtisch ist am Aussterben. Pizza, Pasta, Burger und Döner sind dabei, regionale Gerichte zu verdrängen.
In den Wäldern vertrocknen die Fichten, und die Holzstöße nehmen Rekordmaße an. Die Hauptmaßnahme gegen die Klimaerwärmung sind hierzulande Windräder, doch sie verschandeln die Landschaft, jedenfalls dann, wenn sie weithin sichtbar auf Bergen stehen.
Ja, ich mache es mir selber schwer, für den Mittelgebirgs-Trail zu werben. Ich gebe sogar zu, dass ich gezögert habe, diesen Weg zu begehen, und unterwegs noch manchmal gezweifelt habe.
Jetzt kommt das große Aber. Die großen Abers.
Es gibt kaum ein schöneres Ambiente als einen dichten Buchenwald. Die Stämme stehen wie Säulen, darüber wölben sich weit oben die Kronen wie die Decke einer Kathedrale und tauchen alles in ein grünliches Dämmerlicht.
Dazu der Geruch der Wälder.
Manchmal geht man durch eine »grüne Hölle«, besser gesagt, ein grünes Paradies. Echte Wildnis gibt es zwar kaum mehr, aber ein verwachsenes, unaufgeräumtes Stück Wald kommt ihr nahe. Und wenn dann ein schmaler, gewundener Weg hindurchführt, ist das großartig. Die stillen Wiesentäler sind allerliebst. Ein Bächlein mit Ufergehölzen, das gibt es noch.
Die Hasen, die Rehlein. Die Wildschweine, die über den Weg huschen. Die großen Ausblicke von den Gipfeln. Sanfte Bergpanoramen, die in der Ferne verschwimmen.

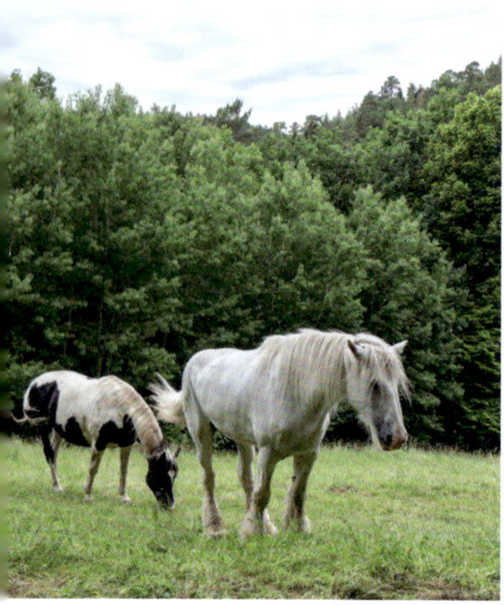

*Pferde- statt Bauernhöfe*

Die Abende in den kleinen Städten bei sommerlichen Temperaturen. Essen vor Fachwerkhäusern, ein (oder zwei) Viertel Wein aus regionalem Anbau. Das Licht der schräg stehenden Sonne. Der Vollmond, der sich über den Horizont erhebt.

Und nun möchte ich auch meine Kritik am heutigen Landleben (siehe oben) relativieren. Mag sein, dass ich zu sehr in den Verhältnissen in meiner Kindheit (in den 1960er-Jahren) verhaftet bin. Da gab es das alles noch, die krähenden Hähne, den Pfeife rauchenden Bauern, die Bäuerin in der schmutzigen Kittelschürze, die Pferdefuhrwerke, den Tante-Emma-Laden, die Kegelbahnen, die palavernden Männer am Stammtisch. Jüngere Menschen als ich haben das so nie kennen gelernt, und sie werden es deshalb nicht vermissen. Die Welt ändert sich nun mal (ob zum Guten, steht dahin), und logischerweise sieht sie heute anders aus als vor einem halben Jahrhundert.

Und es gibt noch andere Gründe, die für Trekking in Deutschland sprechen. Ganz klar, die Ökologie und die $CO_2$-Ersparnis. Mir ist ja selber nicht wohl dabei, wenn ich daran denke, dass ich viele tausend Kilometer geflogen und dann einige tausend Kilometer im Mietwagen gefahren bin, um ein paar Wochen in Patagonien, Alaska oder Neuseeland und den dortigen Gebirgen zu verbringen –und dabei gelegentlich zu wandern. Und wenn ich an das Gruppen-Trekking zum Mount Everest denke – reiner Massentourismus. Viel zu viele Menschen in einem engen Tal. Weil die Menschenkette aus Wanderern und Lastenträgern kaum einmal abreißt, kann man nicht mal in Ruhe pinkeln …

Wandern in Deutschland ist entspannter. Und ich finde es gut, wenigstens einmal halbwegs umwelt- und sozialverträglich unterwegs gewesen zu sein. Sowie das Heimatland gründlich kennen gelernt zu haben – mit allen seinen Seiten.

Außerdem: Wer ist schon einmal eine Strecke von gut 1100 Kilometern vollständig zu Fuß gegangen, auf der Süd-Nord-Achse der Deutschen Mittelgebirge? Ich – und Sie, wenn Sie mir folgen.

*Die Wartburg, ein markanter Höhenpunkt des Mittelgebirgs-Trails*

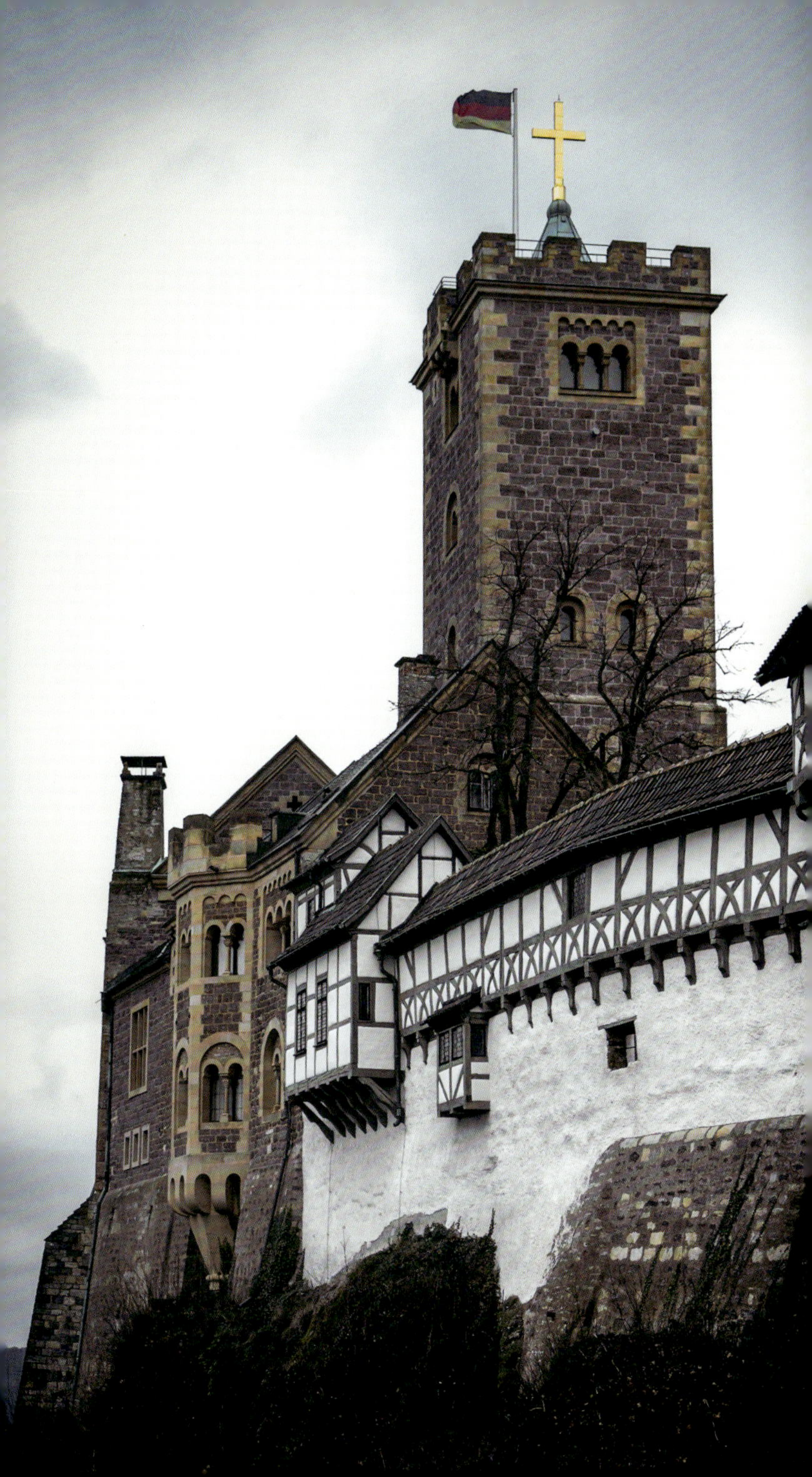

## EIN PAAR RATSCHLÄGE FÜR IHRE TOUR

### AN- UND ABREISE

Der Start- und der Zielort sind problemlos mit der Bahn erreichbar, viele der Etappenorte ebenfalls, und der Rest mit anderen Öffentlichen Verkehrsmitteln. Schon unterwegs, können Sie mit Hilfe entsprechender Smartphone-Apps leicht die Abfahrzeiten herausfinden. Auch für den Fall, dass Sie mal eine Etappe überspringen wollen.

### GANZ ODER IN TEILSTÜCKEN?

Für 50 Tagesetappen benötigt man nach Adam Riese gut sieben Wochen, eventuelle Ruhetage nicht inbegriffen. Ich bin jeden Zentimeter zwischen dem Rhein bei Waldshut und dem Kurhaus von Bad Nenndorf zu Fuß gegangen. Allerdings habe ich die Tour in Teilstücken von je etwa einer Woche Länge zurückgelegt. Eigentlich wollte ich jeweils länger unterwegs sein, doch das Wetter war wechselhaft, und deshalb brach ich vor Schlechtwetterphasen ab und fuhr nach Hause. Deshalb war meine $CO_2$-Bilanz auch etwas weniger günstig, als sie es bei sieben Wochen am Stück gewesen wäre.

### WETTER UND JAHRESZEIT

Im Prinzip kann man den Mittelgebirgs-Trail das ganze Jahr über begehen, ausgenommen, wenn viel Schnee liegt, was ja selten geworden ist. Man sollte indes berücksichtigen, dass im Winterhalbjahr die Tage kurz und manche Quartiere geschlossen sind. Ich selbst bevorzuge die Zeit zwischen Mai und Oktober, einfach weil außerhalb dieser Spanne die Vegetation im Winterzustand ist, die Laubbäume ohne Blätter sind, Gras und Büsche grau statt grün.

### UNTERKÜNFTE

Nur bei Orten, die weniger als etwa sieben Übernachtungsmöglichkeiten bieten, nenne ich die Namen der Gasthöfe. Für größere Orte rate ich, zum Beispiel über die bekannten Hotelbuchungsseiten zu suchen. Wenn Sie direkt über die Homepage des Quartiers buchen oder dort anrufen, wird es manchmal billiger. Jedenfalls ersparen Sie dem Gastgeber die Provision, die er ans Portal zahlen muss.

Aber kleinere Gasthöfe und Pensionen lassen sich bei den Portalen oft nicht listen; man findet sie – nach meiner Erfahrung – am besten über Google Maps; dort werden sie aber nur als blaue, unbeschriftete Punkte ohne Preisangabe dargestellt. Erst wenn man darauf klickt, erscheint ein schriftlicher Zusatz mit der Homepage oder zumindest der Telefonnummer; dann muss man dort direkt anfragen.

Möglicherweise finden Sie über das örtliche Fremdenverkehrsamt noch weitere und vielleicht noch preiswertere Unterkünfte von Anbietern, die weder auf den Buchungsportalen noch bei Google Maps auftauchen.
Ich buche nicht weit im Voraus, weil ich ansonsten gezwungen wäre, auch bei schlechtem Wetter zu gehen – oder Stornokosten zu bezahlen. Jugendherbergen und Naturfreundehäuser, falls vorhanden, liste ich auf. Campingplätze nenne ich nicht, da ich nicht davon ausgehe, dass jemand die Tour mit Zelt unternimmt – zumal es an den meisten Etappenorten keine Campingplätze gibt, und es in Deutschland nicht gestattet ist, wild zu zelten.

## KOSTEN

Eine solche Tour von etwa sieben Wochen ist schon aufgrund ihrer Länge nicht gerade billig. Zu den Übernachtungskosten kommt ja auch das Abendessen im Wirtshaus hinzu. Immerhin bin ich mittags selten eingekehrt, sondern habe meistens morgens etwas beim Bäcker oder im Lebensmittelladen eingekauft. Natürlich kann man, wenn man knapp bei Kasse ist, sich auch Nahrhaftes einkaufen und abends im Zimmer essen. Ich aber mochte nicht auf den Restaurantbesuch, verbunden mit einem Rundgang durchs Städtchen, verzichten.
Wenn Sie allerdings berücksichtigen, dass Sie – im Gegensatz zum Urlaub in fremden Ländern – nur geringe Anreisekosten haben, sieht die Rechnung schon wieder günstiger aus. Und es macht auch einen Unterschied, ob Sie in einem preiswerten Privat- oder Pensionszimmer

*Wald bis zum Horizont: Blick vom Bismarckturm auf der Hornisgrinde nach Osten (Etappe 9)*

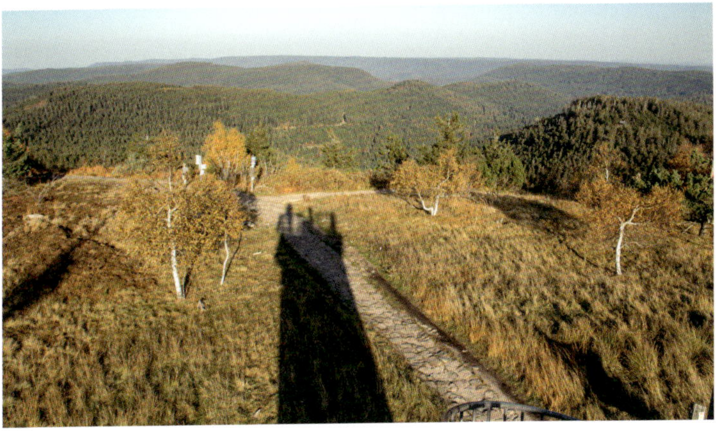

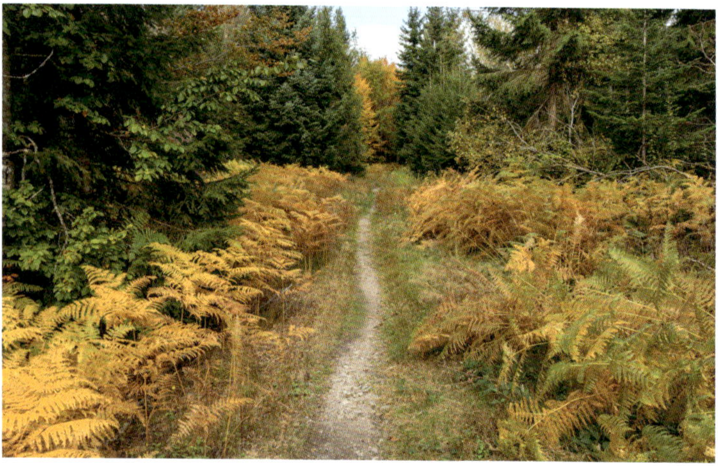

*Den richtigen Weg zu finden, ist durch Smartphone-Apps einfacher geworden.*

(manchmal schon ab 40 Euro fürs Doppelzimmer) oder in einem Mittelklassehotel für 100 Euro aufwärts nächtigen.

## LANDKARTEN?

Naheliegend ist es, auf dem Smartphone eine Outdoor-App dabei zu haben. Ich habe mit »Outdooractive« (identisch mit »Alpenvereinaktiv«) gute Erfahrungen gemacht; es gibt aber auch andere, die ich nicht kenne. Die nötigen Kartenausschnitte sollte man vorab downloaden, denn während der Wanderung hat man nicht überall Daten-Empfang. Das angenehme an den Outdoor-Apps ist, die eigene Position als GPS-Punkt zu sehen und damit zeitraubende Irrtümer zu vermeiden. Wichtig ist es, eine »Powerbank« dabei zu haben, für den Fall, dass der Akku schwächelt.

Natürlich könnte man auch klassische 1:50.000-Wanderkarten aus Papier kaufen und mitnehmen. Aber gerade für das Fernwandern auf meinem Trail eignen sie sich nicht so gut, weil man spätestens nach zwei Etappen wieder zu einer neuen greifen und viel unnötiges Gewicht schleppen müsste. Von den Kosten mal ganz abgesehen.

## SCHUHE, FÜSSE, BEINE

Meiden Sie schwere Bergschuhe mit harter Sohle. Diese sind, von wenigen der Strecken abgesehen, überflüssig. Die meisten Wege sind einfach zu begehen, ein kleinerer Teil der Route führt sogar (leider) über Asphalt. In Schuhen mit biegsamen Sohlen geht es sich bequemer. Dennoch würde ich keine Halbschuhe oder ganz leichte Wander-

schuhe nehmen, denn ein voller Rucksack übt zusätzlichen Druck auf Füße und Schuhe aus. Wundern Sie sich nicht, wenn Sie – anders als sonst – Druckstellen und Blasen bekommen; das liegt wahrscheinlich am zusätzlichen Gewicht des Rucksacks.
Bei Schmerzen an den Füßen sofort Halt machen und die Stelle tapen oder mit Spezialpflaster bekleben; hat sich erst eine Blase gebildet, müssen Sie sich mit der meist mehrere Tage quälen.
Im Sommer trägt man gerne kurze Wanderhosen oder solche mit abgezippten Beinteilen. Mit nackten Beinen ist man aber ungeschützt gegen die nicht seltenen Brennnesseln und gegen Dorngestrüpp. Die Hosenbeinlänge ist sozusagen Abwägungssache.

## WANDERSTÖCKE

Deren Benutzung habe ich mir bei meinen Alpenwanderungen angewöhnt. Die Kraft der Arme erleichtert den Aufstieg, und beim Abstieg geben die Stöcke Halt. Ich setze sie auch im Flachen zum schnelleren Gehen ein, ähnlich der Technik beim Nordic Walking.
Für den Mittelgebirgs-Trail sind sie aber nicht unbedingt nötig. Steile Passagen kommen nur vereinzelt vor. Wer bisher ohne Stöcke gewandert ist, kann es dabei belassen. Ein Vorteil von Stöcken ist: Man kann mit ihnen auch aggressive Tiere abwehren. Aber bei meiner Tour blieben die Kühe friedlich, Wildschweine habe ich nur von Ferne gesehen, und Wölfe überhaupt nicht. Einige furchteinflößende Hunde haben mich verbellt, doch ihre Herr- oder Frauchen führten sie gottseidank an der Leine.

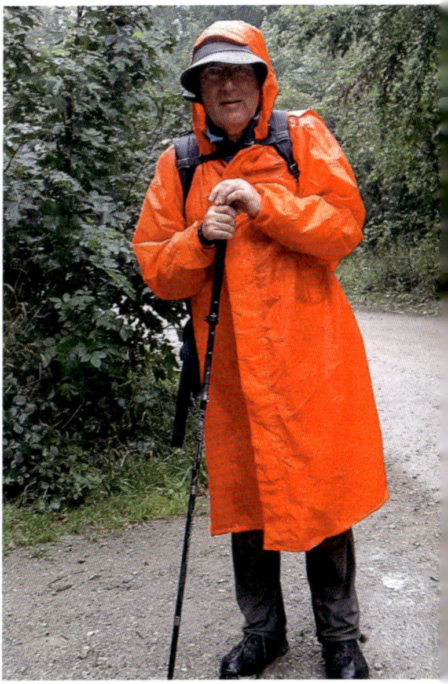

*Der Autor im Regensturm auf dem Ith*

## REGENSCHUTZ

Sie können eine der üblichen wasserabweisenden Wanderjacken benutzen. Mit denen habe ich aber durchwachsene Erfahrungen gemacht (auch mit Produkten auf -tex), da ich bei Stark- oder Dauerregen doch nass geworden bin. Ein Regenschirm ist nicht schlecht, aber bei starkem Wind ist er schwer zu halten und neigt zum Umschlagen. Ich hatte auf der Tour ein einfaches

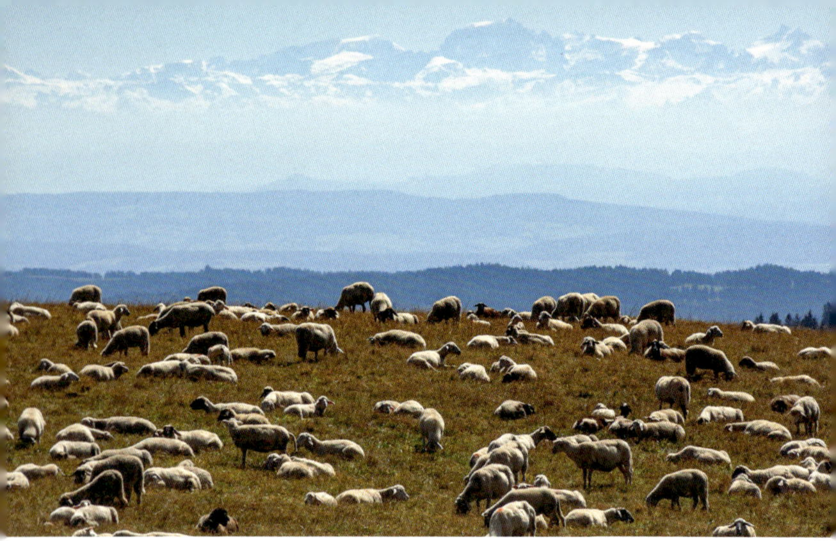

*Fernblick zu den Alpen vom Feldberg*

Regencape aus Plastik dabei und blieb weitgehend trocken. Dieser »Poncho« kostete zwischen 30 und 40 Euro und war etwa 300 Gramm schwer. Er ist sogar weit genug, um noch den Rucksack einzuhüllen – das ist aber weniger empfehlenswert, weil Sie dann nichts mehr aus dem herausnehmen können. Den Rucksack lieber mit einer speziellen Regenhülle schützen.

Den Nachteil des Plastik-Regencapes – man schwitzt unter ihm stärker als unter einer atmungsaktiven Wanderjacke – habe ich als nicht so schwerwiegend empfunden; bei Regenwetter ist es ja meist kühler.

Es gibt auch ganz billige »Regenhäute«, doch die zerreißen zu leicht.

## RUCKSACK

Ein mittelgroßer Rucksack (zwischen 40 und 50 Liter Fassungsvermögen) muss ausreichen. Waschen Sie lieber Ihre Kleidungsstücke unterwegs, als viele mitzuschleppen. Shampoo, Zahnpasta, Cremes usw. nur in möglichst kleiner Dosierung mitnehmen. Der Rucksack samt Inhalt sollte – ohne Trinkwasser – nicht mehr als 10 Kilogramm wiegen. Bedenken Sie aber, dass man an heißen Wandertagen unterwegs mindestens zwei Liter Wasser (oder andere Getränke) zu sich nehmen sollte.

Wenn Sie es bequemer haben wollen, dann erwägen Sie, Ihr Gepäck morgens mithilfe eines Taxis oder sonstigen Fahrdienstes zum nächsten Übernachtungsgasthof vorauszuschicken, und tragen Sie dann nur einen Tagesrucksack. Für eine Person oder für zwei ist das teuer; ab vier Wandernden aber durchaus bezahlbar.

## DIE EINZELNEN ETAPPEN

### Vorab: Was Sie wissen sollten, wenn Sie die folgenden Informationen verwenden

- Die Karten geben Ihnen eine grobe Information über den Verlauf einer Etappe. Für die Orientierung im Gelände sind sie nicht gedacht. Genauere Karten würden – bei der Länge des Trails – dieses Buch zu schwer und zu teuer machen. Die 1116 Kilometer des Trails wären im Maßstab 1:50.000 gut 22 Meter lang – das würde nur in einen dicken Atlas passen.
  Deshalb sollten Sie sich genaueres Kartenmaterial beschaffen, am besten, indem Sie eine Wander-Smartphone-App einsetzen. Idealerweise sollten Sie schon vor dem Beginn einer Etappe den von mir empfohlenen Weg auf Ihrer Karte ausfindig gemacht haben. Beim Outdoor-Portal, das ich verwende, lassen sich Wege am Computer durch Klicks markieren und dann als .kml- oder .gpx-Datei abspeichern. Diese Daten kann man aufs Smartphone oder ein Outdoor-Navi übertragen und dann dank der GPS-Funktion unterwegs kaum noch in die Irre gehen.
  Auf einem Teil der Etappen ist die Wegführung einfach, weil sie einem einzigen markierten Weg folgt, auf anderen Etappen müssen Sie öfter mal abbiegen.
  Als besonderen Service für Buchkäufer stellen Autor und Verlag die Wegführung des Deutschen Mittelgebirgs-Trails als Download im Format .gpx zur Verfügung. Näheres dazu finden Sie im Impressum am Ende dieses Buches.

- Neuerdings ist die Benennung der Wege unübersichtlich geworden. Viele tragen inzwischen mehrere Namen, da sie von Wandervereinen und Tourismusorganisationen »eigenen« Wegen zugeordnet werden. Manche der Wege tragen drei oder gar vier Namen! Und haben dann mehrere Markierungen! Am wenigsten kompliziert ist es deshalb, sich mit Hilfe einer Wander-App zu orientieren.

- Die Wegstrecken, Gehzeiten, Auf- und Abstiege wurden mit dem Outdooractive-Tourenplaner berechnet. Ich habe bei der Gehzeit auf 5-Minuten-Schritte, bei der Weglänge auf 100 Meter und bei den An- und Abstiegen auf 10 Meter aufgerundet.
  Die Gehzeiten kommen mir, wenn ich sie rückblickend mit meinen vergleiche, realistisch vor. Pausen sind nicht eingerechnet. Bedenken Sie, dass Sie unter Umständen deutlich länger brauchen, vielleicht aber auch schneller sind.

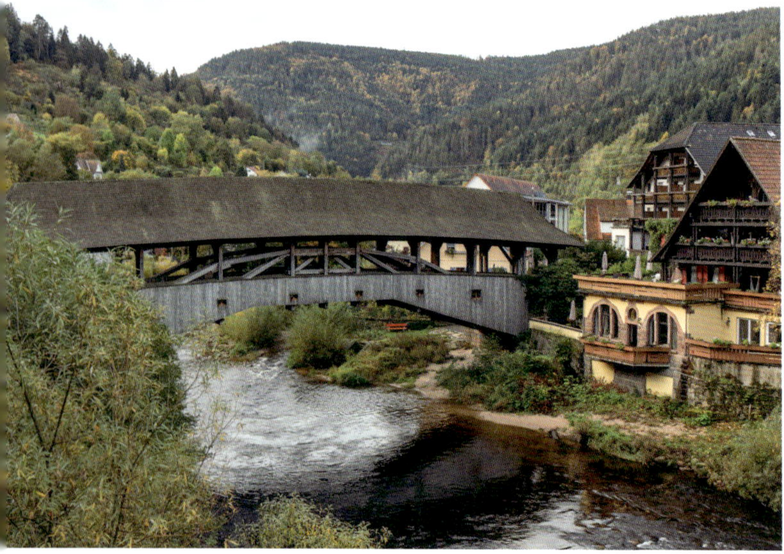

*Die gedeckte Holzbrücke von Forbach (mit Hotel rechts), Etappe 10 und 11*

- Die Angaben zu Einkehrmöglichkeiten und Unterkünften habe ich nach bestem Wissen und Gewissen zusammengestellt. Bei den Unterkünften habe ich versucht, alle ausfindig zu machen, die fußläufig vom Ortszentrum aus erreichbar sind; sollte eine Adresse fehlen, so geschah dies nicht mit Absicht. Die Nennungen sind keine Empfehlungen, auch die Reihenfolge ist zufällig. Wenn ich angeben würde, wo ich selbst übernachtet habe, wäre dies unfair gegenüber anderen Betrieben, die ich nicht kenne und die vielleicht besser sind.

  Ferienwohnungen nenne ich nur, wenn andere Möglichkeiten rar sind. Gibt es an einem Ort sehr viele Unterkünfte, verzichte ich auf eine Aufzählung. Bedenken Sie, dass Übernachtungsbetriebe (und auch Restaurants) manchmal Ruhetage haben. Deshalb sollte man Unterkünfte immer vorab reservieren, spätestens am Morgen der Tagesetappe, um keine unangenehme Überraschung zu erleben. Reservierungen sind prinzipiell ratsam in touristischen Hochburgen und zur Hochsaison. Bedenken Sie, dass als Folge der Pandemie Unterkünfte, die bei Drucklegung dieses Buchs noch existierten, aufgegeben haben könnten.

  Wenn in den Tourenbeschreibungen ein Wegpunkt auftaucht, der den Namenszusatz »Hütte« führt, ist damit meist keine Hütte zum

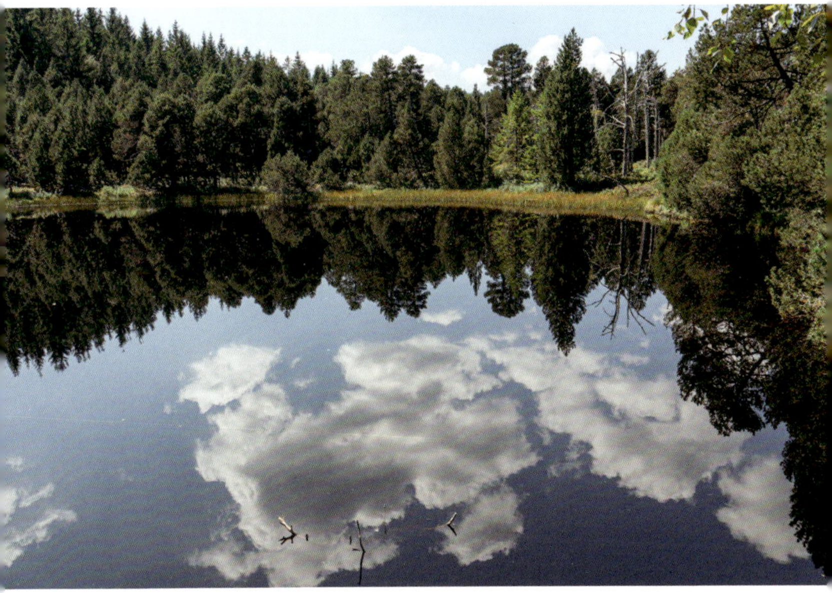

*Rast am Blindensee im Südschwarzwald, Etappe 6*

Einkehren gemeint, sondern nur ein Unterstand, der gegen Regen schützt. Betriebe mit Verpflegungsmöglichkeit stehen am Ende der jeweiligen Etappenbeschreibung unter dem Stichwort »Einkehrmöglichkeiten unterwegs«.
Restaurants in den Etappenorten zähle ich nicht auf. Gibt es nur eine Übernachtungsmöglichkeit, so kann man dort auch essen.

- Der Autor und der Verlag übernehmen keine Haftung für Unfälle und Schäden auf den Wegen, selbst wenn eine Beschreibung fehlerhaft gewesen sein sollte. Outdoor-Touren bringen immer ein gewisses Unfall- und Gesundheitsrisiko mit sich. Im Zweifel sollte man vor der Tour einen Arzt zurate ziehen.

- In Notsituationen die Notruf-Nummer 112 wählen. Wander-Apps haben oft eine Funktion zur Bestimmung der eigenen Koordinaten nach Längen- und Breitengrad, die den Helfern durchgegeben werden sollten. Eine Versicherung abzuschließen, die Bergungskosten und Unfallschäden erstattet, ist ratsam.
  In weniger schweren Fällen, etwa Ermüdung oder sehr schlechtes Wetter, sollte man zur nächsten Fahrstraße gehen und ein Auto anhalten, oder sich dorthin ein Taxi bestellen.

# SCHWARZWALD

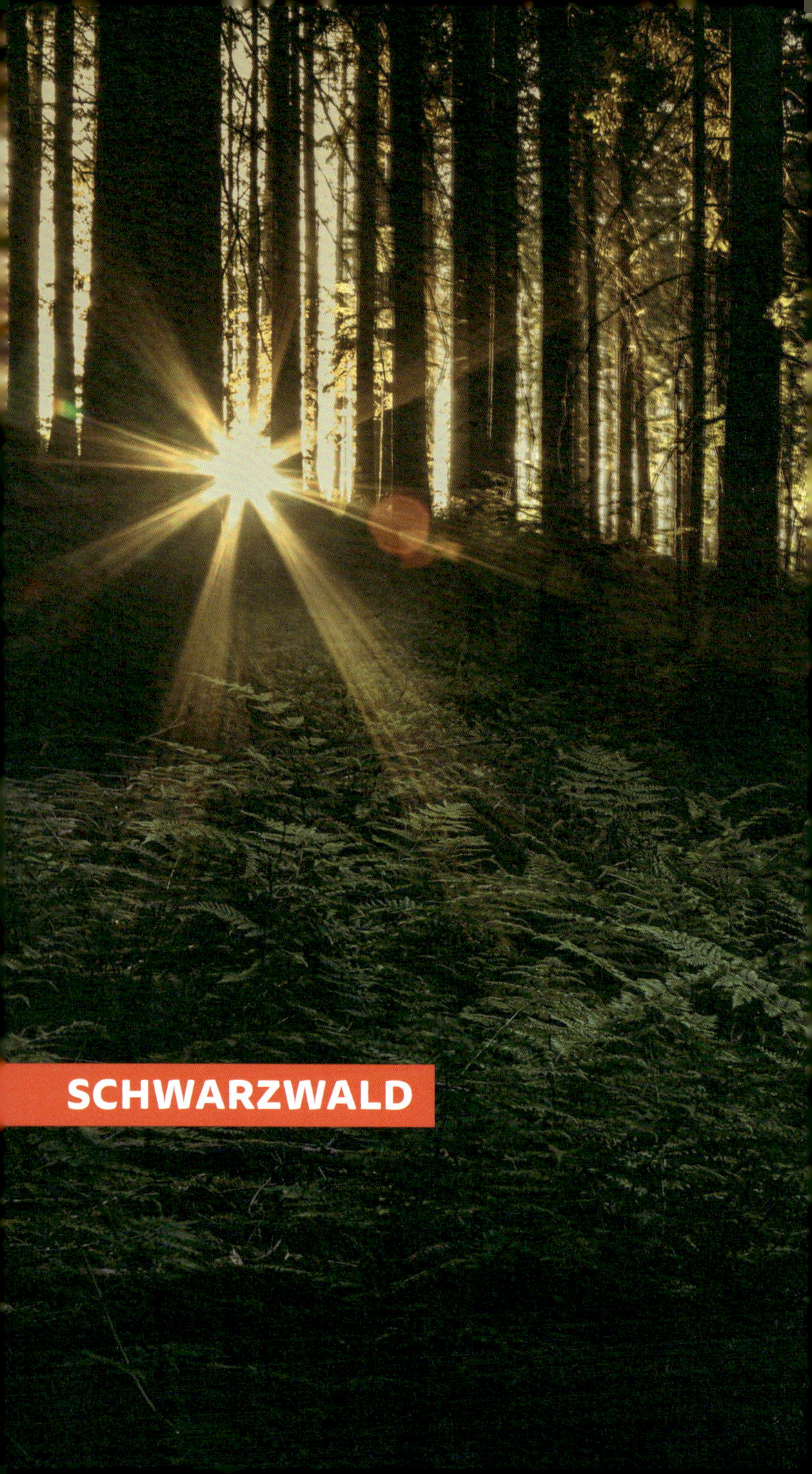

## 1 WALDSHUT – NÖGGENSCHWIEL

*Bahnhof Waldshut (nicht Bahnhof des Stadtteils Tiengen!) – Abstecher zum Rhein – Waldshut Altstadt – nach Osten, Schnellstraße und Bahngleise queren – nun bis auf Weiteres der Markierung des (Schwarzwald-)Mittelwegs folgen – über Serpentinen in den Wald bis zum Wildgehege – von dort nordwärts durch den Wald – weiter auf dem Mittelweg, teilweise auf Sträßchen zum Ort Indlekofen – weiter auf dem Mittelweg in den Talgrund, Aufstieg nach Nordwest zum Weiler Heubach – nach Norden bis zum Etappenziel Weilheim-Nöggenschwiel.*

3:40 Std. | 12,5 km | 530 m ↗ | 190 m ↘

Eine Halbtagesetappe – vor allem für diejenigen gedacht, die erst am Vormittag in Waldshut ankommen. Die Altstadt ist ein Muss, ebenfalls, finde ich, der kurze Abstieg zum Ufer des Rheins. Auf der anderen Seite steht allerdings ein Atomkraftwerk, das die Schweizer den Deutschen vor die Nase gebaut haben.
Die zauberhafte Kaiserstraße wirkt in ihrer Bauweise durchaus schweizerisch; Waldshut war lange Zeit habsburgisch und Richtung Schweiz und Österreich orientiert. Erst 1812 kam man zu Baden. Zusammen mit der Partnerstadt Tiengen gerechnet, leben derzeit etwa 24.000 Menschen hier.
Dem ersten Aufstieg auf hübschen Waldwegen folgen leider ein paar Kilometer auf asphaltierten Sträßchen. Keine grandiose Etappe, dafür wird die am nächsten Tag schöner. Bei klarem Wetter immerhin Blick bis zu den Schweizer Alpen. Achtung, auf dem Handy zunächst den Datenempfang ausschalten! Dieses Versäumnis kostete mich 60 Euro, weil sich das Gerät ins Schweizer Netz einwählte, obwohl ich schon mehrere Kilometer nördlich der Grenze war, als ich auf Empfang ging … Die Schweiz ist nicht im EU-Roaming-Verbund.
Zielort ist Nöggenschwiel. Der Ort, in dem zwischen 200 und 300 Leute wohnen dürften, vermarktet sich als »Rosendorf«, weil die Gemeinde und auch Privatleute viele Rosenbeete angelegt haben. Trotzdem läuft der Tourismus offenbar nicht ganz zufriedenstellend – Nöggenschwiel liegt ja auch noch nicht im »richtigen« Schwarzwald, sondern auf dem vorgelagerten Plateau namens Hotzenwald.

*Einkehrmöglichkeiten unterwegs:* Kiosk am Wildgehege (gleich hinter Waldshut), und in Indlekofen.

*Das erste Viertel des Mittelgebirgs-Trails führt durch den Schwarzwald.*

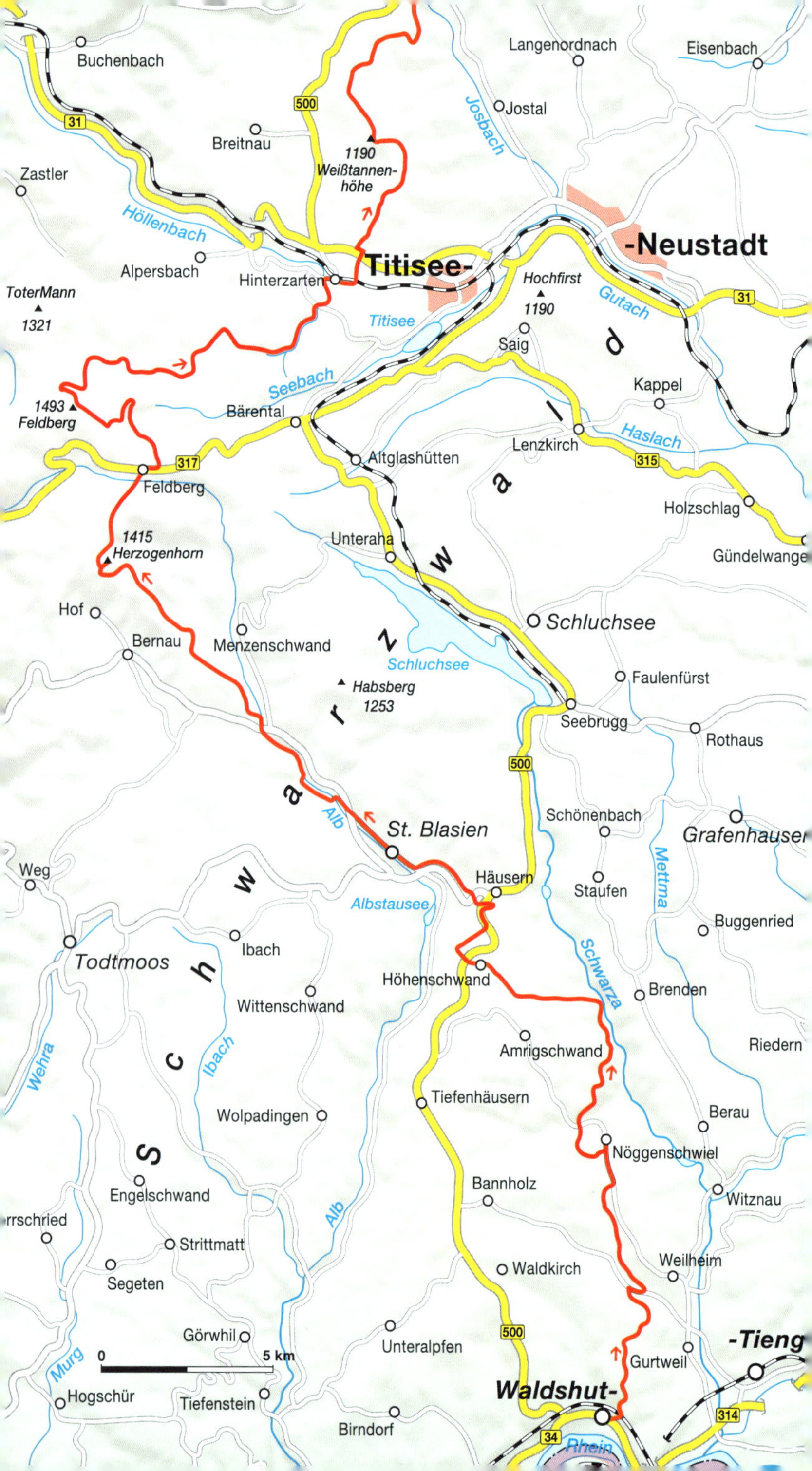
Buchenbach
Langenordnach
Eisenbach
500
Jostal
31
Breitnau
Josbach
1190
Weißtannen-
höhe
Zastler
Höllenbach
-Neustadt
Alpersbach
Titisee-
Hinterzarten
Hochfirst
ToterMann
1321
1190
Gutach
31
Titisee
Saig
Seebach
Kappel
1493
Feldberg
Bärental
Lenzkirch
Haslach
317
Altglashütten
315
Feldberg
Holzschlag
1415
Herzogenhorn
Unteraha
Gündelwange
Hof
Schluchsee
Bernau
Menzenschwand
Schluchsee
Faulenfürst
Habsberg
1253
Seebrugg
Rothaus
500
Schwarzwald
Schönenbach
Alb
St. Blasien
Grafenhausen
Weg
Häusern
Staufen
Albstausee
Mettma
Buggenried
Todtmoos
Ibach
Höhenschwand
Schwarza
Brenden
Wittenschwand
Riedern
Amrigschwand
Wehra
Ibach
Tiefenhäusern
Berau
Wolpadingen
Nöggenschwiel
Bannholz
Witznau
Engelschwand
Alb
Strittmatt
Weilheim
Segeten
Waldkirch
Görwihl
500
Unteralpfen
-Tieng
0
5 km
Gurtweil
Murg
Hogschür
Tiefenstein
Waldshut-
314
Birndorf
34
Rhein

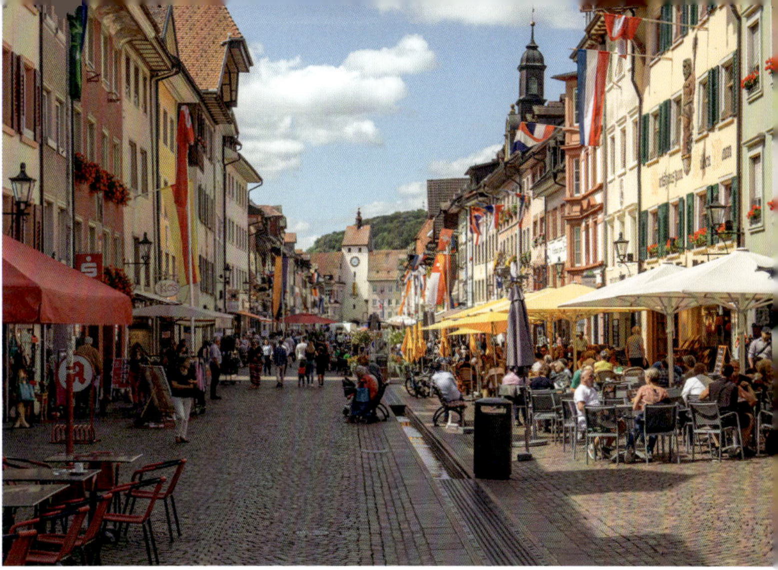

*An der schönen Kaiserstraße in Waldshut beginnt unsere Tour.*

**Unterkünfte:** Gret-Stube, Schwarzwald-Gasthof Kranz, Landgasthof Ebner, Haus Gisela.
**Anreise:** Anfahrt mit der Bahn aus dem Westen Deutschlands mit Umsteigen in Basel Badischer Bahnhof, aus der Mitte und dem Osten über Stuttgart (oder Ulm) und danach über Singen und Schaffhausen.

## 2 NÖGGENSCHWIEL – HÖCHENSCHWAND – ST. BLASIEN

*Nöggenschwiel – wieder auf den Mittelweg – Abstieg zur Fohrenbacher Mühle – Wolfshütte – auf dem Mittelweg, gleichzeitig Wolfssteig, zum Harzerhäusle – Hohfelsen – Höchenschwand, Ortsmitte – Loipenhaus Höchenschwand – Abstieg nach Nordwesten zum Albsteig – auf diesem zum Ortsbeginn Häusern – Häusern am südwestlichen Ortsrand umgehen, die Straße L149 überqueren – weiter auf dem Albsteig bis St. Blasien.*

5:30 Std. | 17,8 km | 520 m ↗ | 470 m ↘

Ab der Fohrenbacher Mühle folgt ein Highlight des Mittelgebirgs-Trails: der Pfad am Steilhang über der Schwarza-Schlucht. Keine Angst, der ist weniger gefährlich, als es sich liest. An einigen Stellen sind Drahtseile zum Festhalten gespannt. Der früher Felsenweg genannte Pfad wurde jetzt zum Wolfssteig umetikettiert; zahlreiche Infotafeln belehren den Leser, dass die Einwanderung der Wölfe aus der Schweiz eine gute Sache sei. Die einheimische Bevölkerung scheint das teilweise anders zu sehen, wie ich in den Tagen darauf aus Anti-Wolf-Plakaten ersehen konnte. In Höchenschwand erreichen wir zum ersten Mal 1000 Meter Meereshöhe, dann geht's leicht bergab bis St. Blasien.

Die Stadt St. Blasien, 2800 Einwohner (ohne eingemeindete Orte) wird dominiert von der riesigen Klosterkirche im Zentrum. Fürstabt Martin Gerbert (mit dem ich höchstwahrscheinlich nicht verwandt bin) hat diese für seinen Benediktinerorden Ende des 18. Jahrhunderts erbauen lassen. Doch schon wenig später, 1806, wurden die Mönche im Gefolge der Säkularisierung des Landes verwiesen, und Kirche und Klostergebäude als Fabrikräume genutzt. Erst im 20. Jahrhundert wurde die Kirche renoviert und wieder zum Gotteshaus gemacht. Der hohe, helle Innenraum ist sehenswert.

St. Blasien wurde im 19. und frühen 20. Jahrhundert als Kurort gut nachgefragt. Zu den Promis, die hier Ruhe oder Genesung suchten, zählten Felix Mendelssohn-Bartholdy, Heinrich Mann, Stefan Zweig, Lenin und Franklin D. Roosevelt. Heute spielt der Charme des Ortes eher ins Provinzielle.

*Einkehrmöglichkeiten unterwegs:* Zahlreiche in Höchenschwand, einige in Häusern.

*Übernachtungsmöglichkeiten:* Mindestens zehn.

*Die mächtige Klosterkirche von St. Blasien*

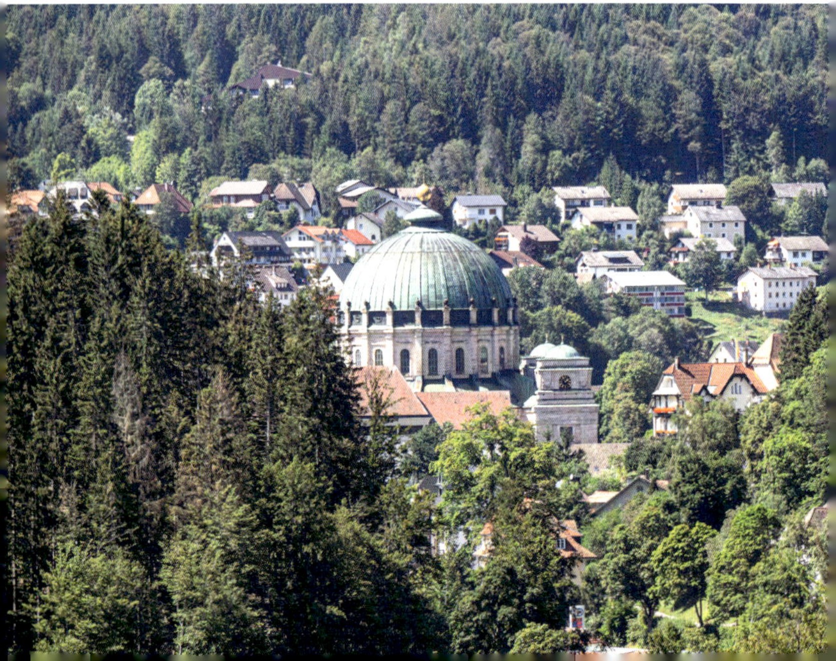

## 3 ST. BLASIEN – HERZOGENHORN – FELDBERGPASS

*St. Blasien – nach Nordwesten über Ortsstraßen zum Beginn des Albsteigs – diesem folgen bis zum Weiler Glashof und weiter – die Straße L149 überqueren – etwa 600 m später führt der Albsteig nach links aufwärts in den Wald – kurz darauf führt der Bernauer Hochtal Steig aufwärts bis zu den Hohfelsen – weiter auf diesem Steig bis unterhalb des Kleinen Spießhorns – Krunkelbachhütte – nun wieder über den Albsteig aufs Herzogenhorn, 1415 m – Abstieg nach Norden zum Restaurant Herzogenhorn – weiterer Abstieg nach Feldberg-Ort, Ortsteil Feldbergpass.*

5:40 Std. | 17,7 km | 830 m ↗ | 360 m ↘

Erst geht man gut anderthalb Stunden wenig spektakulär im Talgrund. Dann wird es sehr schön: Der schmale Bernauer Hochtal Steig führt über den Kamm des Höhenzugs bis zum Kleinen und Großen Spießhorn hinauf, deren bewaldete Gipfel ich aber ausließ, weil man von dort offenbar keine Aussicht hat, sehr wohl aber von den Viehweiden entlang des Wegs. Etwas später wartet auf dem Herzogenhorn (dem zweithöchsten Berg des Schwarzwalds) ohnehin ein großes Panorama.

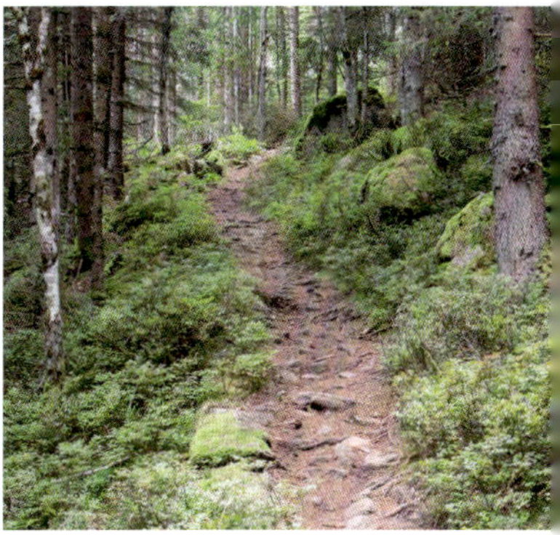

*Bernauer Hochtal Steig*

Das Skigebiet am Feldbergpass hinterlässt, wie alle Skigebiete, ohne Schnee keinen reizvollen Eindruck. Lifte und Kunstschnee-Anlagen stören den Naturgenuss.

Die Gemeinde Feldberg hat insgesamt 1900 Einwohner; allerdings liegen die Ortsteile verstreut, und am Feldbergpass steht nur eine Handvoll Häuser, in denen Auto-, Fahrrad- und Motorradfahrer bewirtet werden, die auf dieser Strecke zwischen Titisee und Todtnau verkehren, und natürlich die winterlichen Skiläufer. Und Wanderer wie wir.

*Einkehrmöglichkeiten unterwegs:* Krunkelbachhütte, Restaurant Herzogenhorn.

*Unterkünfte:* In ausreichender Zahl, darunter die Jugendherberge Hebelhof. Weitere Unterkünfte in Feldberg-Ort, etwa einen Kilometer entfernt.

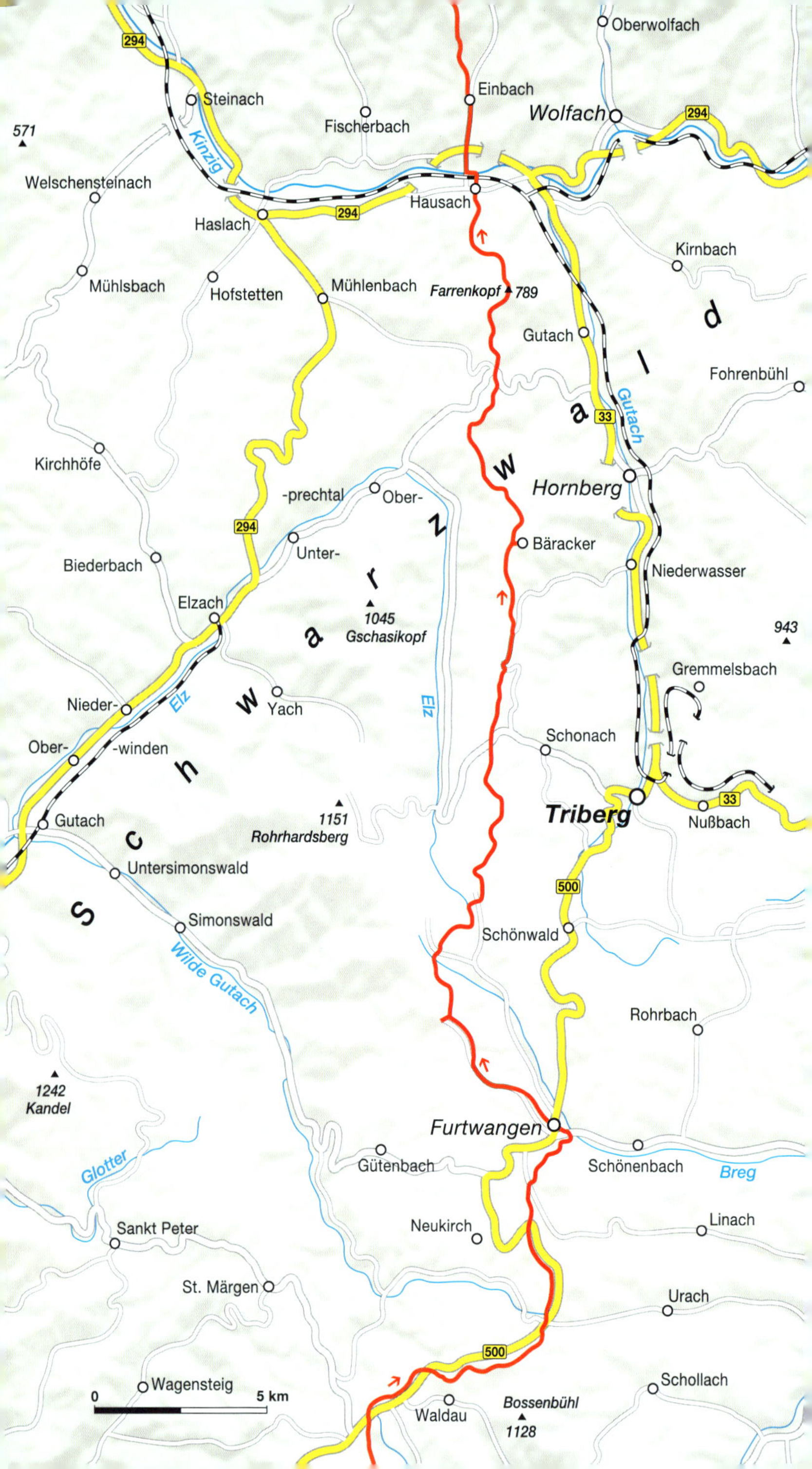

Oberwolfach
Einbach
Wolfach
294
Steinach
Fischerbach
Kinzig
571
Welschensteinach
Hausach
Haslach
294
Kirnbach
Mühlsbach
Hofstetten
Mühlenbach
Farrenkopf 789
Gutach
d
l
Fohrenbühl
a
33
Gutach
Kirchhöfe
w
Hornberg
-prechtal
Ober-
294
z
Bäracker
Unter-
Biederbach
Niederwasser
r
Elzach
1045
Gschasikopf
a
943
Gremmelsbach
Nieder-
Elz
w
Yach
Elz
Schonach
Ober-
-winden
h
Gutach
1151
Rohrhardsberg
Triberg
33
Nußbach
c
Untersimonswald
500
s
Simonswald
Schönwald
Wilde Gutach
Rohrbach
1242
Kandel
Furtwangen
Glotter
Gütenbach
Schönenbach
Breg
Neukirch
Linach
Sankt Peter
St. Märgen
Urach
500
Wagensteig
0
5 km
Schollach
Waldau
Bossenbühl
1128

## 4 FELDBERGPASS – FELDBERG – HINTERZARTEN

*Feldbergpass – auf einer Nebenstraße nach Feldberg-Ort – am rechten (nördlichen) Rand der Skipiste auf dem Weg zum Seebuck aufsteigen – nach ca. 300 m nach rechts auf den Felsenweg über dem Feldsee wechseln – wo dieser auf den Fernwanderweg E1 trifft, diesen nach links, zum Feldberg, nehmen – Feldberg-Grüble – nach Nordwesten zum Feldberg-Gipfel, 1493 m – Abstieg durch das Zastler Loch zur Zastler Hütte – auf dem Forstweg weiter nach Norden absteigen, jedoch etwa 300 Meter nach der Zastler Hütte den Felsenweg (auch Naturlehrpfad) zum Weiler Rinken nehmen – Wegverzweigung am Rinken – auf dem Emil-Thoma-Weg von dort nach Südosten gehen – nach ca. 1 km mündet dieser in den Westweg/E1 – dem Westweg folgen, im südlichen Hinterzarten diesen verlassen und Richtung Hinterzarten Zentrum gehen.*

5:40 Std. | 19,1 km | 380 m ↗ | 720 m ↘

Drei der schönsten Wegabschnitte des gesamten Trails begehen wir heute. Den Felsenweg über dem Feldsee, einem Karsee, der von einem Gletscher in die Nordostflanke des Feldbergs gefräst wurde. Dann den Weg vom Feldberg-Gipfel in das Zastler Loch, ebenfalls ein Kar, allerdings ohne See. Und dann noch den Verbindungsweg zwischen dem Zastler Loch und dem Rinken, der an einem steilen Hang entlang führt. Wir gehen sozusagen einen Dreiviertelkreis am Feldberg, doch weil wir hier am höchsten Punkt des Trails sind, gönnen wir uns die Umwege.

*Kurz unterhalb des Feldberg-Gipfels; dann rissen die Wolken auf.*

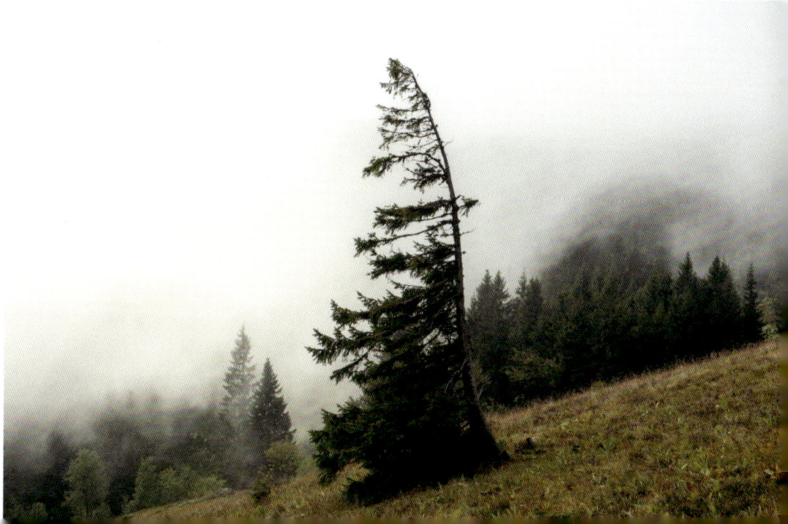

Dass der höchste Berg der deutschen Mittelgebirge bloß ein sanfter Rücken ist, auf dem Kühe und Schafe weiden, ist kennzeichnend für die »milde« Physis der Mittelgebirge überhaupt. Bei sehr guter Fernsicht (die im Sommer selten ist), hat man indes einen imposanten Blick auf die »richtigen Berge« der Alpenkette, sogar bis zum Montblanc.
Da ich den lauten Touristenort Titisee vermeiden wollte, wählte ich eine Route ins etwas ruhigere Hinterzarten. Die Gemeinde hat heute 2600 Einwohner. Der Aufschwung kam Ende des 19. Jahrhunderts mit dem Bau der Eisenbahnstrecke von Freiburg. Hinterzarten ist der erste Ort, der auf der welligen Hochfläche des südlichen Schwarzwalds liegt. Mit dem Bau einer Skisprungschanze in den 1920er-Jahren wurde man zu einem Zentrum dieser Disziplin (und des Langlauf-Skisports) in Deutschland.

*Einkehrmöglichkeiten unterwegs:* Zastler Hütte.
*Unterkünfte:* Zahlreiche Möglichkeiten.

## 5 HINTERZARTEN – FURTWANGEN

*Hinterzarten Ortsmitte – nach Südost zum Adlerweiher, noch im Stadtgebiet – Weg nach Norden durchs Hochmoor – Lafettenhäusle – auf dem Sträßchen über Weißenhof nach Nordost – auf Waldweg zum Wanderheim Berghäusle aufsteigen – dort auf den Westweg (auch E1), dem von nun an zu folgen ist – Weißtannenhöhe – Süßes Häusle – Kaltenherberg – Heubacher Höhe, dort auf den Mittelweg wechseln – auf diesem bergab bis Furtwangen.*

7:30 Std. | 27,4 km | 480 m ↗ | 520 m ↘

Leider anfangs rund 2 km asphaltierter Weg, dann kommen wir wieder auf den berühmten Westweg, den die meisten Weitwanderer von Nord nach Süd begehen, so dass wir immer wieder grüßen müssen (was wir natürlich gerne tun). So oft ist es dann auch gar nicht. Mitte August begegnete ich pro Tag etwa 30 bis 40 Westweg-Aposteln, nach der Größe ihrer Rucksäcke zu beurteilen.
Die Anfangskilometer sind noch ganz hübsch. Doch dann folgt der Skandal namens B500. Diese Straße ist der südliche Teil der Schwarzwaldhochstraße und wurde in den 1920er- und 1930er-Jahren praktisch auf der Trasse des Westwegs angelegt. So dass man vom Weiler Süßes Häusle bis fast nach Furtwangen etwa 11 km weit im Straßenlärm und oft mit Blick auf die Autos wandern muss. Meistens, aber nicht immer, führt die neue Trasse des Westwegs ein paar hundert Meter entfernt durchs Gelände. Diese straßennahe Strecke zu vermei-

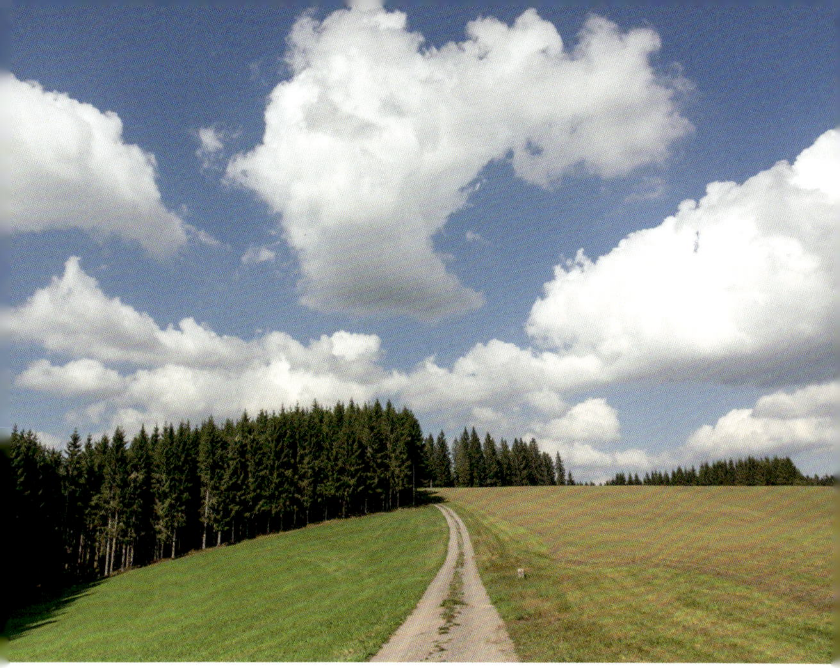

*Der Westweg vor Furtwangen*

den, ist nicht möglich, es sei denn, man würde weite Umwege über die Täler machen.

Furtwangen ist eine Stadt mit 9100 Einwohnern und lebt von seiner Industrie. Der Ort hatte eine große Uhrmachertradition, und nach dem Niedergang der Fabrikation in Deutschland haben die Betriebe oft erfolgreich auf feinmechanische Produkte, Elektronik und Metallverarbeitung umgestellt. Furtwangen hat sogar eine Hochschule mit Schwerpunkt auf wirtschaftsnahen Studiengängen.

Ich hatte Furtwangen mit Absicht als Etappenziel gewählt, weil ich mal in einem nicht vom Fremdenverkehr dominierten Schwarzwaldort übernachten wollte. Allerdings sieht das Städtchen auch entsprechend aus: Alte Häuser sind rar, auf den Berghängen stehen Einfamilien- oder Reihenhäuser, im Talgrund vor allem Industrie- und sonstige Wirtschaftsgebäude.

Ich bin mir nicht sicher, ob ich Furtwangen noch einmal zum Übernachten wählen würde (es gibt dort auch nur wenige Möglichkeiten). Man kann stattdessen versuchen, einen Gasthof am Westweg zu finden (siehe unten), und spart sich dann die 200 Höhenmeter Abstieg nach Furtwangen und den Wiederaufstieg am nächsten Morgen. Wenn man im Bereich Bregenbach nächtigt, wird diese lange Etappe 30 bis 60 Minuten kürzer.

*Einkehrmöglichkeiten unterwegs:* Wanderheim Berghäusle, Wirtshaus Thurner, Gasthof zum Kreuz, Gasthaus Kalte Herberge.
*Unterkünfte:* In Furtwangen Hotel Ochsen, Haus Lupino, IB-Jugendgästehaus.
Am Westweg in der Nähe Furtwangens: Gasthof zum Hirschen (Oberbregenbach), Hotel Goldener Rabe (im Weiler Raben), Landhotel Thälerhäusle Ochsen (Unterbregenbach), Berggasthof/Hotel Brend, Naturfreundehaus Brend (beide am Berg Brend, etwa 3 km nördlich).

## 6 FURTWANGEN – BÄRACKER

*Furtwangen Zentrum – Aufstieg rechts neben der Stadtkirche zum Friedhof – Rabenhöhe – Raben – von nun an immer auf dem Westweg/E1 – Brend (Aussichtsturm) – Kolmenhof, Breg- bzw. Donauquelle – Blindensee – Wilhelmshöhe – Bäracker, Hotel Schöne Aussicht.*

6:30 Std. | 23,5 km | 450 m ↗ | 410 m ↘

Ich war diesen Abschnitt des Westwegs schon einmal 2006 gegangen, in Gegenrichtung, und erinnere mich, dass ich enttäuscht war. Diesmal hat mir der Weg gefallen. Vielleicht liegt es daran, dass der Schwarzwaldverein diverse Passagen, die damals auf breiten Forstwegen verliefen, auf schmälere Pfade verlegt hat. Jedenfalls geht es sehr abwechslungsreich durch Wälder, Wiesen und Felder, und diverse hübsche Schwarzwaldhöfe sind zu sehen. Vom Aussichtsturm am Brend kann man bis zum Feldberg zurückschauen. Ein paar Kilometer weiter liegt die »Donauquelle«, die eigentlich nur die Quelle des Bächleins Breg ist, welches aber der längste Quellfluss der Donau ist. Dort grüßt ein steinerner Wassermann die Wanderer. »Brigach und Breg bringen die Donau zuweg«, habe ich einst im Erdkundeunterricht gelernt. Der Westweg verläuft hier meist genau auf der Wasserscheide zwischen Donau und Rhein. Was östlich entspringt, fließt ins Schwarze Meer, was westlich aus dem Boden plätschert, in die Nordsee.
Reizvoll auch der Blindensee in einem Hochmoor.

*Einkehrmöglichkeiten unterwegs:* Gasthof Brend, Naturfreundehaus Brend, Kolmenhof bei der Breg-Quelle, Gasthaus Wilhelmshöhe, Gasthaus Karlstein.
*Unterkünfte:* Es gibt keine Siedlung Bäracker, das ist nur ein Flurname. Außer dem Hotel Schöne Aussicht und dem etwa 1 km entfernten Hinterhauensteinhof gibt es keine weiteren Häuser. Der Hinterhauen-

steinhof vermietet Ferienwohnungen, ob auch nur für eine Nacht, weiß ich nicht. Ich schlief im Hotel Schöne Aussicht (mittelpreisig). Wer in Bäracker nicht übernachten will oder kann, dem bietet sich an, vorher im Gasthaus Wilhelmshöhe zu nächtigen, was viele Westwegwanderer tun. Dann wird aber die Etappe am nächsten Tag gut 6 km oder anderthalb Stunden länger. Oder man weicht gleich in den Ort Schonach aus (etwa 1,5 km östlich der Wilhelmshöhe).

*Hier rinnt die Donau aus dem Gestein – oder jedenfalls das Bächlein Breg.*

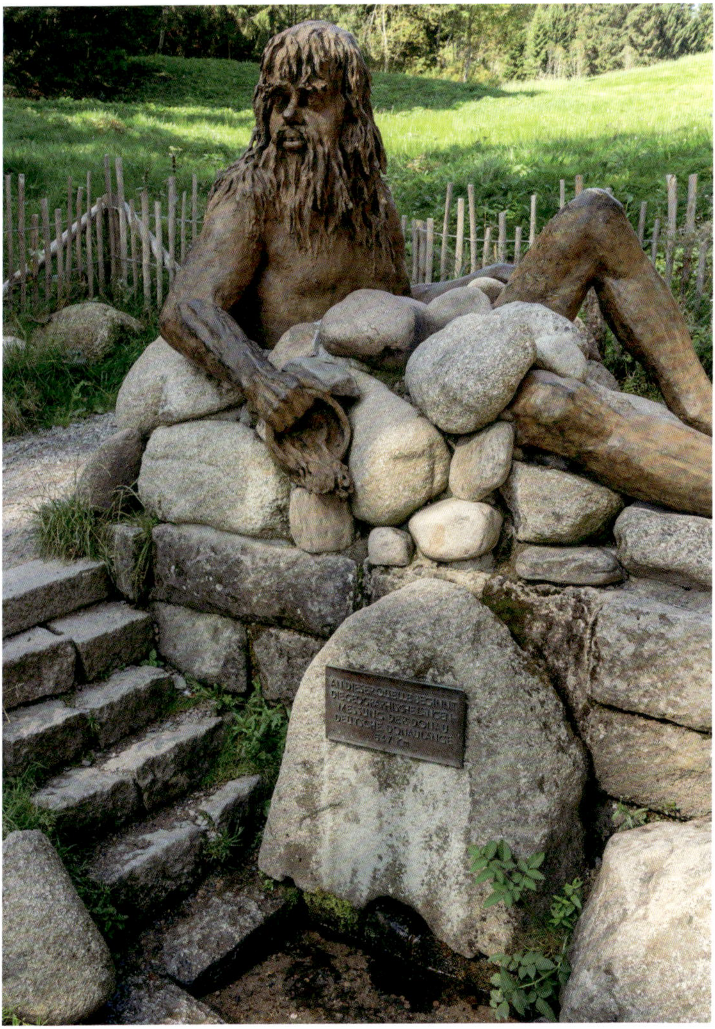

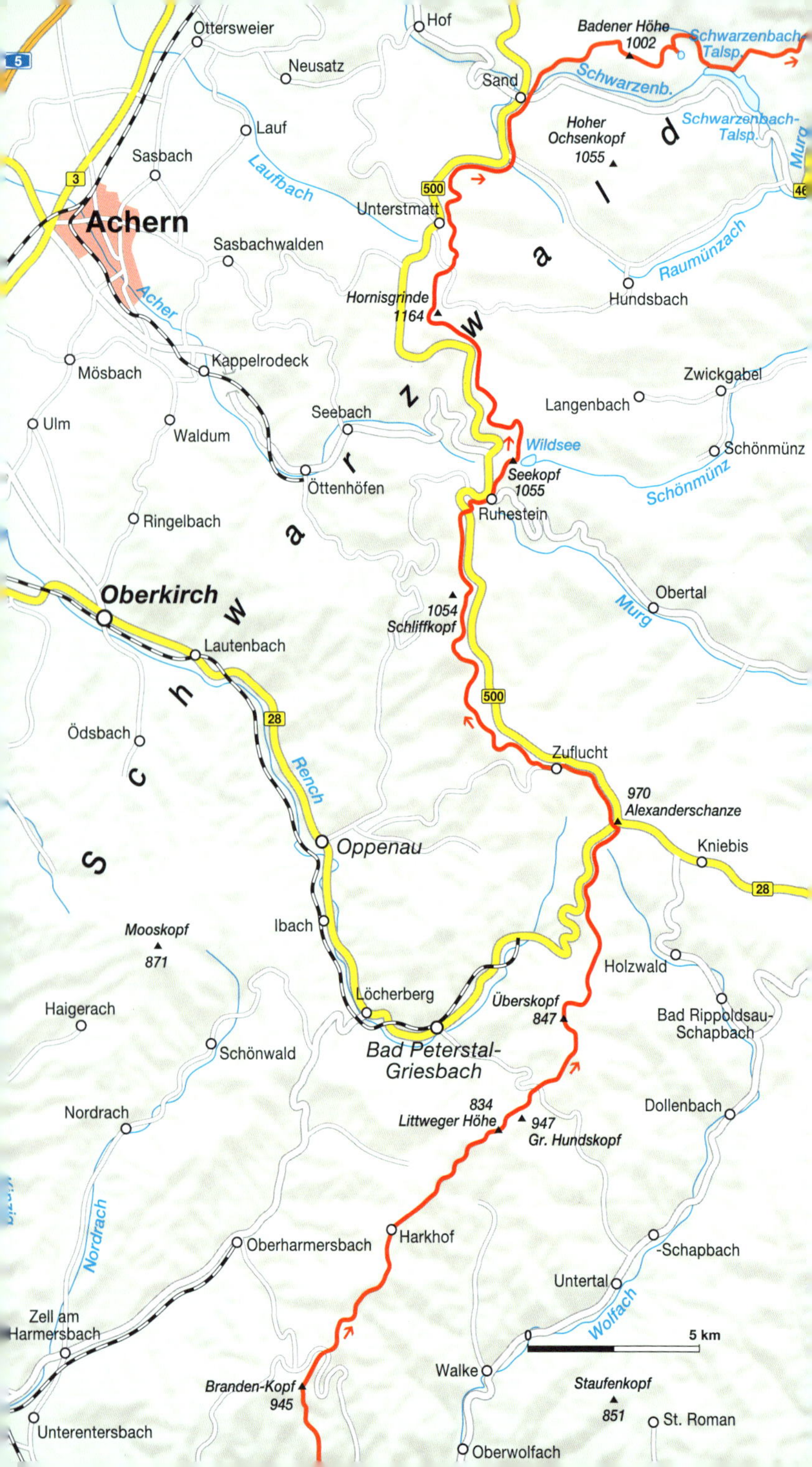
5
Ottersweier
Hof
Badener Höhe
1002
Schwarzenbach-
Talsp.
Neusatz
Sand
Schwarzenb.
Lauf
Hoher
Ochsenkopf
1055
Schwarzenbach-
Talsp.
Murg
Sasbach
3
500
46
Laufbach
Unterstmatt
Achern
Sasbachwalden
Raumünzach
Hornisgrinde
1164
Hundsbach
Acher
Mösbach
Kappelrodeck
Zwickgabel
Langenbach
Ulm
Seebach
Waldum
Wildsee
Schönmünz
Seekopf
1055
Öttenhöfen
Schönmünz
Ruhestein
Ringelbach
Schwarzwald
Obertal
Oberkirch
1054
Schliffkopf
Murg
Lautenbach
500
28
Ödsbach
Zuflucht
Rench
970
Alexanderschanze
Kniebis
Oppenau
28
Ibach
Mooskopf
871
Holzwald
Haigerach
Löcherberg
Überskopf
847
Bad Rippoldsau-
Schapbach
Schönwald
Bad Peterstal-
Griesbach
Nordrach
834
Littweger Höhe
947
Gr. Hundskopf
Dollenbach
Nordrach
Oberharmersbach
Harkhof
-Schapbach
Untertal
Zell am
Harmersbach
Wolfach
0
5 km
Walke
Branden-Kopf
945
Staufenkopf
851
Unterentersbach
St. Roman
Oberwolfach

## 7 BÄRACKER – FARRENKOPF – HAUSACH – EINBACH – BRANDENKOPF

*Bäracker (Hotel Schöne Aussicht) – Berg Karlstein (ab hier wieder auf dem Westweg) – Fährlefelsen – Hirschlachschanze – Überquerung der Landesstraße 107 – Buchereckhütte – Farrenkopf – Haseneckle – Burgruine Husen – Hausach – auf der Fußgängerbrücke Narrenbrücke über die Kinzig – nach links zur Einbacher Straße, die nach N aus der Stadt herausführt – dieser etwa 2 km bis Einbach folgen – an der Gaststätte zum Hirsch nach links auf die schmale Straße am Neuenbach – nach ca. 100 m zweigt von dieser nach rechts bergauf ein Pfad ab, beschildert mit einem Wegweiser zum Brandenkopf – diesem ansteigenden Weg in Richtung Norden bis zum Wanderheim Brandenkopf folgen.*

7:20 Std. | 21,2 km | 1070 m ↗ | 1040 m ↘

*Nur bis Hausach:*

4:40 Std. | 14,0 km | 370 m ↗ | 1040 m ↘

Kurzer Anstieg zum Aussichtsgipfel Karlstein, dann meist schöne Wege im Auf und Ab. Jedoch hat man auf dem Kamm zwischen Hirschlachschanze und der L107 mehrere riesige Windräder aufgestellt. Das trübt nicht nur den Naturgenuss, sondern führte offenbar auch dazu,

*Der Karlstein, 970 m, trägt eine alte Grenzmarkierung.*

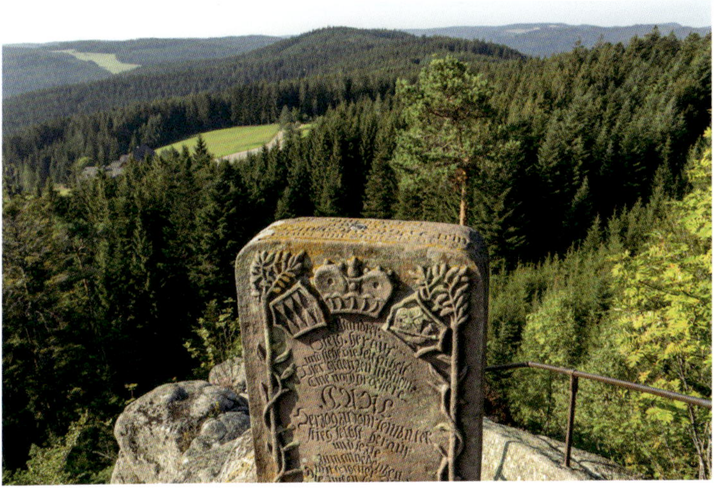

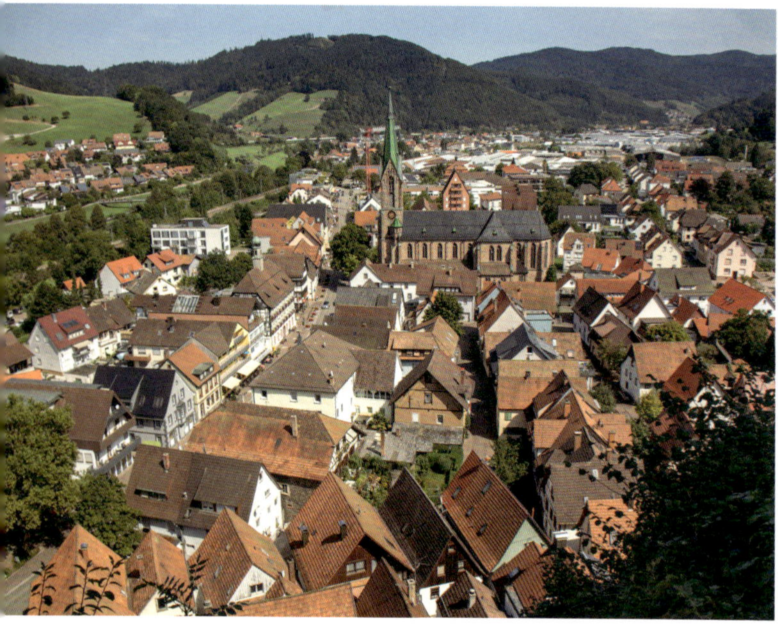

*Das Städtchen Hausach lädt zur Mittagspause.*

dass man den Westweg in neu angelegten Umwegen um diese herumführt. Allerdings sind die Ungetüme an einigen Stellen doch so nah, dass Signalleuchten in den Wald gestellt wurden, die im Winter vor Eisabbrüchen von den Flügeln warnen sollen. Hier sieht man auch, dass zur Montage von Windkraftanlagen breite Zufahrtsstraßen durch den Wald geschlagen werden (für die Tieflader mit den überlangen Bauteilen) und Areale von mindestens einer halben Fußballplatz-Fläche gerodet werden, um die Giganten zu montieren.

Der Wiederanstieg auf den Berg Farrenkopf ist steil und schweißtreibend. Nun folgt ein langer und manchmal steiler Abstieg ins Kinzigtal, das in Hausach eine Meereshöhe von lediglich 240 Metern aufweist. Das Kinzigtal ist das einzige tiefe Ost-West-Quertal des Schwarzwalds. Man durchquert den Ort in Richtung Norden, überquert die Kinzig und folgt etwa 2 km einer asphaltierten Straße. Dann geht's wieder in die Natur; von dem Weg Richtung Brandenkopf hat man einige faszinierende Blicke nach Süden, und vor allem dann vom Aussichtsturm auf dem Brandenkopf (auch wenn Fotografen sich ärgern werden, weil sie durch Fenster hindurch fotografieren müssen).

Wer sich die Mega-Etappe mit mehr als 1000 Metern Ab- und Aufstieg nicht zumuten möchte, sollte in Hausach bleiben (mehrere Gasthöfe)

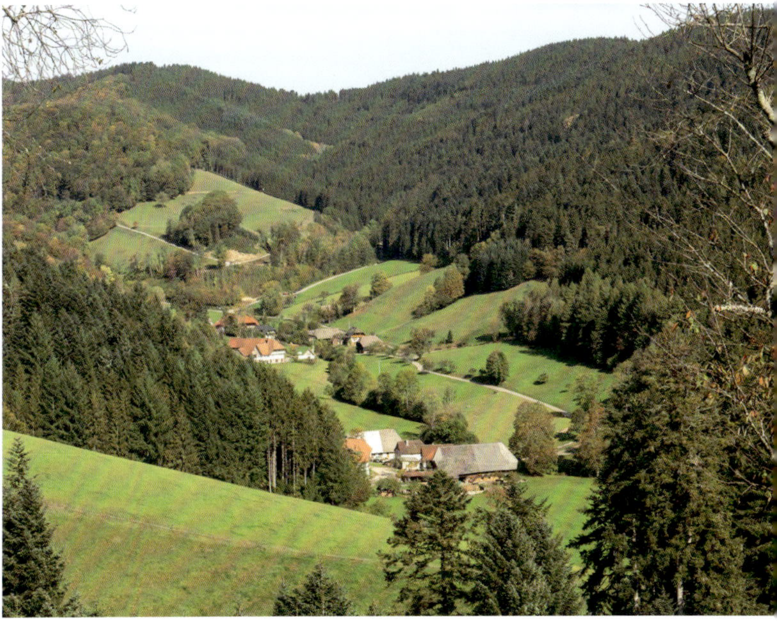

*Schwarzwaldhöfe im Einbachtal, auf dem Weg zum Brandenkopf*

und aus dieser Etappe einfach zwei machen. Wer möchte, kann dann zwei Kilometer südlich von Hausach, in Gutach, das sehenswerte Freilichtmuseum Vogtsbauernhof besichtigen, das verschiedene Typen von Schwarzwaldhöfen zeigt (dahin Bahnverbindung).

Wer in Hausach nächtigt, sollte dann aber, anders als oben beschrieben, nicht über den Brandenkopf gehen, sondern am nächsten Tag die übliche Westweg-Route nehmen und auf dem Harkhof übernachten. Dahin geht man 15 km in etwa fünf Stunden. Die nächsten Übernachtungsmöglichkeiten in Kniebis oder an der Zuflucht sind zu weit weg, um sie von Hausach aus an einem Tag zu erreichen. Sollte der Harkhof ausgebucht sein, gibt es etwa 4 km dahinter noch einen Gasthof Zuwälder Stüble. Dorthin muss man aber nach Westen etwa 230 Höhenmeter ins Tal absteigen und am nächsten Tag wieder aufsteigen.

*Einkehrmöglichkeiten unterwegs:* Vor Hausach keine. Dann mehrere Gasthöfe und Bäckereien in Hausach. In Einbach Gasthaus zum Hirsch.

*Unterkunft:* Das Wanderheim Brandenkopf des Schwarzwaldvereins bietet Zimmer und Lager, und natürlich Frühstück und Abendessen.

## 8 BRANDENKOPF – HARKHOF – LITTWEGER HÖHE – SEE-EBENE – ALEXANDERSCHANZE – ZUFLUCHT

*Wanderheim Brandenkopf – auf der Fahrstraße nach Norden gehen, bis man nach etwa 3 km kurz vor dem Kreuzsattel auf den Westweg/E1 trifft, dem man nun den ganzen Tag über folgt – Kreuzsattel mit Kreuzsattelhütte – den Harkhof oberhalb passieren – Littweger Höhe – Kreuzung mit der Straße L93, Freiersberger Hütte – Aufstieg zur See-Ebene oberhalb des Glaswaldsees – Lettstädter Höhe – Hildahütte – Alexanderschanze – Natur- und Sporthotel Zuflucht.*

7:25 Std. | 26,0 km | 570 m ↗ | 560 m ↘

Man kann zu Beginn auch anders gehen, aber ich empfehle die Passage auf dem kaum befahrenen Sträßlein, um schneller voranzukommen. Es folgen viele Kilometer auf Forstwegen. Allerdings gibt es eine wunderbare Aussicht mit einem, würde ich sagen, »Caspar-David-Friedrich-Blick« über hintereinander gestaffelte Höhen und Täler, und zwar etwa 500 Meter vor der Littweger Höhe, mit Rastbänken (Foto siehe Umschlag). Von der See-Ebene ab wird der Weg interessanter, man kann hinunter zum Glaswaldsee blicken und geht dann einige Kilometer auf schmalen Pfaden durch eine wilde Heidelandschaft. Vor der Alexanderschanze ist man wieder auf Forstwegen unterwegs, jedoch mit schöner Sicht ins Tal von Bad Griesbach und zur Rheinebene.

**Einkehrmöglichkeiten unterwegs:** Nur auf dem ersten Teil der Strecke, in der Kreuzsattelhütte und im Harkhof.

*Schön, aber nicht zum Verzehr geeignet: Fliegenpilze am Weg*

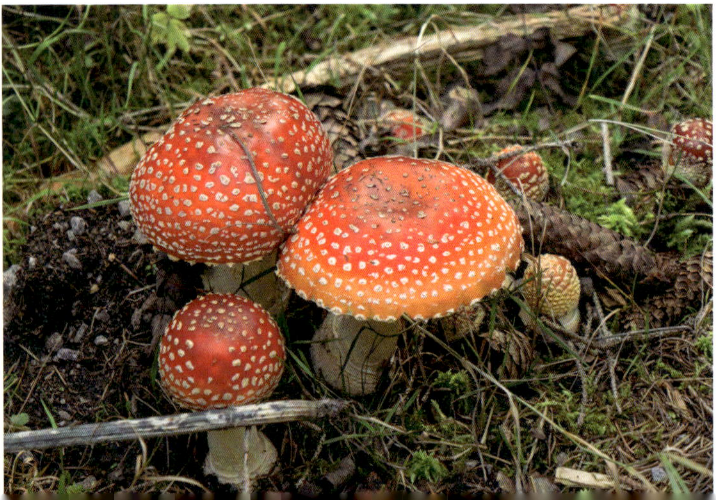

*Unterkünfte:* Das Haus an der Passhöhe Zuflucht war früher eine Jugendherberge und ist seit ein paar Jahren ein Hotel (Übernachtung nicht ganz billig). Ich konnte dort kein Zimmer bekommen, denn unglücklicherweise fanden Umbauarbeiten statt. Falls Sie dort auch kein Zimmer erhalten, müssen Sie wohl oder übel (wie ich) im Örtchen Kniebis nächtigen. Nichts gegen Kniebis, es liegt nur leider in der falschen Richtung, statt an der Alexanderschanze nach Nordwesten muss man von dort nach Südosten gehen. Für die Länge der heutigen Tagesetappe macht dies zwar keinen großen Unterschied, aber für die am nächsten Tag schon. Denn dann man muss von Kniebis erst einmal etwa drei Kilometer zurück zur Alexanderschanze, und dann folgen noch die drei Kilometer von dort bis Zuflucht … Man muss in diesem Fall also gut anderthalb Stunden zur folgenden Etappe hinzuzählen. In Kniebis gibt es etwa ein halbes Dutzend Übernachtungsmöglichkeiten, darunter ein Naturfreundehaus; man sollte eine wählen, die möglichst nah zur Alexanderschanze liegt.

## 9 ZUFLUCHT – SCHLIFFKOPF – RUHESTEIN – SEEKOPF – HORNISGRINDE – WANDERHEIM OCHSENSTALL

*Von Zuflucht aus auf dem Westweg/E1 zur nahen Röschenschanze – Aussichtsplattform am Lotharpfad – Schliffkopf – Ruhestein – Aufstieg zum Seekopf – Wildseeblick – Darmstädter Hütte – Seibelseckle – auf direktem, steilen Waldweg zum Dreifürstenstein auf der Hornisgrinde – nach Westen zum Gipfel, 1164 m, und dem Hornisgrindeturm – nach Norden zum Bismarckturm – wieder auf den Westweg, auf diesem nach Nordosten bergab zum Wanderheim Ochsenstall.*

6:20 Std. | 21,5 km | 640 m ↗ | 560 m ↘

Gleich bei der Zuflucht liegt die kuriose Röschenschanze, eine sternförmige Wallanlage, heute von Gräsern und Büschen überwuchert. Sie wurde von Württemberg in den Napoleonischen Kriegen angelegt, konnte aber dem Angriff der Franzosen nicht standhalten. Die Kammlinie des Schwarzwalds, auf der der Westweg verläuft, war in großen Teilen auch die Grenze zwischen den ehemaligen Ländern Baden und Württemberg.
Später kommen wir am Lotharpfad vorbei, einem Weg, der durch ein vom Orkan Lothar 1999 völlig verwüstetes Gebiet führt. Wir müssen nicht den gesamten Weg gehen, aber ein kurzer Abstecher führt uns zu einem Aussichtsturm, von dem sich bewundern lässt, wie sich die Natur seither regeneriert hat.

Bis kurz vor dem Schliffkopf verläuft der Westweg entfernt von der Schwarzwaldhochstraße, doch für den Rest des Weges ist diese Ferienstraße nicht zu überhören und oft auch nicht zu übersehen. Große Aussicht erwartet uns, klares Wetter vorausgesetzt, auf der Hornisgrinde, nach Westen in die Rheinebene und zu den Vogesen, nach Osten, fast noch imposanter, in die Waldeinsamkeit der Nebentäler des Murgtals und des dahinterliegenden Ostschwarzwälder Hochplateaus.

*Einkehrmöglichkeiten unterwegs:* Nationalpark-Hotel Schliffkopf (teuer), Ruhestein-Schänke, Darmstädter Hütte, Rasthütte Seibelseckle, Grinde-Hütte.
*Unterkünfte:* Das Wanderheim Ochsenstall des Schwarzwaldvereins bietet neben Verpflegung Lager und einfache Zimmer mit Gemeinschafts-Dusche und -wc. Als Alternativen gibt es: in Unterstmatt (etwa eine halbe Stunde weiter) Hotel Zur großen Tanne und Hochkopf-Stub. Oder bereits vor der Hornisgrinde das Berghotel Mummelsee (teuer) oder die Darmstädter Hütte (nur Lager).

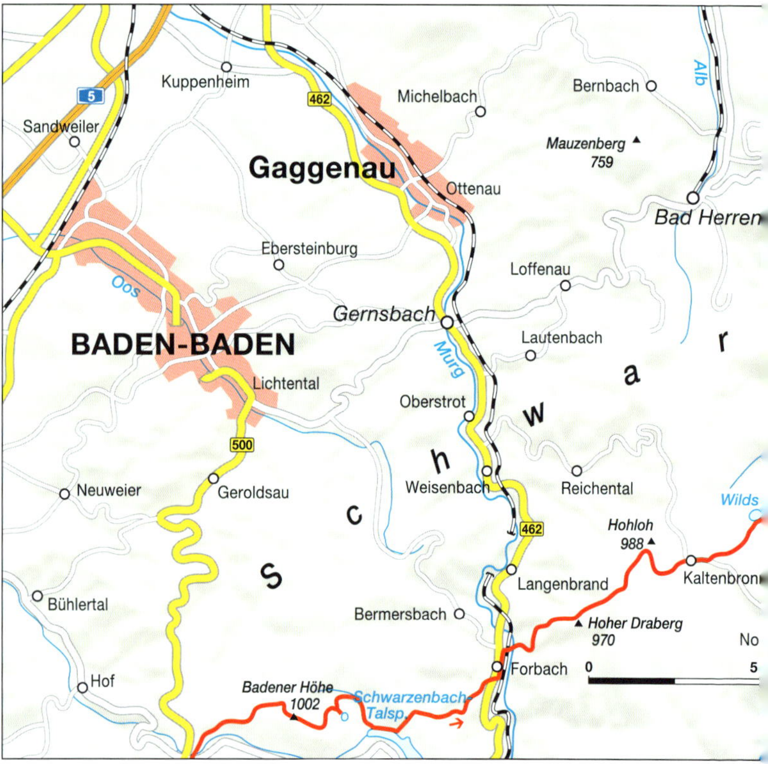

## 10 OCHSENSTALL – UNTERSTMATT – SAND – BADENER HÖHE – FORBACH

*Alles auf dem Westweg: Ochsenstall – Skizentrum Unterstmatt – Hochkopf – Skizentrum Hundseck – Skizentrum Sand – Aufstieg zur Badener Höhe – Seekopf – Herrenwieser See – Schwarzenbachtalsperre – Wegscheid – Forbach.*

6:20 Std. | 21,5 km | 450 m ↗ | 1200 m ↘

Zum letzten Mal erreichen wir auf dem Hochkopf eine baumlose Grinden-Fläche. Und auf der Badener Höhe unseren auf lange Zeit letzten Berg, der die 1000 Meter übersteigt. Sowie mit dem Herrenwieser See den nördlichsten der Karseen der eiszeitlichen Gletscher des Nordschwarzwalds. An der Schwarzenbachtalsperre sehen wir, dass auch im Schwarzwald die Natur zugunsten der Energieversorgung domestiziert wurde.

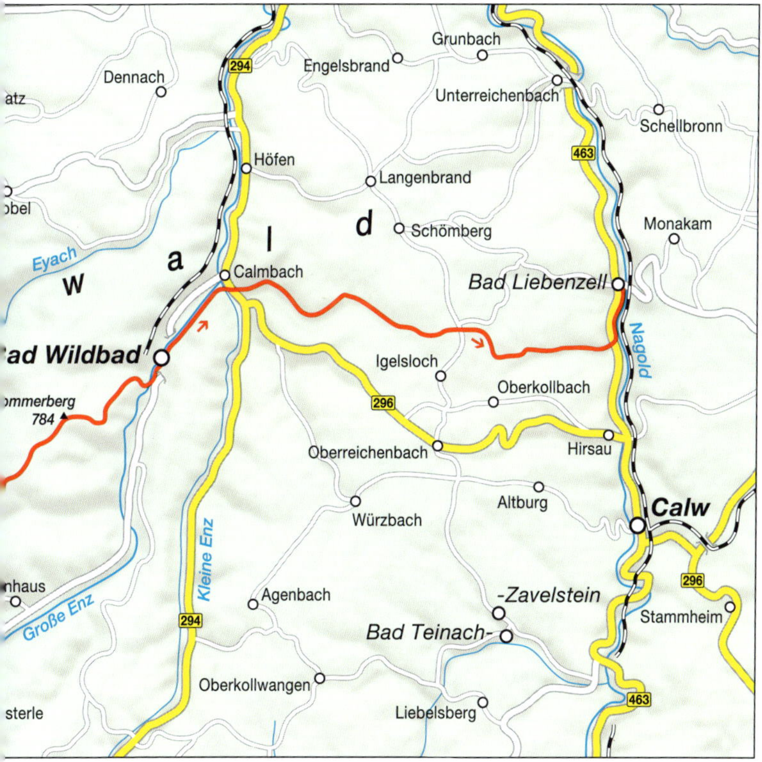

Man muss sich auf eine Menge Höhenmeter Abstieg gefasst machen. Ich gestehe, dass ich teilweise anders gegangen bin, denn ich hatte mir auf den Etappen vorher wegen neuer, zu enger Schuhe eine Blase zugezogen. Da diese besonders beim Absteigen schmerzte, versuchte ich die Höhenmeter zu minimieren. Ich ließ den Hochkopf und die gesamte Passage über die Badener Höhe und den Herrenwieser See aus. Und ging stattdessen zwischen Unterstmatt und Ruhestein auf dem Wanderweg knapp oberhalb der Schwarzwaldhochstraße und ab Sand über den Ort Herrenwies direkt zur Talsperre. Diese Route können auch Sie bei Schlechtwetter in Erwägung ziehen. Die 450 Höhenmeter steilen Abstiegs von Wegscheid ins Murgtal blieben mir und meinem armen Zeh aber nicht erspart.
Ich kannte Forbach flüchtig aus Kinderzeiten, von Ausflügen, die ich mit den Eltern von Karlsruhe aus ins Murgtal unternahm. Und ich war nun ein wenig erstaunt, dass das Städtchen von etwa 3000 Einwohnern einen recht tristen Eindruck machte. Die Häuser sind weniger herausgeputzt als sonst in Baden-Württemberg üblich, und entlang der Haupteinkaufsstraße standen einige Läden leer, über einem davon prangte gar noch der blaue »Schlecker«-Schriftzug, obwohl die Pleite

*Unterstmatt: Früher feines Hotel, heute Notunterkunft*

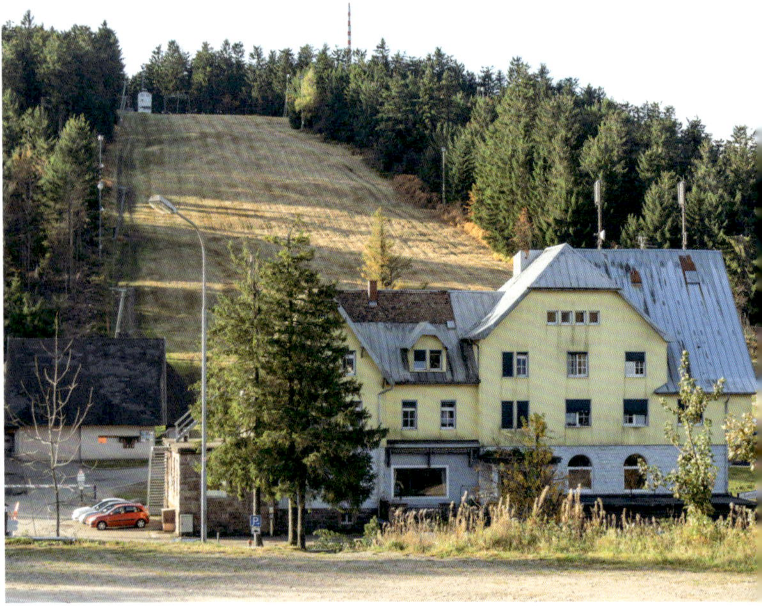

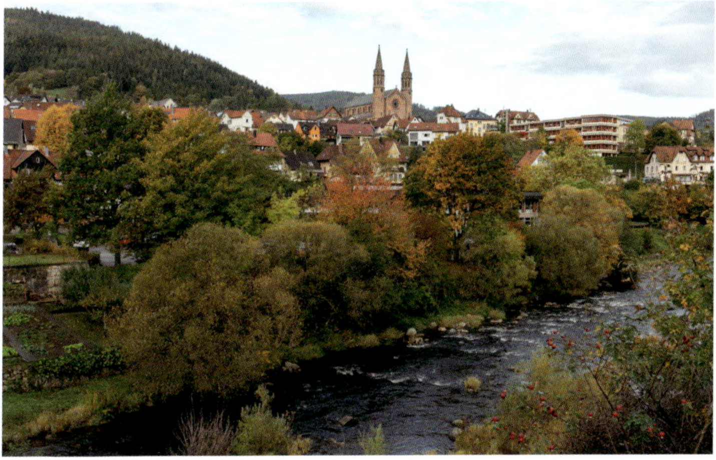

*Etappenort Forbach im Tal der Murg*

der Drogeriekette schon eine halbe Ewigkeit her war. Der Hintergrund ist wohl der, dass der letzte große Arbeitgeber in Forbach, eine Papierfabrik, 2007 zugemacht hat.

*Einkehrmöglichkeiten:* Bergwaldhütte Sand, Naturfreundehaus Badener Höhe.
*Übernachtungsmöglichkeiten:* Hotel Das Waldhaus, Hotel am Mühlbach, Privatzimmer Schillinger. Im nahen Gausbach: Landgasthof Waldhorn.

## 11 FORBACH – HOHLOH-MOOR – WILDSEE-MOOR – SOMMERBERG – BAD WILDBAD

*Forbach – Gausbach – auf den Westweg/E1 am Beginn des Heuhüttentals – Aufstieg zu den Latschigfelsen – Prinzenhütte – Hohloh-Turm – Großer Hohloh-See – Weiler Kaltenbronn – den Westweg verlassen und nach Osten auf dem Mannslohweg zum Naturschutzgebiet Wildseemoor – dieses auf dem Bohlenweg durchqueren – weiter auf dem Mittelweg – Grünhütte – Fünf Bäume – von dort entweder über Saustallhütte nach Sommerberg oder Weg in westlicher Richtung zur 380 Meter langen »Wildline«-Hängebrücke (kostenpflichtig), von deren Nordende weiter nach Sommerberg – Abstieg auf dem Zickzackweg nach Bad Wildbad.*

6:45 Std. | 22,6 km | 760 m ↗ | 610 m ↘

In Forbach die Murg am besten über die historische gedeckte Holzbrücke überqueren, auf die man hier sehr stolz ist. Auf der anderen Talseite durch den Teilort Gausbach gehen. Die Route des Westwegs macht noch einen Schlenker nach Süden mit unnötigen Höhenmetern, so dass man diese Passage besser auslässt; man trifft wieder auf den Westweg am Eingang des Heuhüttentals. Dann langer Aufstieg zur Hochebene um das sehenswerte Hohloh-Moor. Wundervoller Blick vom Hohloh-Turm auf die Weiten des östlichen Schwarzwalds; hier und am Hohloh-See ist man noch einmal auf 980 Metern Meereshöhe. Dann geht es Richtung Nordosten und streckenweise eben, streckenweise bergab bis nach Sommerberg, einer touristischen Siedlung 300 Meter über Bad Wildbad, von dort mit einer Standseilbahn erreichbar. Außer der erwähnten Hängebrücke (von der man eine schöne Aussicht hat, die aber topografisch sinnlos ist) gibt es auch einen ebenfalls kostenpflichtigen Baumwipfelpfad, mit einem 40 Meter hohen Aussichtsturm.

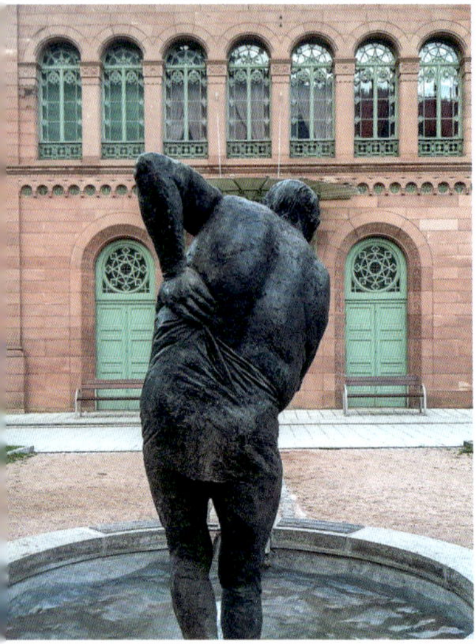

*Bad Wildbad: Denkmal für den rückenkranken Kurgast*

Eigentümlich sind hier, in der Nordost-Ecke des Schwarzwalds, die Talformen: In die Hochebene haben sich enge Täler mit recht steilen Hängen eingeschnitten – die flach gelagerten Buntsandstein-Schichten sind für diese Besonderheit verantwortlich. Weil Bad Wildbad (den eigentlich überflüssigen Zusatz Bad trägt es erst seit 1990) vor allem in den Wintermonaten wenig Sonne erhält, ist oben auf der Hochebene der Hotel-Stadtteil Sommerberg entstanden.

Bad Wildbad dürfte 6000 bis 7000 Einwohner haben, zieht man von den offiziellen 10.000 jene ab, die in außenliegenden Gemeindeteilen wohnen. Die Stadt ist ein bekannter Kurort, sozusagen ein württembergisches Baden-Baden, und besitzt noch einige altehrwürdige Sanatoriums- und Hotelbauten.

*Einkehrmöglichkeiten unterwegs:* Hotel Sarbacher in Kaltenbronn, Grünhütte, mehrere in Sommerberg.

*Unterkünfte:* Es gibt so viele, dass sich eine Aufzählung erübrigt.

## 12 BAD WILDBAD – CALMBACH – BAD LIEBENZELL

*Bad Wildbad – Mittelweg – Calmbach – im östlichen Ortsteil von Calmbach den Mittelweg verlassen und dem Wanderweg Bad Liebenzell-Calmbach folgen – Zainen – Kollbachtal – Simmersfelder Weg – Kurpark Bad Liebenzell – Bad Liebenzell.*

5:00 Std. | 18,5 km | 360 m ↗ | 460 m ↘

Erst geht es durch das Wildbader Tal nach Norden zum Teilort Calmbach, dann nach Osten hinauf auf die Hochebene. Weite Blicke bis zur Schwäbischen Alb bei der Ortschaft Zainen. Dann wieder Abstieg in die engen Täler um Bad Liebenzell.
Das Kurstädtchen hat, inklusive der Stadtteile im Umland, knapp 10.000 Einwohner. Alles ist hier eine Nummer kleiner als in Bad Wildbad, und man leidet wohl auch stärker als der Nachbar unter der Kurort-Krise, seit ab den 1990er-Jahren die Krankenkassen die Kosten für einen Aufenthalt nur noch selten übernehmen.

*Einkehrmöglichkeiten unterwegs:* Nur am Anfang in Calmbach.
*Übernachtungsmöglichkeiten:* Hotel am Bad-Wald, Hotel Koch, Kronen-Hotel, Adler, Haus am See, Hotel Paradiso, Gästehaus Kaiser.

*Bad Liebenzell mit seiner Burg*

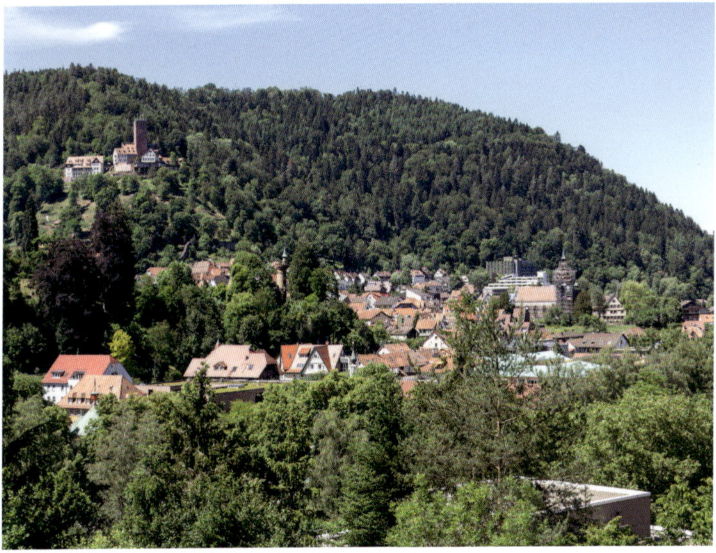

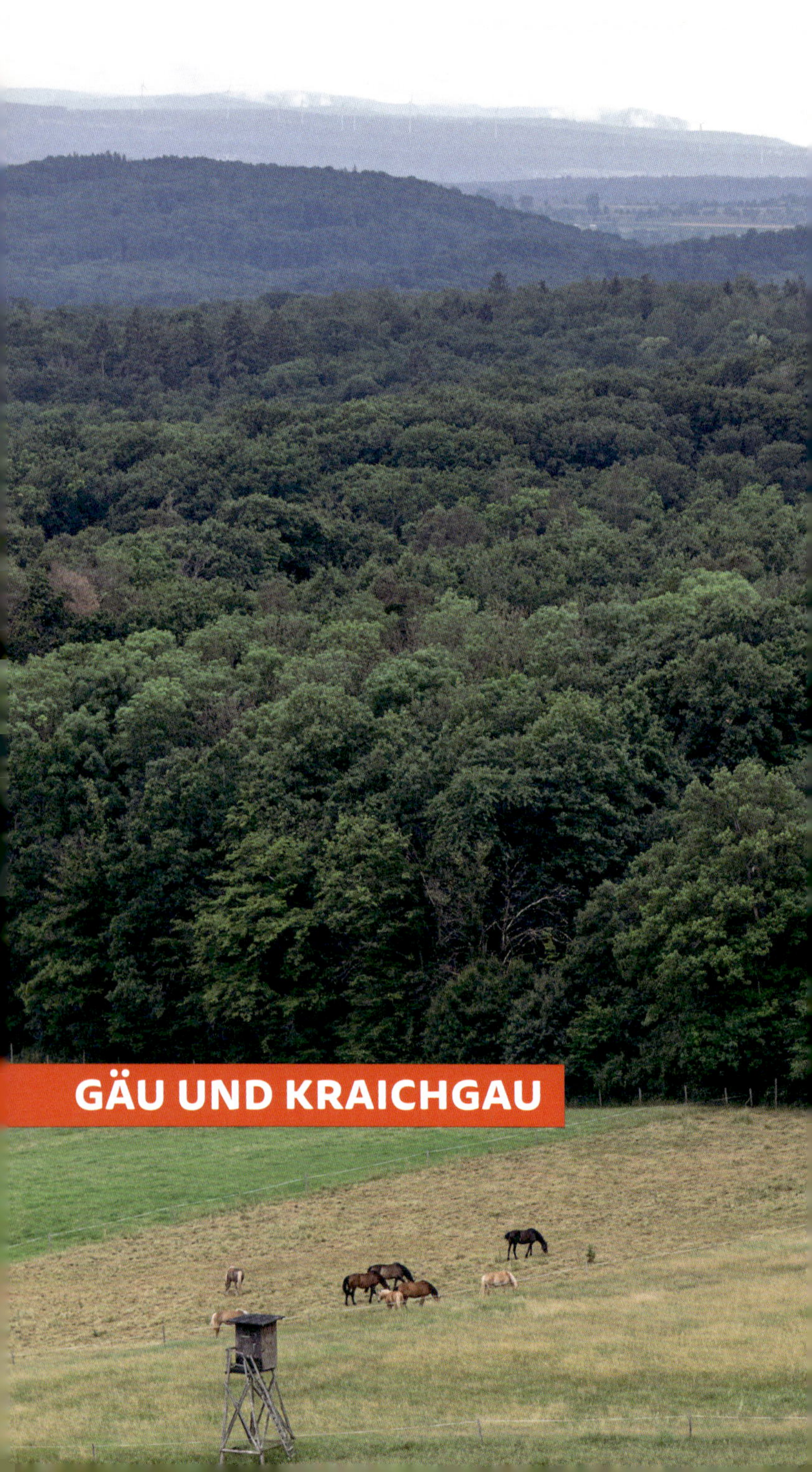

# GÄU UND KRAICHGAU

## 13 BAD LIEBENZELL – FRIOLZHEIM – WIERNSHEIM

*Bad Liebenzell – (Schwarzwald-)Ostweg nach Norden, dann Osten – Monbachtalschlucht – auf dem Ostweg nach Neuhausen, dann meist östlich der Autostraße nach Steinegg – Abstieg zum Fluss Würm, Aufstieg nach Tiefenbronn – auf dem Gäurandweg nach Friolzheim – weiter auf dem Gäurandweg nach Wiernsheim.*

6:50 Std. | 25,3 km | 420 m ↗ | 380 m ↘

Eine Etappe in zwei ganz unterschiedlichen Naturräumen: Erst geht es noch durch den Nordost-Schwarzwald, und sogar zu einem Höhepunkt dieser Region: dem Naturschutzgebiet Monbachtalschlucht. Hier gräbt sich der Monbach in vielen kleinen Wasserfällen durch die Buntsandsteinschichten. Schöne dunkelrote Sandsteinfelsen und giftgrün moosbewachsene, umgestürzte Baumriesen flankieren den Bachlauf. (Möglichst nicht am Wochenende begehen, da ein beliebtes Ausflugsziel aus dem Raum Stuttgart.)

Dann verlassen wir unvermittelt den Schwarzwald und finden uns im Gäu wieder, das sind wellige Hochebenen auf Muschelkalk-Untergrund westlich und nördlich von Stuttgart: wenige Wälder, viele Felder. Vor Ort handelt es sich ums Heckengäu, das traditionell als nicht so günstig für den Ackerbau galt, so dass es hier noch viele Obstwiesen gibt, und neuerdings zahlreiche Pferde- und Ponyhöfe für die höheren Stuttgarter Töchter. Abseits der Neubaugebiete um die Dörfer finden sich manche hübsche Stellen. Leider geht man oft auf asphaltierten Wegen.

Wiernsheim, etwa 6700 Einwohner inklusive zugehöriger Dörfer, hat keine größeren Sehenswürdigkeiten, abgesehen von seinem Kaffeemühlenmuseum, bot sich aber als Etappenort an.

*Einkehrmöglichkeiten unterwegs:* In Neuhausen, Tiefenbronn, Friolzheim.

*Übernachtungsmöglichkeiten:* Es gibt im Ort nur das Landhotel im Hexenwinkel. Anderthalb Kilometer weiter, in Pinache, bietet die Pension Am Waldenserweg Zimmer an. Notfalls nach Dürrmenz oder Mühlacker ausweichen.

*Blick vom Scheuelberg bei Maulbronn nach Süden (Etappe 15)*

## 14 WIERNSHEIM – MÜHLACKER – MAULBRONN

*Wiernsheim – Gäurandweg – Pinache – Dürrmenz – nach N über den Fluss Enz nach Mühlacker – Brücke westlich des Bahnhofs über die Bahngleise – Eppinger-Linien-Weg nach Norden – Sauberg – weiter auf dem Eppinger-Linien-Weg –Maulbronn.*

4:25 Std. | 15,9 km | 160 m ↗ | 250 m ↘

Bis Mühlacker unspektakulär. Das Dörfchen Pinache ist eine Neugründung durch waldensische Glaubensflüchtlinge aus Frankreich, die sich 1699 im protestantischen Württemberg niederlassen durften. Dürrmenz ist heute ein Stadtteil von Mühlacker, aber älter als dieses und besitzt eine kleine Altstadt – während Mühlacker erst mit dem Bau der Eisenbahn zwischen Karlsruhe und Stuttgart entstand. Und das kurioserweise, weil es auf der Grenze lag und eine Zeitlang einen badischen und einen württembergischen Bahnhof besaß.
Eine ganz eigentümliche Sehenswürdigkeit – und ein ganz besonderer Wanderweg – beginnt etwa einen Kilometer nördlich des Bahnhofs. Hier ziehen sich die Eppinger Linien durch die Wälder nach Norden. Das ist eine Wallanlage, die von 1695 bis 1697 etwa entlang der Grenze zwischen Baden und Württemberg gebaut wurde. Jedoch nicht aus Feindschaft zwischen den beiden Ländern – der gemeinsame Gegner hieß Frankreich unter seinem kriegslüsternen »Sonnenkönig« Ludwig

*Das Städtchen Maulbronn mit seiner Klosteranlage (hinten rechts)*

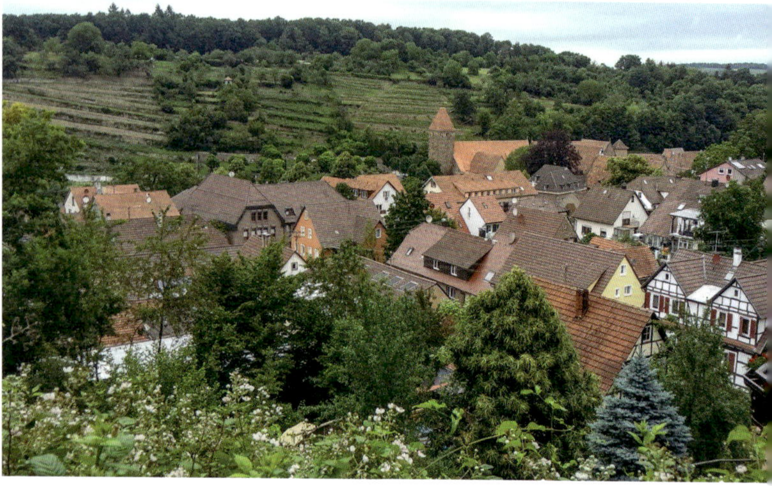

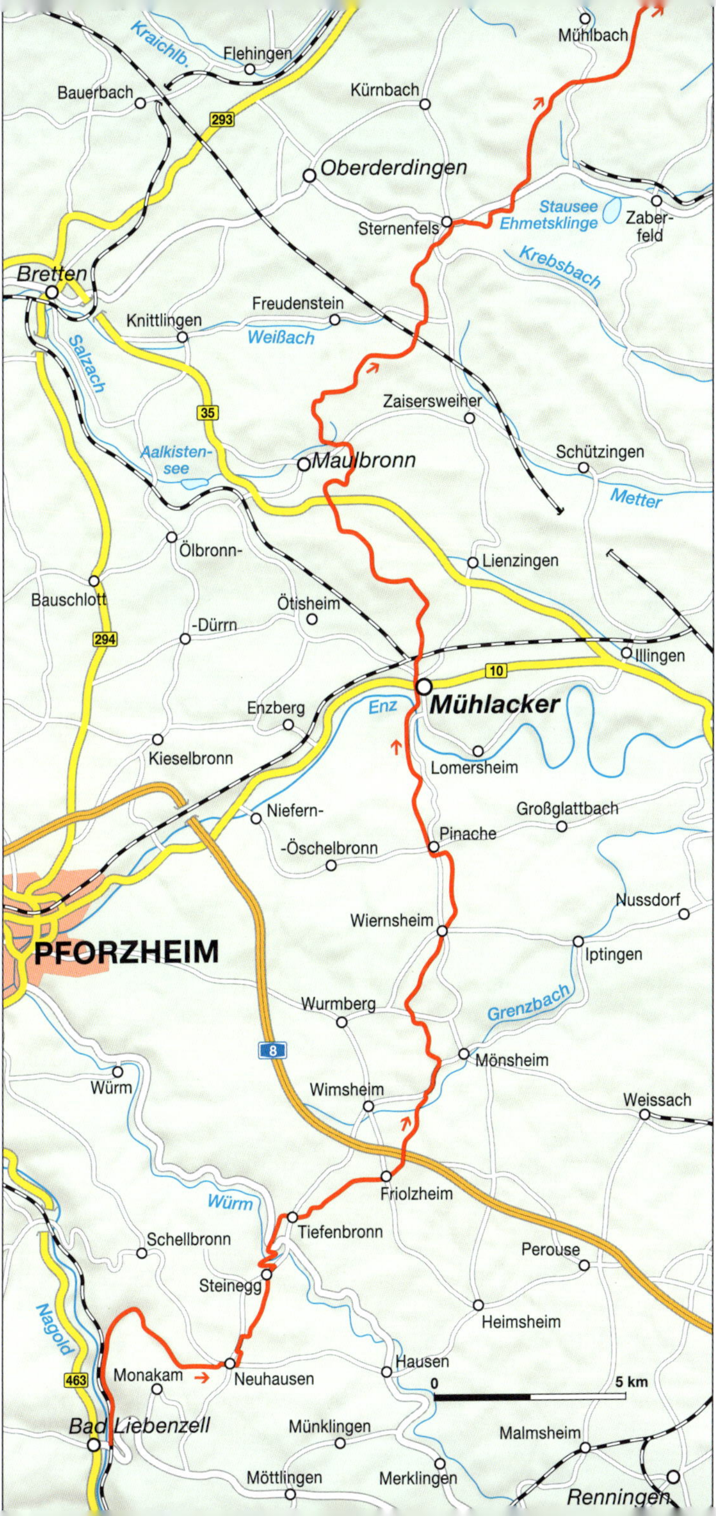

Mühlbach
Kraichlb.
Flehingen
Bauerbach
Kürnbach
293
Oberderdingen
Sternenfels
Stausee
Ehmetsklinge
Zaber-
feld
Krebsbach
Bretten
Freudenstein
Knittlingen
Weißach
Salzach
Zaisersweiher
35
Aalkisten-
see
Maulbronn
Schützingen
Metter
Ölbronn-
Lienzingen
Bauschlott
Ötisheim
-Dürrn
294
Illingen
10
Mühlacker
Enz
Enzberg
Kieselbronn
Lomersheim
Niefern-
-Öschelbronn
Großglattbach
Pinache
Nussdorf
Wiernsheim
Iptingen
PFORZHEIM
Wurmberg
Grenzbach
8
Mönsheim
Würm
Wimsheim
Weissach
Friolzheim
Würm
Tiefenbronn
Schellbronn
Perouse
Steinegg
Nagold
Heimsheim
Hausen
Monakam
Neuhausen
463
0
5 km
Bad Liebenzell
Münklingen
Malmsheim
Möttlingen
Merklingen
Renningen

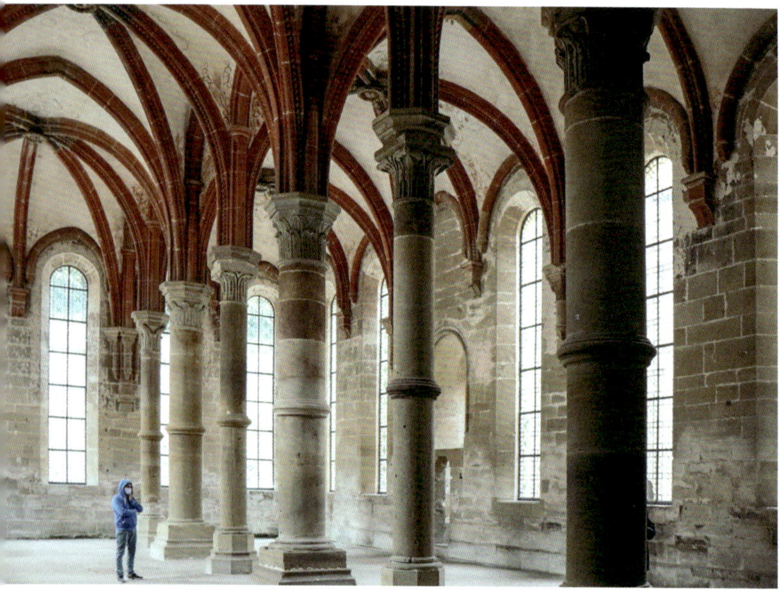

*Hier aßen die Mönche: Der gotische Speisesaal des Klosters Maulbronn.*

XIV. Der plagte Baden und die Kurpfalz schon seit Jahren mit Überfällen und Verwüstungen – Heidelberg beispielsweise war komplett zerstört worden. Daher ließ der badische Markgraf Ludwig Wilhelm, der als Militärchef des gesamten Deutschen Reichs amtierte, dieses Bollwerk errichten und verpflichtete dafür seine Untertanen zur Zwangsarbeit.

Wirksam war die Verteidigungslinie nicht deshalb, weil sie Graben und Wall besaß – die wären nicht allzu schwer zu stürmen gewesen. Entscheidend war, dass man den Wald vor dem Wall abholzte und Stämme und Äste zu einem 40 Meter breiten Verhau auftürmte. Vor diesem stand dann 1696 ratlos ein französischer General mit 36.000 Mann – und kehrte um.

Mir war – obwohl gebürtiger Badener – bis zu meiner Tour diese Verteidigungsanlage völlig unbekannt gewesen. Sie war insgesamt 86 Kilometer lang; Graben und Wall sind im Bereich zwischen Mühlacker und Eppingen noch gut zu sehen, der Verhau ist natürlich verschwunden. Nach dem Frieden von Rijswijk 1697 hielt sich die Landbevölkerung daran schadlos und hatte nun wenigstens genug Heizmaterial für die nächsten Winter.

Der Eppinger-Linien-Weg folgt auf vielen Kilometern der Anlage; an manchen Stellen wurden Wachttürme und Palisaden rekonstruiert.

Am schönsten aber ist, dass sich der schmale Weg in unregelmäßigem Verlauf durch recht wild anmutende Waldgebiete schlängelt, manchmal auf dem Wall, manchmal daneben. So lässt es sich vermeiden, die breiten Forstwege zu begehen, die es leider Gottes auch hier gibt.
Die Etappe ist ziemlich kurz, auch deshalb, weil ich noch das berühmte Kloster Maulbronn besichtigen wollte – und dies auch den Leserinnen und Lesern dieses Buchs empfehle.

Das Kloster, das zum UNESCO-Weltkulturerbe zählt, wurde im 12. Jahrhundert vom Orden der Zisterzienser gegründet. Es gilt als die am besten erhaltene Klosteranlage nördlich der Alpen; Teile des Kinofilms »Der Name der Rose« wurden hier gedreht. Neben der romanischen und frühgotischen Klosterkirche ist das Refektorium (der Speisesaal) besonders sehenswert. Die Klostermauer und die Nebengebäude verstärken den Eindruck einer eigenen Welt. Allerdings wurde das Kloster schon im 16. Jahrhundert auf Geheiß des protestantischen Herzogs von Württemberg aufgelöst und in eine evangelische Seminarschule umgewandelt. Hier studierten unter anderem Johannes Kepler, Friedrich Hölderlin und Hermann Hesse. Heute residiert darin ein staatliches Gymnasium mit Internat.

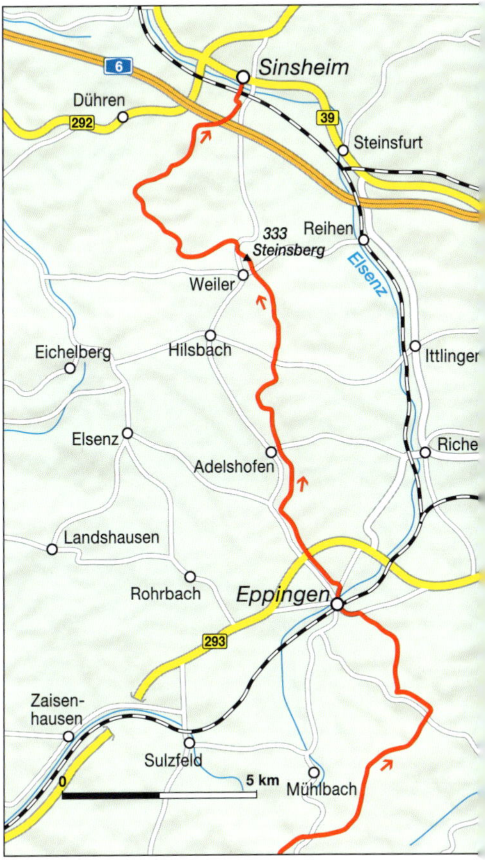


*Einkehrmöglichkeiten unterwegs:* In Dürrmenz und Mühlacker.
*Unterkünfte:* Hotel Klosterpost, Zum Scheffelhof, Hotel garni stuttgART36, Klosterhof 21, Gästehaus Ritter, Pension Rena, Pension Am Klostertor.

## 15 MAULBRONN – STERNENFELS – EPPINGEN

*Maulbronn – auf dem Eppinger-Linien-Weg zum Scheuelberg, 382 m – Sternenfels – dort den Eppinger-Linien-Weg westlich von Leonbronn verlassen und weiter nach N auf dem HW8/Frankenweg – im NW von Ochsenburg wieder auf den Eppinger-Linien-Weg wechseln – Ottilienberg – nach N, dann NW nach Eppingen*

6:40 Std. | 25,3 km | 290 m ↗ | 370 m ↘

Am bergigsten ist der Kraichgau in seinem östlichen Bereich. Denn hier erhebt sich der Höhenzug Stromberg-Heuchelberg, eine Schichtstufe aus Keuper-Gestein, die das vorgelagerte Kraichgauer Hügelland aus Muschelkalk um etwa 150 Meter überragt. Und ich wollte für meinen Mittelgebirgs-Trail das Hügelland Kraichgau nun einmal in seinem höchstgelegenen Bereich durchqueren.

Zunächst geht es auf den steilen Scheuelberg hinauf und wieder hinunter, eine vorgelagerte Erhebung des Keuper-Höhenzugs. Von ihm hatte ich bei klarer Luft einen tollen Blick zurück über den Nordschwarzwald bis zur Hornisgrinde. Eine stille, idyllische Landschaft aus Weinbergen und Pferdekoppeln breitete sich aus – obwohl die Ballungsräume Stuttgart und Pforzheim nicht weit entfernt sind.

Im Prinzip könnte man bis Eppingen auf dem Eppinger-Linien-Weg bleiben, doch dann würde die Etappe – wegen der Windungen des Pfads – zu lang werden. Deshalb sollte man zwischendurch – siehe oben – auf den Frankenweg/HW 8 ausweichen.

Eppingen, ohne Umlandgemeinden rund 11.000 Einwohner stark, besitzt eine hübsche Altstadt mit viel Fachwerk.

*Einkehrmöglichkeiten unterwegs:* Nur in Sternenfels.
*Unterkünfte:* Altstadthotel Wilde Rose, Pension Schäfer, Familienhotel Villa Waldeck, Appartment Rössle, Kraichgauhof Wagner.

*Die Ortschaft Ochsenburg vor der Anhöhe des Strombergs*

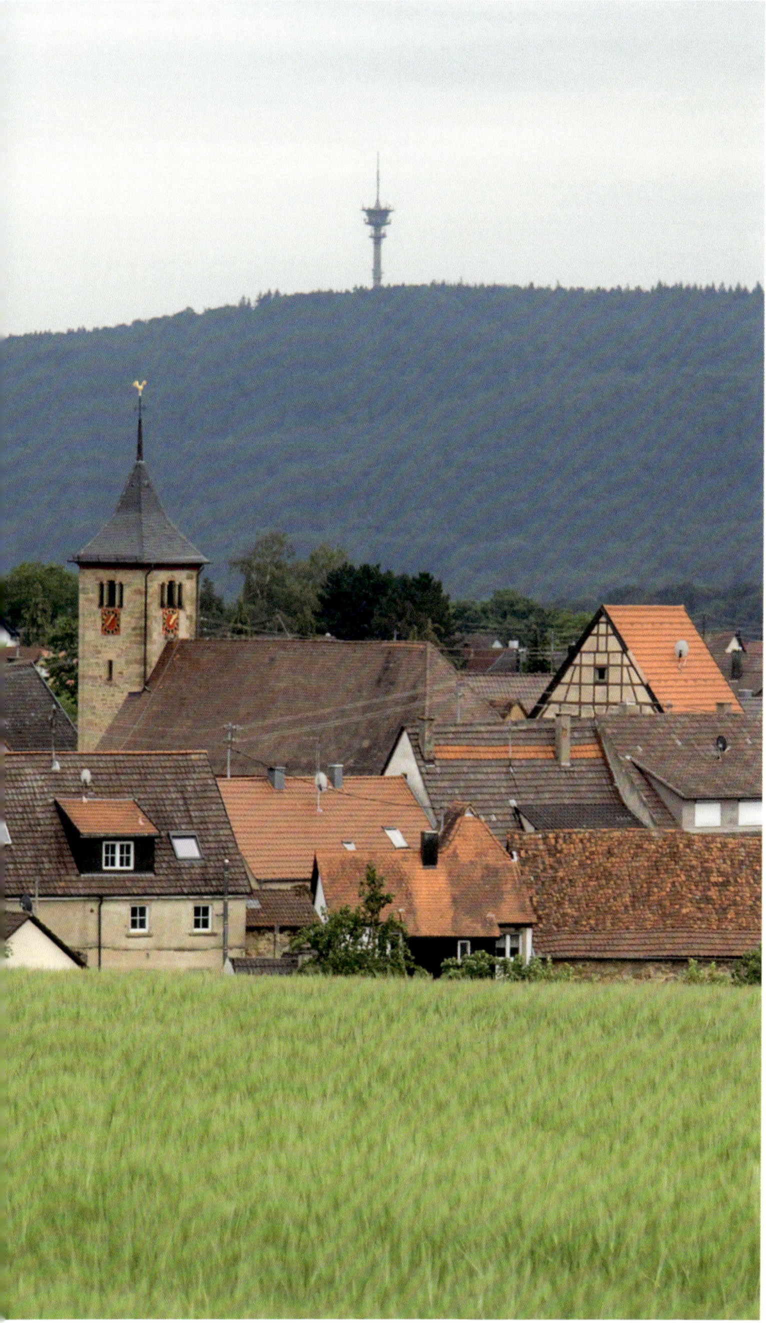

## 16 EPPINGEN – STEINSBERG – SINSHEIM

*Eppingen – auf HW48 und HW19 nach Adelshofen – Weiler – Steinsberg – auf HW46 nach Hammerau – auf HW19 zur Hexenbuschhütte – Sinsheim.*

5:20 Std. | 19,8 km | 330 m ↗ | 360 m ↘

Das ist eine der zwei am wenigsten schönsten Etappen meines Mittelgebirgs-Trails. Wer diesen nicht, wie ich, durchgängig begehen will, könnte die Strecke auch mit dem Zug fahren.

Mein Ziel war es ja, den Weg durch »Agrarsteppen« zu vermeiden. Ich gestehe: Manchmal waren diese nicht zu umgehen, etwa hier. Der Kraichgau ist ein für die Landwirtschaft sehr günstiges Gebiet, weil während der Eiszeit Westwinde Ablagerungen des Rheins hierher geweht haben. Während aber der Sand schon in der Rheinebene wieder absank, wurden die feineren Korngrößen bis ins weiter entfernte Hügelland getragen. Und die ergaben einen sehr fruchtbaren Löss-Boden, weshalb die Region schon früh besiedelt wurde. Offenbar schon sehr, sehr früh: Hier wurde der Unterkiefer des Urmenschen Homo heidelbergensis entdeckt – etwa 600.000 Jahre alt.

Eine hübsche Aussicht rundum bietet der Steinsberg. Wegen starken Regens bin ich ab dort die angegebene Strecke nicht mehr gegangen, sondern habe einen kürzeren Weg nach Sinsheim gesucht, am Stadion des Fußballvereins TSG Hoffenheim vorbei. Danach musste ich aber

*Im Kraichgau herrscht seit je her intensiver Anbau.*

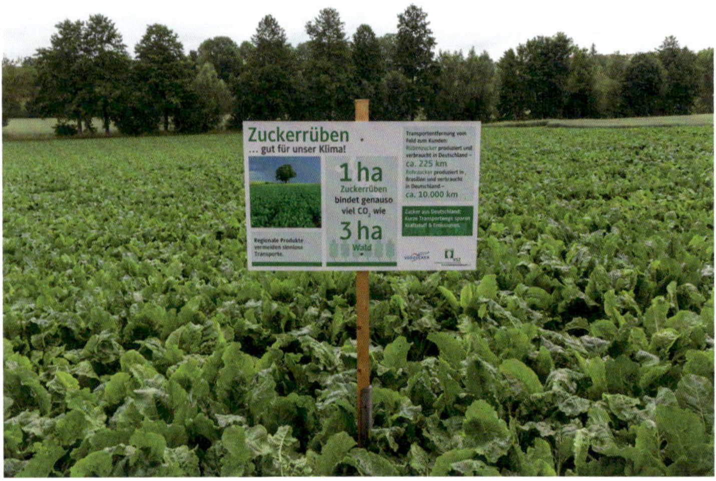

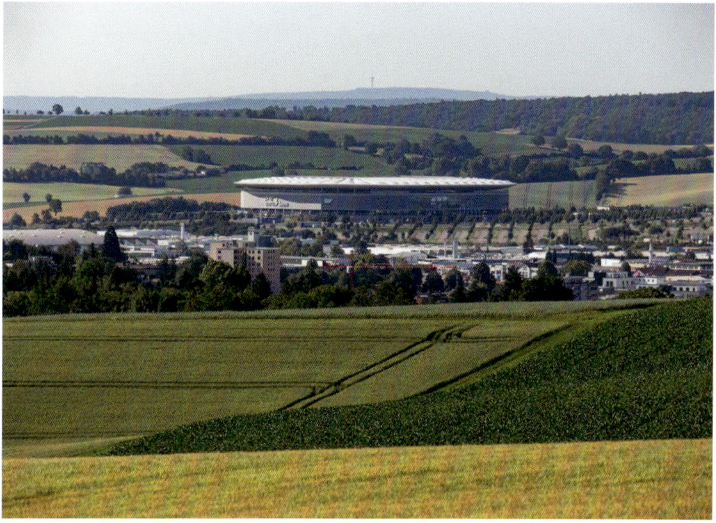

*Hier regiert die TSG! Sinsheim mit seinem riesigen Fußballstadion*

zwei Kilometer weit durch das sehr hässliche Gewerbegebiet südöstlich der Sinsheimer Innenstadt gehen. Dort liegt übrigens auch das Technikmuseum, das viele Besucher anzieht. Also besser auf dem naturnahen Idealweg (siehe oben) bleiben.

Auch die Innenstadt von Sinsheim ist kein Juwel. Die meisten älteren Häuser fielen einer brutalen »Sanierung« zum Opfer. Die eigentliche Stadt hat 13.000 Einwohner, mit den eingemeindeten Umlandgemeinden kommt man aber auf 35.000 Ansässige.

Seit 1972 zählt auch Hoffenheim, gut 3000 Einwohner, zu Sinsheim. Der von dort stammende Software-Unternehmer Dietmar Hopp, Mitbegründer von SAP und nunmehr Milliardär, hat den Klub TSG Hoffenheim, im dem er als Jugendlicher selber kickte, bis in die Erste Bundesliga (und zeitweise in die Champions League) gesponsert. Ich fragte mich, wo denn seine Kicker wohnen, denn das unscheinbare Sinsheim und sein ländliches Umfeld passen nicht so recht zu Fußball-Millionären und solchen, die es werden wollen. Ich tippe auf Heidelberg und die Villenviertel an der nahen Bergstraße.

*Einkehrmöglichkeiten unterwegs:* In Adelshofen, Weiler, Burg Steinsberg.

*Unterkünfte:* Hotel Bär, Hotel Zum Prinzen, Gästezimmer am Burgplatz, Gästehaus Ruth, Hotel Sinsheim (außerhalb, am Technikmuseum).

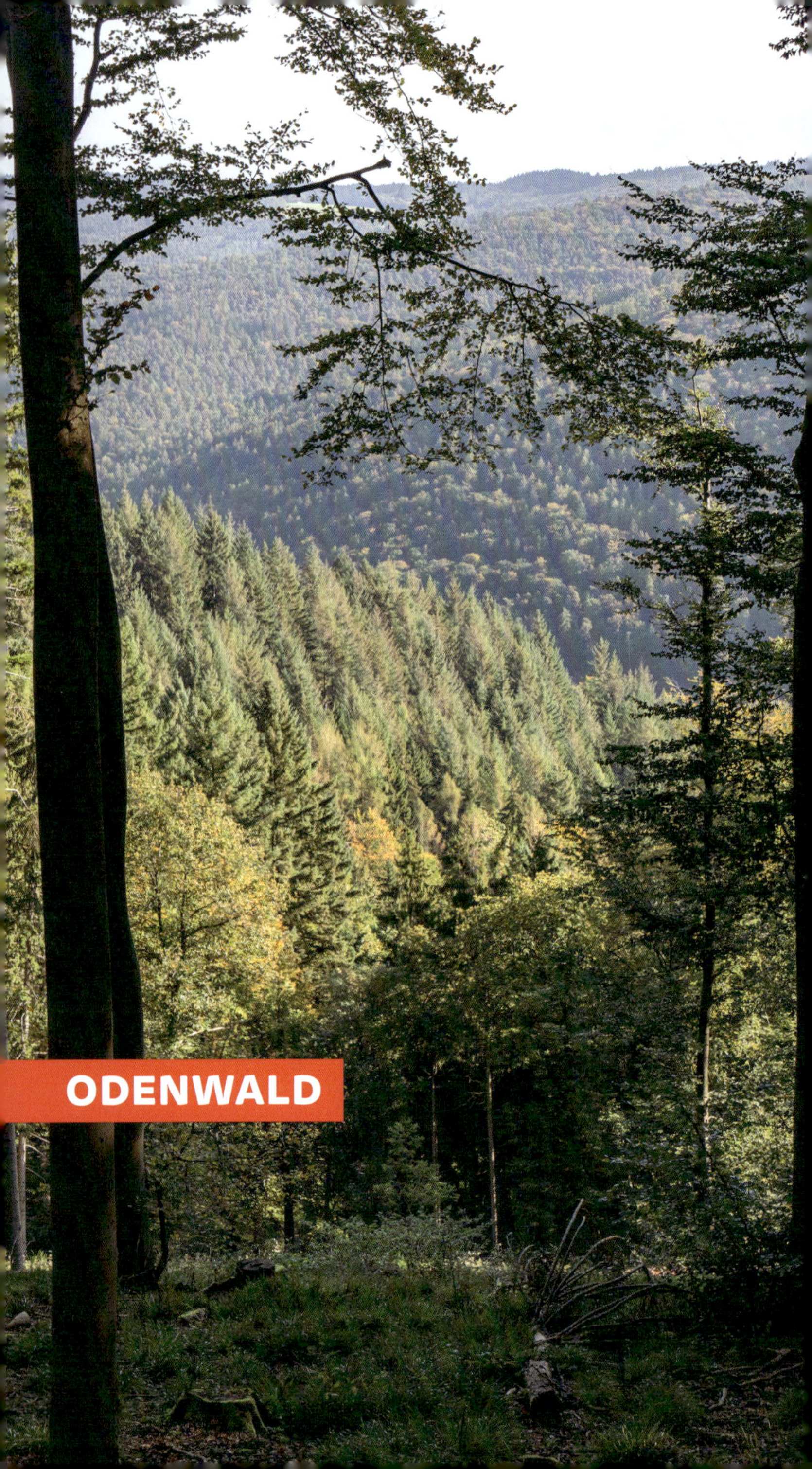

# ODENWALD

## 17 SINSHEIM – DILSBERG – NECKARGEMÜND

*Sinsheim – auf dem HW15, auch Main-Stromberg-Weg, nach Daisbach – Eschelbronn – Mönchzell – immer noch auf dem HW15 weiter nach N, die Straße L532 queren – Neuhof – Dilsberg – Abstieg auf HW62 nach Rainbach, dann entlang des Neckars (auf der Straße) nach Neckargemünd.*

6:40 Std. | 24,9 km | 450 m ↗ | 500 m ↘

Schon kurz hinter Sinsheim betreten wir das Terrain des »Naturparks Neckartal-Odenwald«. Den eigentlichen Odenwald erreicht man aber erst gegen Mittag, zu sehen an einer bewaldeten Geländestufe zwei Kilometer hinter Mönchzell. Die Gegend bis dahin gehört noch zur Landschaft des Kraichgaus.
Dilsberg ist eine Kleinst-Stadt mit einer Burg in der Mitte, vom Neckar tief unten umflossen. Die romantische Gesamtanlage zog seit jeher Gäste an, so auch den amerikanischen Schriftsteller Mark Twain, der das Örtchen Ende des 19. Jahrhunderts besuchte und es begeistert in seinem Buch »Bummel durch Europa« beschrieb. Reizvolle Aussicht vom Turm der Burg auf den Kraichgau, die Odenwaldhöhen und ins Neckartal.
Wir befinden uns wieder im Buntsandstein, zu sehen an dem engen und recht steilen Neckartal, in dem hier und da rotbraune Felswände grüßen. Neckargemünd ist klein und hübsch, jedenfalls im Bereich der Altstadt. Die Zahl der Hotels und Restaurants ist überschaubar; der Ort liegt im touristischen Schlagschatten von Heidelberg, dessen Altstadt nur acht Minuten mit der S-Bahn entfernt ist. Wer lieber in der berühmten Universitätsstadt übernachten möchte …

*Einkehrmöglichkeiten unterwegs:* In Daisbach, Eschelbronn, Mönchzell, Neuhof und Dilsberg.
*Unterkünfte:* In Neckargemünd: Hotel Art Neckar, Die Dependance, Gasthof Reber, Gasthof-Hotel Krone (in Kleingemünd auf der anderen Neckarseite). In Dilsberg eine Jugendherberge. Man kann per S-Bahn nach Neckarsteinach oder Heidelberg ausweichen.

*Zwischen Neckargemünd und Wilhelmsfeld stehen die Bäume dicht an dicht (Etappe 18).*

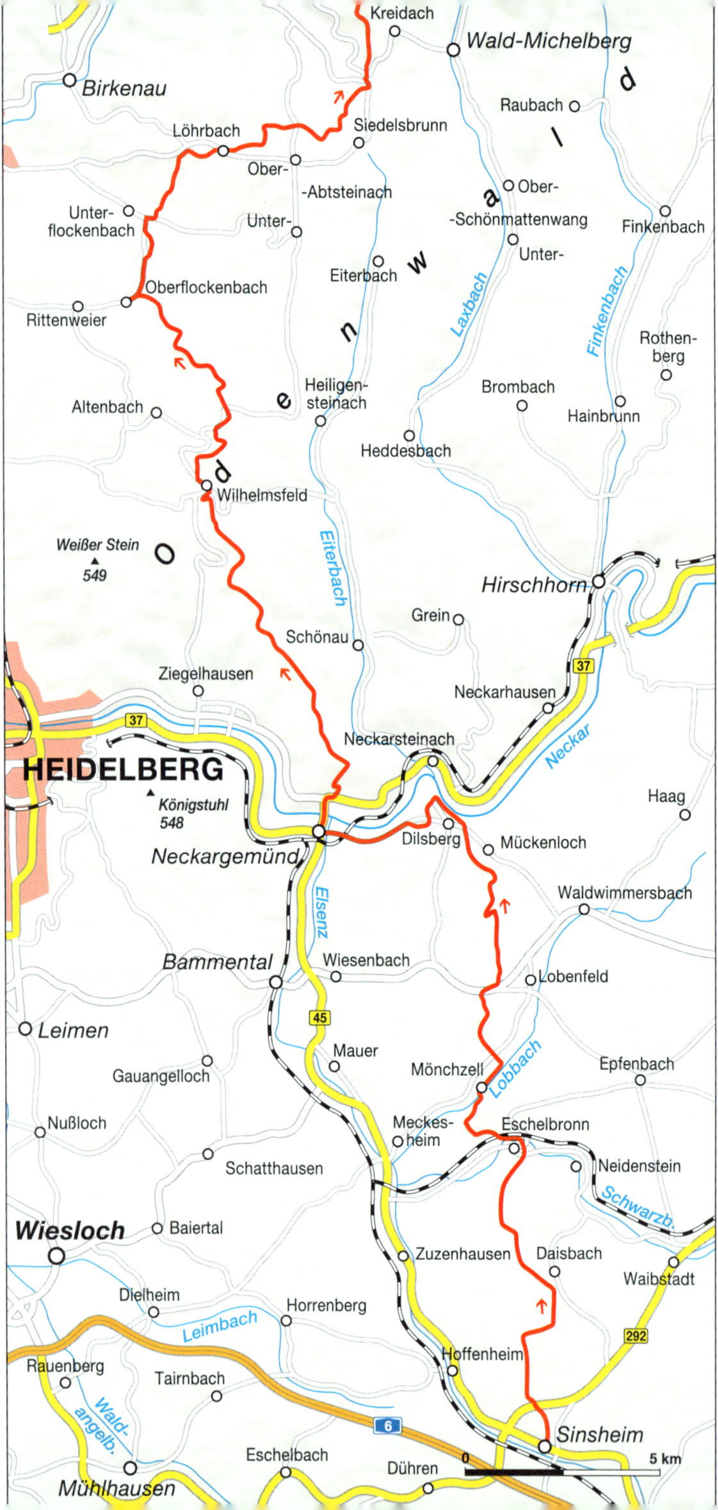
Kreidach
Wald-Michelberg
Birkenau
Raubach
Löhrbach
Siedelsbrunn
Ober-
-Abtsteinach
Unter-
Unter-
flockenbach
Ober-
-Schönmattenwang
Unter-
Finkenbach
Eiterbach
Oberflockenbach
Rittenweier
Laxbach
Finkenbach
Rothen-
berg
Altenbach
Heiligen-
steinach
Brombach
Hainbrunn
Heddesbach
Wilhelmsfeld
Odenwald
Weißer Stein
549
Eiterbach
Hirschhorn
Grein
Schönau
Ziegelhausen
37
Neckarhausen
Neckarsteinach
HEIDELBERG
Neckar
Königstuhl
548
Haag
Dilsberg
Mückenloch
Neckargemünd
Elsenz
Waldwimmersbach
Bammental
Wiesenbach
Lobenfeld
45
Leimen
Mauer
Mönchzell
Lobbach
Epfenbach
Gauangelloch
Nußloch
Meckes-
heim
Eschelbronn
Schatthausen
Neidenstein
Schwarzb.
Wiesloch
Baiertal
Zuzenhausen
Daisbach
Waibstadt
Dielheim
Horrenberg
Leimbach
292
Hoffenheim
Rauenberg
Tairnbach
Wald-
angelb.
6
Sinsheim
0
5 km
Eschelbach
Dühren
Mühlhausen

## 18 NECKARGEMÜND – WILHELMSFELD – OBERFLOCKENBACH

*Neckargemünd – über die Neckarbrücke nach Kleingemünd – Aufstieg nach N auf dem Odenwald-Höhenweg 13 zur Ruhsteinhütte – von dort auf dem Höhenweg 36 zur Lärchengartenhütte und weiter zur Münchelhütte und Sitzbuchhütte – dort auf den E1 wechseln – Teltschikturm bei Wilhelmsfeld – Wilhelmsfeld – auf E1 weiter nach N, diesen vor dem Eichelberg verlassen und auf dem HW7a auf den Eichelberg – dann Abstieg auf dem HW7a nach Oberflockenbach.*

5:55 Std. | 19,9 km | 590 m ↗ | 420 m ↘

Zunächst waldige Strecke mit gelegentlichen Aussichtspunkten. Zahlreiche überdachte Rasthütten – die Gegend ist das Wanderrevier der verwöhnten Heidelberger. Kurz vor Wilhelmsfeld steht der noch recht neue Teltschik-Turm, mit 41 Metern sicher einer der höchsten Aussichtstürme der deutschen Mittelgebirge. Er bringt es auf fast ein Siebtel der Höhe des Eiffelturms und sieht auch ein bisschen so aus. Einen Aufzug gibt es nicht; wir müssen schon selber hinaufkeuchen, wo uns eine großartige Rundumsicht belohnt.
Hinter Wilhelmsfeld erfahren wir auf Infotafeln und durch einen Schau-Meiler viel über das einstige Handwerk der Köhler, die überall in waldreichen Gebirgen Holz zu Holzkohle verschwelten. Diese ergibt ein viel heißeres Feuer als Holz und wurde zur Metall- und Glasher-

*Vor Oberflockenbach wird die Landschaft offener.*

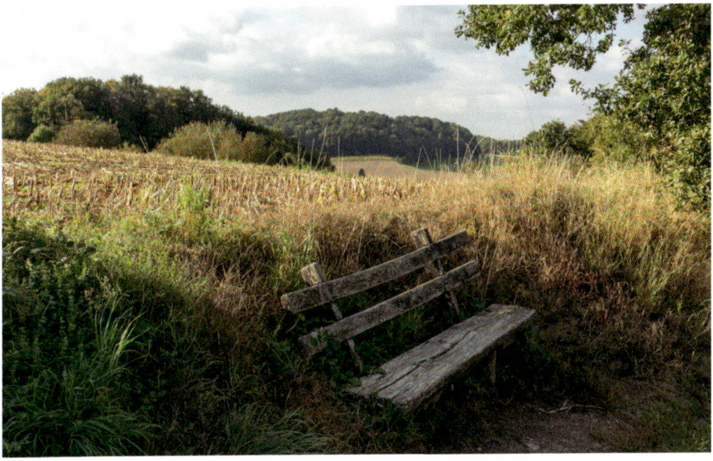

stellung dringend gebraucht, bevor es ausreichend Steinkohle gab. Viele Orts-, Flur- und Familiennamen mit dem Bestandteil »kohl« leiten sich nicht von dem Gemüse ab, sondern von der Holzkohle.

Hinter Wilhelmsfeld ändert sich die Landschaft. Statt langer bewaldeter Höhenzüge sieht man nun eine unregelmäßige Berg-und-Tal-Landschaft mit vielen Feldern, Wiesen und Weiden. Vom Buntsandstein-Odenwald sind wir in den Kristallinen Odenwald gewechselt. Dessen Untergrund bildet der Granit, der schon im Erdaltertum, bei der Verfestigung der Erdoberfläche, entstand. Ihm fehlt die Schichtstruktur der Sedimentgesteine, deshalb sehen die Bergformen unregelmäßiger aus. Sein Verwitterungsprodukt ist auch fruchtbarer als das des Sandsteins.
Oberflockenbach, etwa 1000 Einwohner, war früher mal ein Bauerndorf. Heute dürften die meisten Berufstätigen zur Arbeit in den Großraum Mannheim-Heidelberg pendeln.

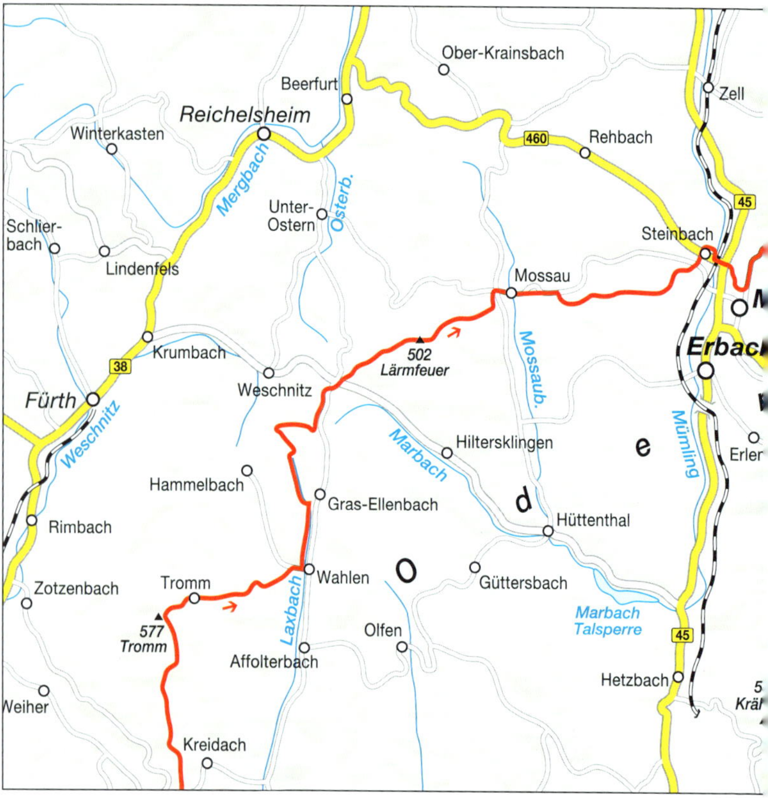

*Einkehrmöglichkeiten unterwegs:* In Wilhelmsfeld und im Naturfreundehaus Kohlhof.

*Unterkünfte:* Gasthof Zur Rose, Pension Kissel. Notfalls ausweichen nach Trösel, Ortsteil von Gorxheimertal, Gasthof-Pension Zur Rose (hat nichts zu tun mit der anderen Rose). Schon 2 km hinter Wilhelmsfeld könnte man im Naturfreundehaus Kohlhof übernachten. Damit dann aber die nächste Etappe (unten) nicht zu lang wird, sollte man in diesem Fall einen direkten Weg zur Kreidacher Höhe suchen.

## 19 OBERFLOCKENBACH – TROMM – GRAS-ELLENBACH

*Oberflockenbach – zuerst auf der Straße, dann auf dem E1 nach Gorxheimertal-Unterflockenbach – auf dem E1 Richtung N aufsteigen, aber vor dem Berg Steinkopf auf den Odenwald-HW30 nach Löhrbach abzweigen – am östlichen Ortsende von Löhrbach auf dem Weg B9 nach N zum HW13 aufsteigen – auf dem HW28 die Orte Ober-Abtsteinach und Siedelsbrunn nörd-*

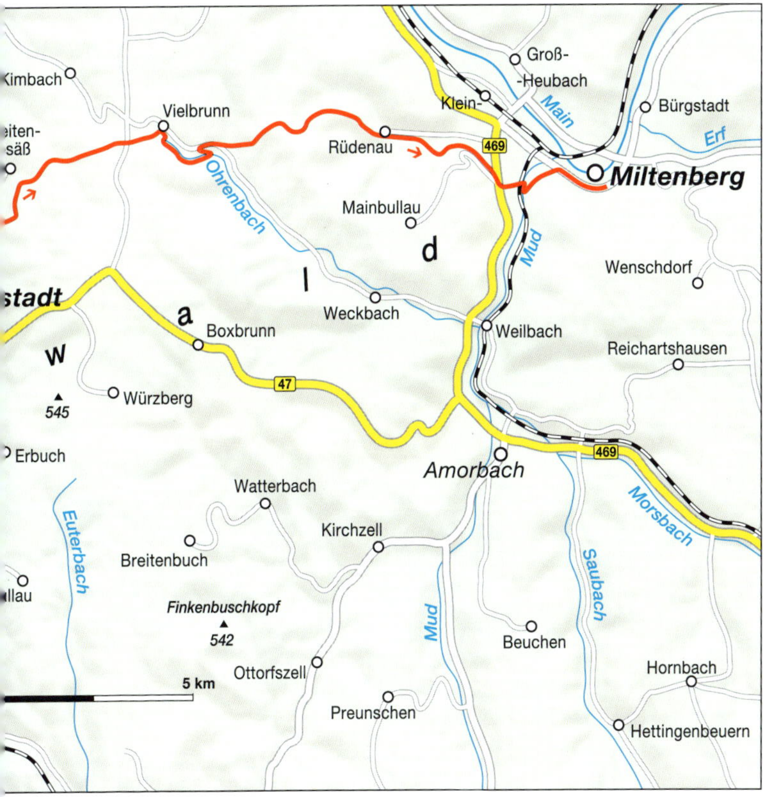

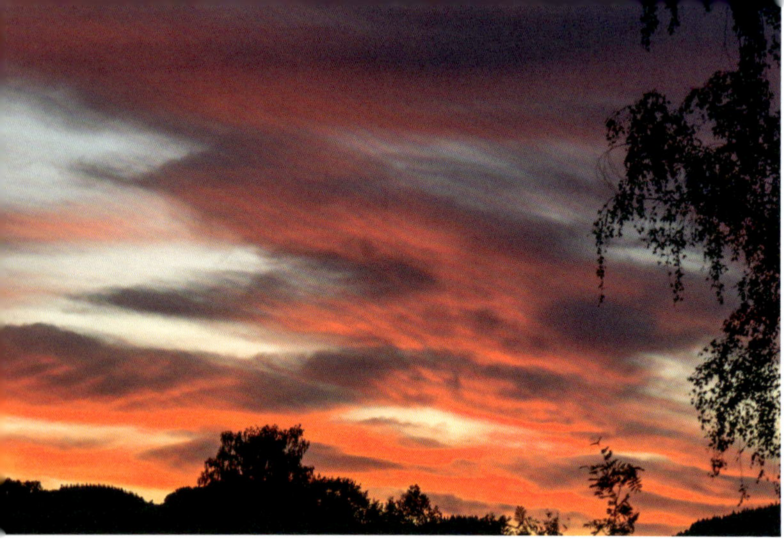

*Abendhimmel in Gras-Ellenbach*

*lich umgehen – an der Kreidacher Höhe auf den Höhenweg 15, gleichzeitig Hessenweg 4 wechseln – Berg Tromm, 576 m – auf kleinen Wegen nach Unterscharbach und Wahlen absteigen – Gras-Ellenbach.*

6:40 Std. | 23,6 km | 580 m ↗ | 480 m ↘

Heute wird's sportlich! Der Kristalline Odenwald verlangt ein ständiges Auf und Ab. Manchmal gehen wir auf Pfaden, manchmal auf Sträßchen, und meistens gibt es in der offenen Landschaft viel zu sehen, zum Beispiel stehen Fleischrinder in Mutterkuh-Herden mitsamt jeweiligem Stier auf den glücklicherweise eingezäunten Weiden. Bei klarem Wetter sehen wir, als Kontrastprogramm, in der Ferne Mannheim und die Anlagen der BASF in Ludwigshafen.
Ab der Straßenkreuzung Kreidacher Höhe bewegen wir uns dann auf einem Süd-Nord-verlaufenden Höhenzug. Langsam steigen wir auf zum Berg Tromm, dem immerhin sechsthöchsten des Odenwalds. Am bewaldeten Gipfel selbst gibt es keine Aussicht, dafür ausreichend davor und danach. Abstieg nach Osten ins Tal des Ulfenbachs, und schließlich gelangen wir nach Gras-Ellenbach (knapp 1000 Einwohner). Es ist Teilort des Gemeindezusammenschlusses Grasellenbach (man achte auf den feinen Unterschied), der gut 4000 Einwohner hat. Gras-Ellenbach hat erstaunlich viele Gastbetriebe, denn im Jahre 1851 beschloss eine Kommission (ich vermute, sie bestand aus dem Dorflehrer, dem Bürgermeister und dem Pfarrer), dass oberhalb des Orts der edle Held Siegfried vom Verräter Hagen von Tronje hinterrücks

ermordet worden war. Obwohl es sich beim Nibelungenlied nur um eine Sage handelt und in ihr auch nicht erzählt wird, wo genau Siegfrieds letzte Stunde schlug, begründete der dreiste PR-Trick den Erfolg des Gras-Ellenbacher Fremdenverkehrsgewerbes.
Der »Tatort« liegt übrigens nicht an unserem Weg, man muss zu ihm vom Ort eine gute halbe Stunde nach Südosten aufsteigen.

*Einkehrmöglichkeiten unterwegs:* Imbiss nahe des Parkplatzes Kreidacher Höhe, Gasthöfe im Ort Tromm, in Unter-Scharbach und Wahlen.
*Unterkünfte:* Ringhotel Siegfriedsbrunnen (teuer), Landgasthof Hagen, Gästehaus Gudrun, Hotel Gassbachtal, Gästehaus Dorflinde, Gästehaus Hubertus.

## 20 GRAS-ELLENBACH – LÄRMFEUER – MICHELSTADT

*Gras-Ellenbach – nach NW auf den Nibelungensteig – wenige Meter nach einer Wegkreuzung, an der der Nibelungensteig nach NO abbiegt, nach rechts auf den Weg G2 abbiegen – Straßenkreuzung Wegscheide – nun weiter auf dem E8 (auch HW21, später H7) über den Gipfelpunkt Lärmfeuer nach Ober-Mossau – Aufstieg zur Mossauer Höhe – am Wanderparkplatz dem E8 nach Osten folgen – Friedwald – Waldhorn – vom E8 nach N auf einen Weg H2 abzweigen – Abstieg nach Steinbach zur Einhardsbasilika – weiter nach Michelstadt.*

4:55 Std. | 18,0 km | 340 m ↗ | 520 m ↘

Erst im stillen Gassbachtal, in dem morgens oft noch Nebel wallen, bergauf. Auf dem Weg G2 vorbei an einigen Windrädern zur Wegscheide. Von da an auf naturnahen, manchmal schmalen Wegen und nach einer kräftigen Steigung zur Anhöhe Lärmfeuer (man findet auch die Bezeichnung Larmfeuer). Dort erklären Schilder den seltsamen Namen: Seit dem 30jährigen Krieg hatte die Obrigkeit in Hessen auf den höchsten Gipfeln Alarmfeuer vorbereitet, die entzündet wurden, wenn sich ein feindliches Heer näherte. Auch auf der Tromm, die wir am Vortag bestiegen, war solch ein Warnposten stationiert. Daraus schließe ich, dass diese Gipfel damals unbewaldet waren – anders als heute, denn leider sieht man auf dem Lärmfeuer heute nur Bäume.
Hinter Ober-Mossau geht es lange durch einen finsteren Wald, der an seinem östlichen Rand zu einem Friedwald umgewidmet wurde. Dort wird in biologisch abbaubaren Urnen die Asche von Verstorbenen am Fuß von Bäumen beigesetzt. Wir können darüber nachdenken, ob uns selbst so etwas zusagen würde.

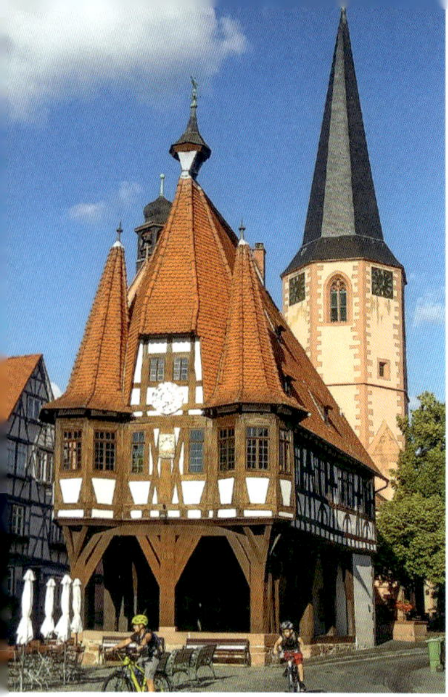

Rathaus in Michelstadt

In Steinbach kurz vor Michelstadt steht die Einhardsbasilika, eines der ältesten erhaltenen Gebäude Deutschlands. Große Teile von ihr stammen aus den Jahren 824–827, sind also rund 1200 Jahre alt! Bauherr Einhard, ein Gefolgsmann Karls des Großen, änderte allerdings nach der Errichtung seine Pläne und ließ sich anderswo bestatten, die Kirche geriet zeitweise in Vergessenheit. Besucher sollten nicht zu viel erwarten – innen ist der Bau völlig leer. Wer die Basilika nicht besichtigen möchte, geht statt über Steinbach direkt nach Michelstadt hinunter und spart so etwa 30 Minuten ein.

Michelstadt hat etwa 9000 Einwohner, eingemeindete Dörfer nicht mitgezählt. Die Altstadt ist wunderschön und zieht viele Besucher an, weshalb es auch ausreichend Hotels und Gaststätten gibt. Vor allem das spätgotische Rathaus ist berühmt. Prachtvolle Fachwerkbauten, und auch eine barocke Synagoge, liegen in der Nähe. Ebenfalls einen Besuch wert ist die Altstadt des benachbarten Erbach, nur gut zwei Kilometer entfernt.

*Einkehrmöglichkeiten unterwegs:* In Ober-Mossau eine Metzgerei; kurz vor Michelbach die Flugplatz-Gaststätte.
*Unterkünfte:* Ausreichend viele.

## 21 MICHELSTADT – VIELBRUNN – MILTENBERG

*Michelstadt – auf dem E8 (gleichzeitig auch HW18 und Nibelungenweg) nach Weiten-Gesäß – weiter auf diesem Weg nach Vielbrunn, Geiersmühle, Rüdenau und schließlich Miltenberg.*

7:05 Std. | 24,9 km | 590 m ↗ | 680 m ↘

Vielbrunn trägt seinen Namen nicht ohne Grund. In der Ortsmitte steht der Fünfröhrenbrunnen, aus dem tatsächlich das Wasser gleich fünffach entströmt. Bis dahin verläuft die Etappe auf nicht so spannenden Forst- und Wirtschaftswegen, doch ab der Grenze nach Bayern

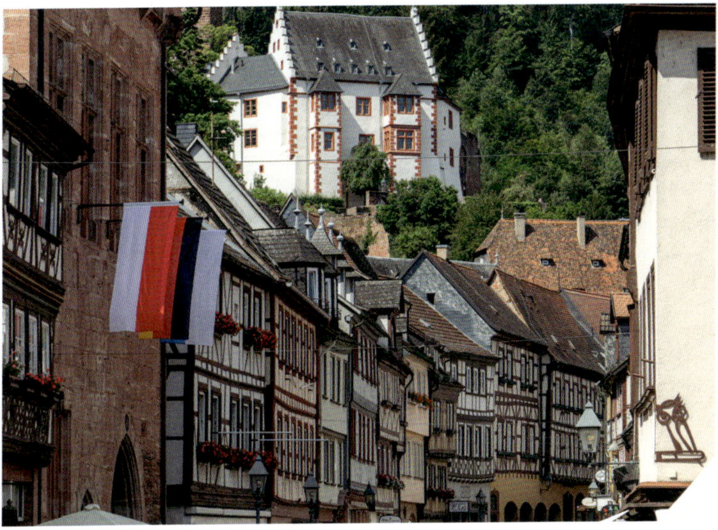

*Altstadtstraße und Burg in Miltenberg*

an der Geiersmühle geht man einige Kilometer auf ansprechenden Waldpfaden. Im Maintal zieht es sich dann ein bisschen, bis das lohnende Ziel Miltenberg erreicht ist.

Das Städtchen von gut 9000 Einwohnern (samt einiger Umlandgemeinden) geht auf ein römisches Kastell aus Zeiten des Limes zurück. Die Lage ist eigentümlich: Die Altstadt, etwa einen Kilometer lang, aber nur 50 bis 150 Meter breit, liegt eingezwängt zwischen einem steilen Berghang und dem Main. Oft hatte man (und hat noch) unter Hochwassern zu leiden.

Ursprünglich lag Miltenberg im Erzbistum Mainz und war eine bedeutende Handelsstadt. Nach der Neuordnung der deutschen Territorien durch Napoleon gelangte es zum Königreich Bayern. Durch die Randlage dort und einen erst späten Anschluss an die Eisenbahn geriet es ins wirtschaftliche Abseits – und wohl deshalb blieben großartige Fachwerkbauten stehen, die in anderen Gegenden dem wachsenden Wohlstand zum Opfer gefallen wären. Miltenberg ist einer der attraktivsten Etappenorte auf meinem Trail und ein beliebtes Ausflugsziel. In den jüdischen Friedhof, etwas oberhalb der Altstadt, kann man von erhöhten Fußwegen aus hineinschauen.

*Einkehrmöglichkeiten unterwegs:* Gasthöfe (je einer) in Weiten-Gesäß, Vielbrunn, Geiersmühle, Rüdenau.

*Unterkünfte:* Zahlreiche.

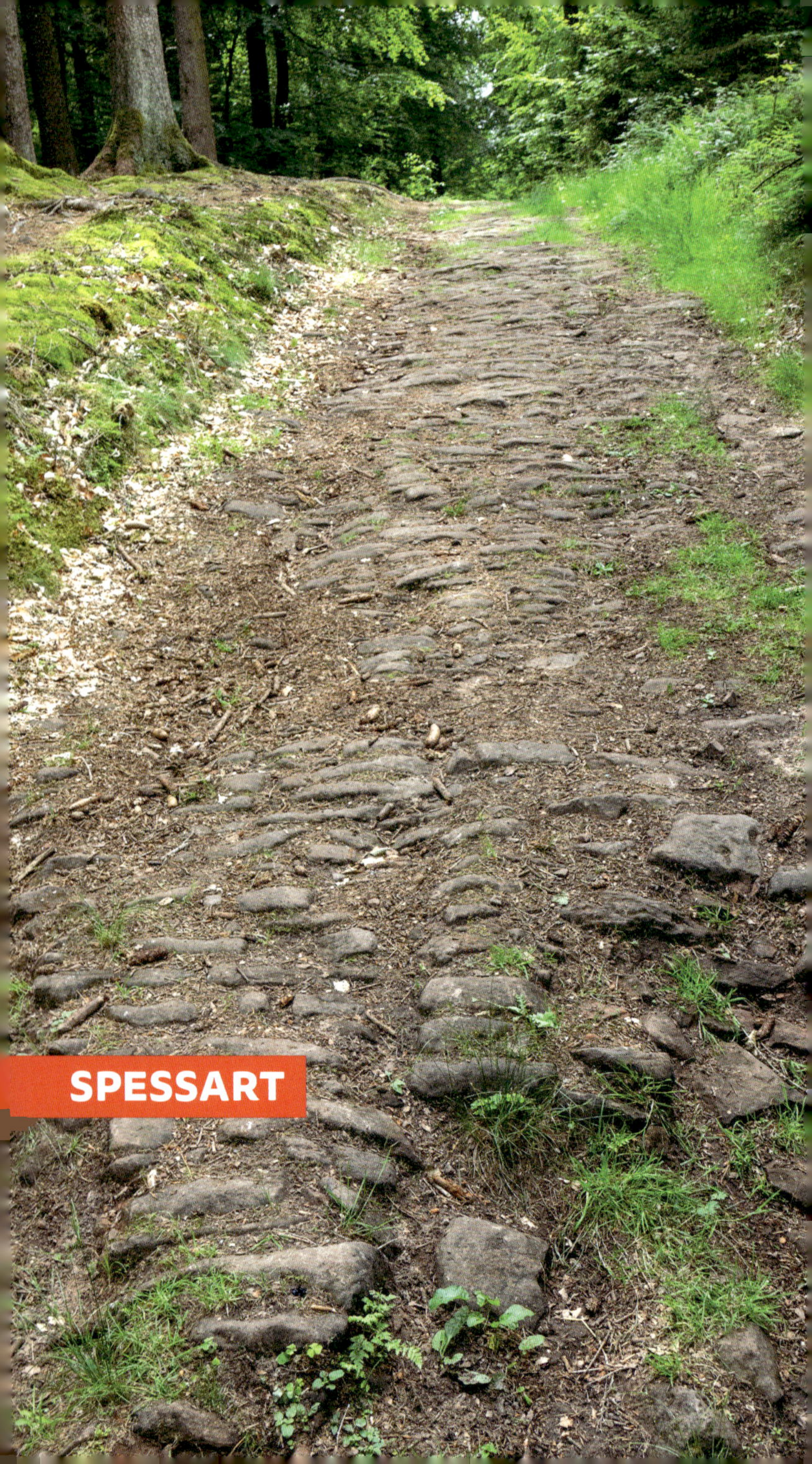
SPESSART

## 22 MILTENBERG – WILDENSEE

*Miltenberg-Altstadt – über die Brücke auf die nördliche Mainseite wechseln – nach rechts auf die Steingaesserstraße bis zur nächsten Mainbrücke – unter dieser Brücke hindurchgehen – dem Fahrweg entlang dem Bahngleis etwa 1 km folgen, dann nach rechts über das Gleis dem abzweigenden (unbenannten) Weg zwischen Gleis und Mainufer folgen – in der Mainkrümmung führt der Weg wieder über das Gleis zurück, und etwa einen halben km darauf stößt man auf eine Abzweigung nach links, die bergauf durch ein Tälchen führt, Bezeichnung: Wanderweg Großheubach – Freudenberg – ihm bis zur Sohlhöhe (Rastplatz) folgen – dann Wechsel auf den Eselsweg – Geiersberg, 512 m – Spitzenstein – Mariengrotte – dort bergab nach N Richtung Hofwildensee – Wildensee.*

6:10 Std. | 22,1 km | 540 m ↗ | 290 m ↘

Wem die Wegführung auf dem ersten Teilstück zu kompliziert erscheint, kann auch jenseits der Brücke einfach dem E8 bis zur Sohlhöhe folgen. Man taucht dann aber sehr früh in die tiefen Wälder des Spessarts ein und sieht wenig vom lieblichen Maintal mit seinen Ausflugsdampfern und Weinbergen.

Auf dem zweiten Teilstück folgen wir dem Eselsweg (die Langohren zogen ja die Wagen der Händler), und manchmal liegt dort noch die grobe Steinpflasterung von damals. Der Eselsweg, der den gesamten Spessart durchzieht, verläuft meist auf den Höhenrücken; so war der Weg am besten gegen Überschwemmungen und Morast geschützt. Da der Spessart aber – jedenfalls heute – dicht bewaldet ist, hat man vom Eselsweg aus selten eine Aussicht, oder, um es mit der alten Redensart zu sagen, man sieht den Wald vor lauter Bäumen nicht. So bietet auch der Geiersberg, der höchste Punkt der heutigen Etappe, keinen Rundblick. (Dieser Geiersberg, 512 m, ist nicht zu verwechseln mit jenem Geiersberg, der mit 586 m die höchste Erhebung des Spessarts ist – von dem man dem Vernehmen nach aber auch keine Aussicht hat.)

Obwohl nur etwa 300 Menschen in Wildensee wohnen, hat der Ort recht viele Unterkünfte; das langgestreckte Dorf zieht Wanderer, Rad- und Motorradfahrer an. Früher lebten die Wildenseer vor allem von der Holzwirtschaft; sie flößten Baumstämme bis zum Main.

*Eselsweg im Spessart – mit möglicherweise noch mittelalterlichem Pflaster*

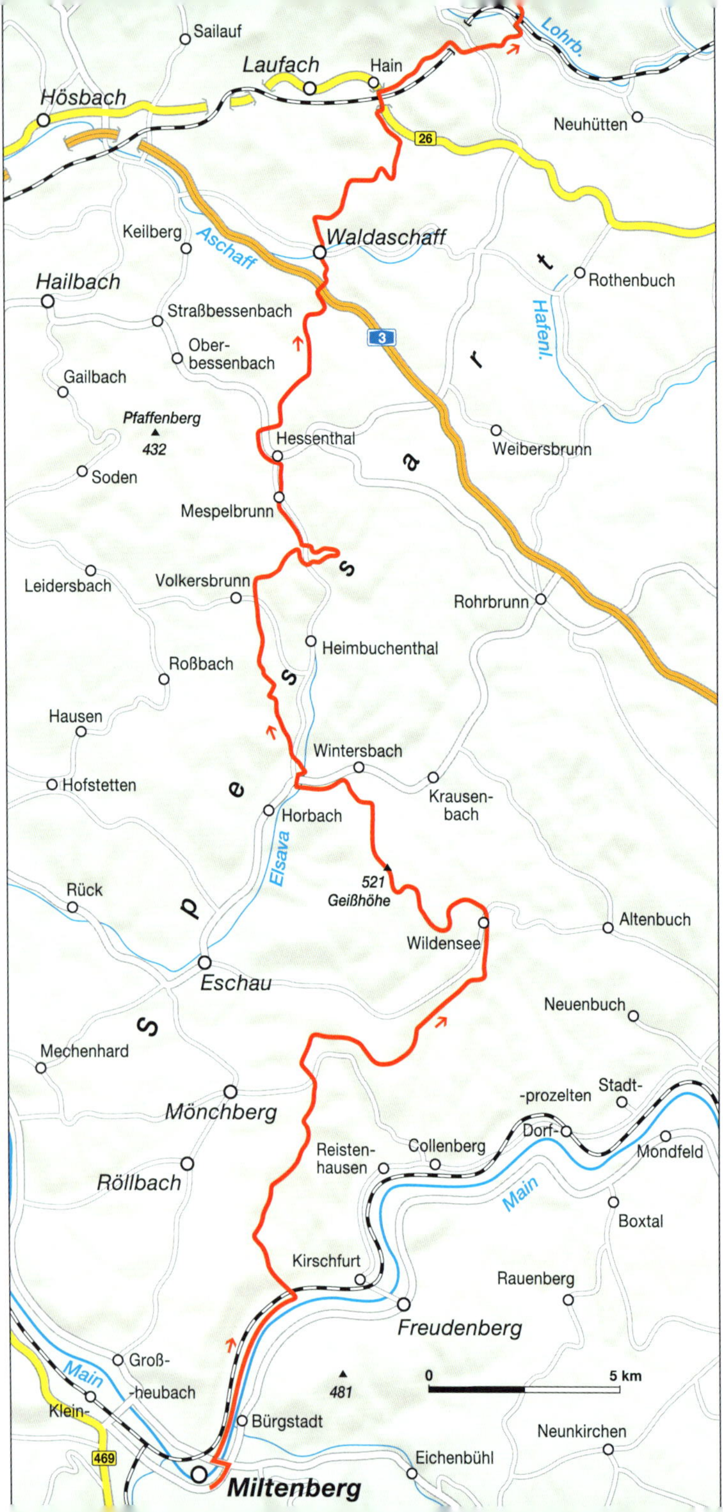

Sailauf
Lohrb.
Laufach
Hain
Hösbach
Neuhütten
26
Keilberg
Aschaff
Waldaschaff
Hailbach
Rothenbuch
Straßbessenbach
3
Hafenl.
Ober-
bessenbach
Gailbach
Pfaffenberg
432
Hessenthal
Weibersbrunn
Soden
Mespelbrunn
Leidersbach
Volkersbrunn
Rohrbrunn
Heimbuchenthal
Roßbach
Hausen
Wintersbach
Hofstetten
Krausen-
bach
Horbach
Elsava
521
Geißhöhe
Rück
Altenbuch
Wildensee
Eschau
Neuenbuch
Spessart
Mechenhard
Stadt-
-prozelten
Mönchberg
Dorf-
Reisten-
hausen
Collenberg
Mondfeld
Röllbach
Main
Boxtal
Kirschfurt
Rauenberg
Freudenberg
Groß-
-heubach
Main
0
5 km
481
Klein-
Bürgstadt
Neunkirchen
469
Eichenbühl
Miltenberg

*Einkehrmöglichkeiten unterwegs:* Keine.
*Unterkünfte:* Gasthaus Pension Waldfrieden, Landhaus Beck, Pension Tannenhof, Gästehaus Cornelia, Landgasthof Zum Hirschen (am südlichen Ortseingang).

## 23 WILDENSEE – GEISSHÖHE – MESPELBRUNN

*Wildensee – auf dem Spessartweg 2 (SW2) nach W zur Geißhöhe in Oberwintersbach, 521 m, Ludwig-Keller-Aussichtsturm – Abstieg nach Wintersbach – weiter auf Sw2, gleichzeitig auch Josef-Braun-Weg, nach Höllhammer, dann in Richtung Volkersbrunn – im O von Volkersbrunn nach NO zur Polhöhe abbiegen – Abstieg nach Mespelbrunn – Wasserschloss Mespelbrunn.*

5:05 Std. | 17,7 km | 470 m ↗ | 600 m ↘

Der Weiler Oberwintersbach auf der Geißhöhe ist der höchste dauerhaft bewohnte Ort des Spessarts. Laut einer Infotafel wurde die Höhe im 18. Jahrhundert von mehreren armen Familien unerlaubterweise besetzt, die sich dann nicht mehr vertreiben ließen. Noch bis 1972 mussten die Kinder zum Schulgang 300 Höhenmeter durch den Wald nach Wintersbach ab- und wiederaufsteigen; nun holt sie, wie ich annehme, der Schulbus, sofern es hier überhaupt noch schulpflichtige Kinder gibt.

*Blick von der Geißhöhe, dem höchstgelegenen Ort des Spessarts*

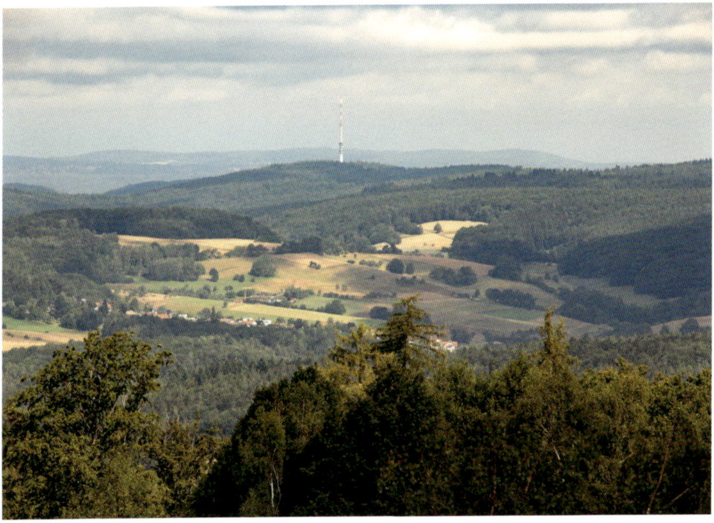

Der Ludwig-Keller-Aussichtsturm gewährt einen weiten Rundblick. Es wird gut sichtbar, dass der Spessart mehr eine Hochebene mit eingesenkten Tälern ist als ein Gebirge mit ausgeprägten Gipfeln.
Wir folgen den Schulkindern von einst bergab nach Wintersbach. Nach einem Zwischenanstieg geht es recht steil nach Mespelbrunn hinab, wo wir uns dann zum bekannten Wasserschloss begeben.
Wer im Internet nach Bildern des Spessarts googelt, dem werden mit Sicherheit Fotos dieses Schlosses unter den ersten Resultaten gezeigt. Es ist die führende touristische Attraktion dieses Mittelgebirges: eine Anlage mit wunderhübschen Türmchen, Erkern und Stufengiebeln, inmitten eines Teichs angelegt. Errichtet im Spätmittelalter und in der Renaissance-Zeit von der adligen Familie Echter von Mespelbrunn, überdauerte das Schloss erstaunlicherweise die Stürme der Zeit. Manche Partien stammen auch aus der Zeit der Romantik im 19. Jahrhundert.
So richtig bekannt wurde die Anlage erst als einer der Schauplätze des Kinofilms »Das Wirtshaus im Spessart« von 1957. Heute wohnt eine Nachfahrin der Echters mit ihrer Familie in einem Teil der Räume. Die Besichtigung des Gartens und einiger Räume ist gegen Gebühr möglich.
Die Gemeinde Mespelbrunn, gut 2000 Einwohner stark, erstreckt sich über rund drei Kilometer im engen Tal des Flüsschens Elsava und umfasst auch den nördlichen Teilort Hessenthal.

*Das Wasserschloss von Mespelbrunn lockt am Ende der Etappe 23*

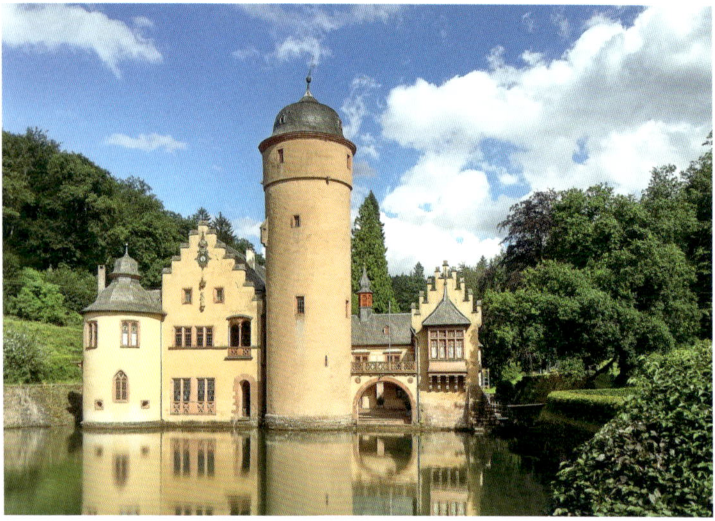

*Einkehrmöglichkeiten unterwegs:* In Oberwintersbach, Wintersbach und Neuhammer.
*Unterkünfte:* In der Nähe des Schlosses Rügers Forstgut Naturhotel (teuer), Hotel Zum Engel, Fränkischer Landgasthof Elsavatal. Im nördlichen Ortsteil Hessenthal Haus Sonnenschein, Gasthof zum Löwen, Hotel Hobelspan, Müllers Landhotel.

## 24 MESPELBRUNN – WALDASCHAFF – HEIGENBRÜCKEN

*Mespelbrunn – im Tal zum Ortsteil Hessenthal – auf Spessartweg 2 (Sw2) zur Herrenbildkapelle – auf Josef-Braun-Weg (JBW) Richtung Waldaschaff – Unterquerung der Autobahn A3 – Waldaschaff – auf Sw2 Aufstieg zur Schutzhütte am Brandberg – Kreuzgrund – Hain – auf Sw2 Aufstieg nach O zur Wodianka-Hütte und Abstieg nach Heigenbrücken.*

6:50 Std. | 23,6 km | 650 m ↗ | 630 m ↘

Erst auf einem Wanderweg parallel zur Straße durch das gut 3 km lange Doppeldorf Mespelbrunn-Hessenthal. Wovon leben die Menschen hier? Ich tippe, dass viele über die nahe Autobahn zur Arbeit in den Großraum Frankfurt pendeln. Der Ort liegt noch in Unterfranken bzw. Bayern, das »Hessen-« soll sich von »Haselnüssen« herleiten. In Hessenthal steht eine sehenswerte Wehrkirche, die während der Gegenreformation zur Wallfahrtskirche erhoben wurde. Treibende Kraft war der im Mespelbrunner Schloss aufgewachsene Adlige Julius Echter, der später Fürstbischof von Würzburg wurde. Mit großer Härte betrieb er die Gegenreformation und stellte Protestanten vor die Wahl Konversion oder Abschiebung.
Auf dem weiteren Weg wechseln dichte Wälder ab mit offenen, besiedelten Talgründen, durch die sich wichtige Verkehrswege ziehen. Zunächst queren wir bei Waldaschaff die lärmende Autobahn Frankfurt am Main – Würzburg (wenn man Deutschland durchwandern will, ist die Querung von Bundesfernstraßen leider unvermeidlich). Im Tal nördlich davon, zwischen Hain und Heigenbrücken, liegt die »Spessartrampe«, der Scheitelpunkt der Bahnstrecke Frankfurt – Würzburg. Von der bekommt man aber nicht viel mit, weil sie seit ihrem Umbau zur ICE-Strecke meist in Tunneln verläuft.
Heigenbrücken hat gut 2000 Einwohner. Als die Hessen und die Franken noch nicht so viel Geld hatten, in der Zwischenkriegs- und Nachkriegszeit, haben sie in dem bescheidenen Luftkurort mit Bahnanschluss wohl auch mal länger Urlaub gemacht. Heute beherbergen die Gastbetriebe eher Wochenendausflügler – oder Fernwanderer wie uns.

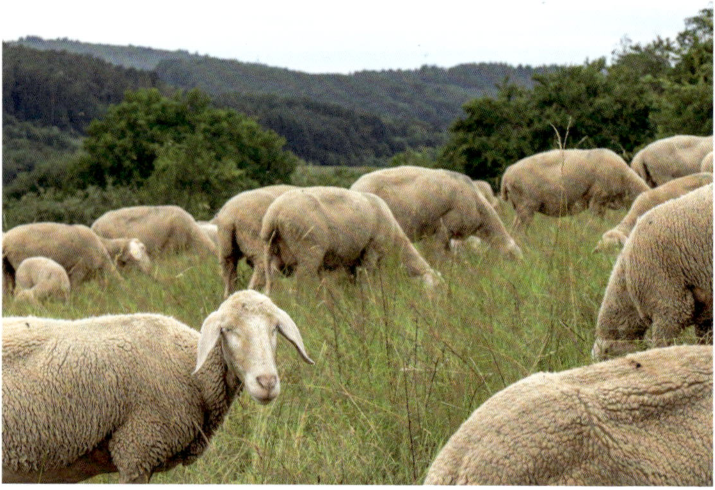

*Schafherde bei Waldaschaff*

*Einkehrmöglichkeiten unterwegs:* In Waldaschaff, sowie Seebachblick vor Hain.
*Unterkünfte:* Villa Marburg im Park, Flair Hotel Hochspessart, Gasthof-Pension Zur Frischen Quelle, Pension Erika Fischer, Pension Haus Sonneck, Pension Haus Parkblick, Pension Hasenstab.

## 25 HEIGENBRÜCKEN – WIESEN – LETTGENBRUNN

*Heigenbrücken – nach N Richtung Habichsthal, aber vor Habichsthal nach NW auf den Gebietswanderweg Roter Schrägbalken abzweigen – Sandkopf – vor Heinrichsthal nach N auf den Weg Rotes x abzweigen – Ortschaft Wiesen – Wiesbüttsee – nach SO am Wiesbüttmoor entlang – am Ende des Moors nach NO abbiegen, bis man nach ca. 1 km auf den Eselsweg trifft – auf diesem bis zur Straßenkreuzung mit der L2905, westlich an Flörsbach vorbei und nach N weiter nach Lettgenbrunn.*

5:55 Std. | 21,5 km | 590 m ↗ | 450 m ↘

Es erwartet uns ein hübsches Auf und Ab durch Wälder und gelegentliche offene Landschaft, der Anteil der Naturwege ist recht hoch. Das Dorf Wiesen, nomen est omen, wurde im Mittelalter inmitten des Waldes als Rodungsinsel angelegt und vergrößerte seine Flur nach und nach. Anscheinend hat sich der Wald bis heute wieder einiges zurückgeholt.

Zwei Kilometer nach Wiesen überschreiten wir die Grenze nach Hessen und kommen zu einer Stelle im Wald, die Wiesbütt heißt. Dort kreuzten sich zwei mittelalterliche Handelswege. Der Teich, an dem wir rasten können, entstand allerdings, um für einen nahen Bergbaustollen Wasser als Energieträger zum Antrieb der Entwässerungspum-

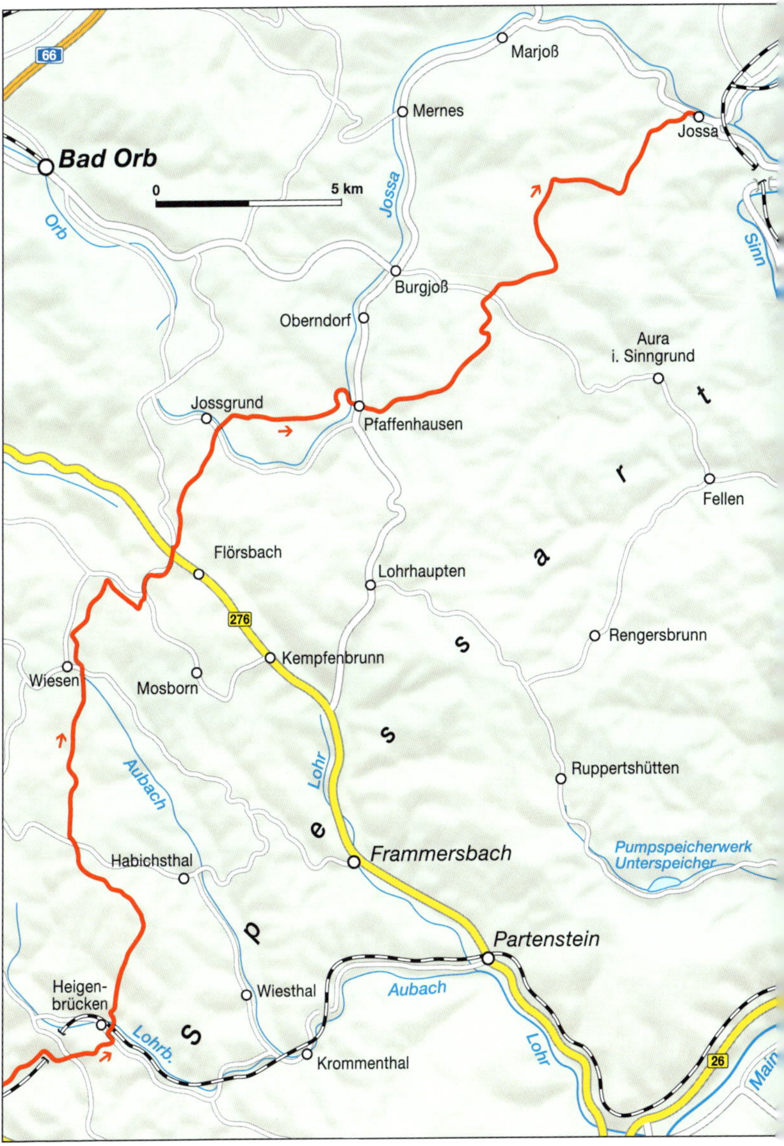

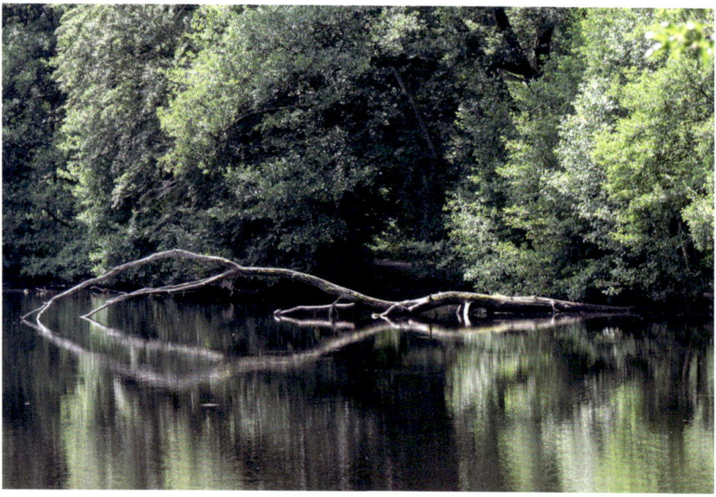

*Der Wiesbüttsee bietet sich zum Rasten an*

pen anzusammeln. Durch die Stauung entwickelte sich ein versumpftes Gelände, das sich zu einem sehenswerten Hochmoor entwickelte.
Der Etappenort Lettgenbrunn, 800 Einwohner, besitzt eine kuriose Geschichte, die einiges mit seiner abgelegenen Lage hier in »Hessisch-Sibirien« zu tun hat. Im Mittelalter besiedelt, wurde Lettgenbrunn im Dreißigjährigen Krieg verwüstet, danach wiederbesiedelt, worauf 1912 eine Zwangsräumung erfolgte, weil das kaiserliche Heer einen Truppenübungsplatz brauchte. Nach dem Ersten Weltkrieg erfolgte eine erneute Besiedlung durch Umsiedler aus dem verlorenen Reichsteil Elsass-Lothringen. 1935 wurden wiederum diese vertrieben, denn Herrmann Görings Luftwaffe brauchte Ziele zum Üben, und Lettgenbrunn wurde von Stukas gründlich zerbombt. Nach dem Zweiten Weltkrieg wurden die Ruinen abgeräumt, und Heimatvertriebene aus den Ostgebieten siedelten sich an.
Ein Kuriosum ist die damals neugebaute Kirche: An den Glockenturm in der Mitte schließen sich zwei symmetrisch angeordnete Kirchenräume an – den einen für Katholiken, den anderen für Protestanten.
Ein romantisches Dorfbild darf man angesichts dieser Geschichte nicht erwarten.

*Einkehrmöglichkeit unterwegs:* In Wiesen.
*Unterkünfte:* Achtung, es gibt in Lettgenbrunn nur das Hotel Sudetenhof! Eine Ausweichmöglichkeit liegt 4 km weiter in Pfaffenhausen, der Landgasthof Königsberg.

## 26 LETTGENBRUNN – PFAFFENHAUSEN – SINNGRUND-JOSSA

*Lettgenbrunn – auf dem Gebietswanderweg Birkenhainer Straße erst nach NO, dann nach O bergauf – am Waldrand nach O Richtung Wildfeldhöhe gehen – Abstieg über Karl-Leisner-Kreuz auf kleinen Wegen nach Pfaffenhausen – nach O auf der Auratalstraße auf dem Auraer Trail bergauf gehen – durch das Waldgebiet westlich von Deutelbach zur Kreuzung mit der Straße L2203 – Aufstieg nach O auf dem Wanderweg Rotes X – auf der Höhe bei Ziegelhütte nach N wenden – Kleiner Goldberg, 510 m – Abstieg nach O Richtung Steinbachtal – Weiler Emmerichsthal – zunächst auf einem Weg, dann auf der Straße nach N – Sinngrund-Jossa.*

5:55 Std. | 21,7 km | 380 m ↗ | 580 m ↘

Schöner Ausblick von der Anhöhe über Pfaffenhausen Richtung Norden: die Höhen der Rhön sind schon zu erahnen! Die restliche Strecke umfasst einige Längen – man geht überwiegend auf Forstwegen ohne Aussicht. Ab morgen wird's wieder interessanter!

Der Etappenort Sinngrund-Jossa hat etwa 600 Einwohner und mehrfach Preise im Wettbewerb »Unser Dorf soll schöner werden« gewonnen. Er nennt sich außerdem Weltschnitzelhauptstadt, weil hier das längste Schnitzel der Welt, es maß 97 Meter, gebraten wurde. Jedenfalls brüstet sich der Gasthof des Ortes mit diesem Titel …

*Einkehrmöglichkeiten unterwegs:* In Pfaffenhausen, in Emmerichsthal.

*Unterkünfte:* Landgasthof zum Jossgrund (das Schnitzel-Mekka), Bauernhof Dittenbrunn (2 km südöstlich). Pension Gabel sowie Ferienhof Beringer in Altengronau (2,5 km nordöstlich).

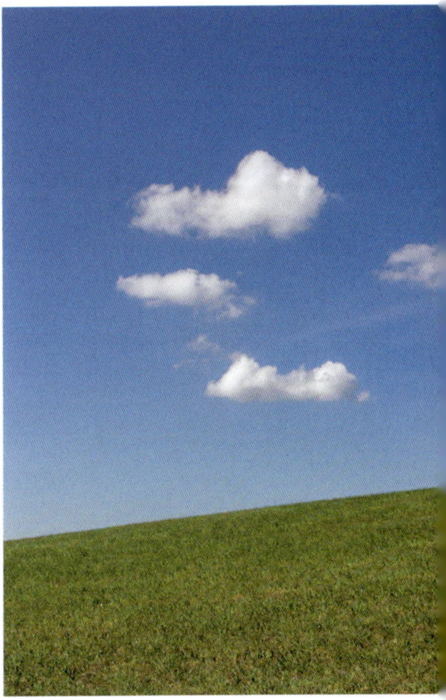

*Das Spiel der Wolken bei Pfaffenhausen*

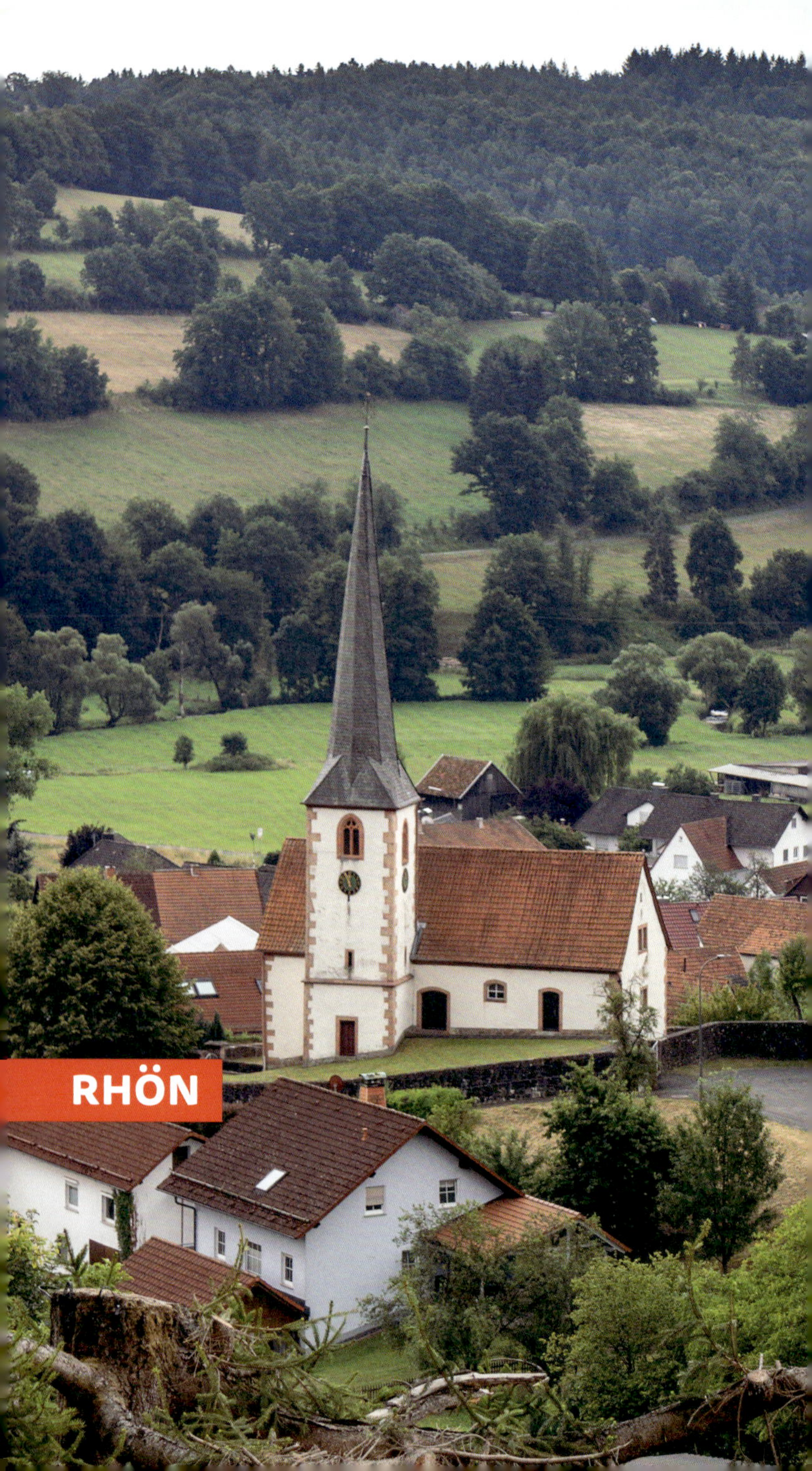

## RHÖN

## 27 SINNGRUND-JOSSA – SCHWARZENFELS – BAD BRÜCKENAU

*Jossa – auf dem Weg SBZ auf die Anhöhe im N und Abstieg nach Neuengronau – an der Straße zum nordöstlichen Ortsende – dort Fußweg hinauf zum Naturschutzgebiet Weinberg – diesem Weg NICHT weiter nach links auf die Anhöhe folgen, sondern geradeaus Richtung Mottgers weitergehen – über ein Wiesen- und Feldergebiet nach Mottgers absteigen – am nördlichen Ortsende an einer Straße über den Talgrund und auf den Kreuzbergweg wechseln – hinauf nach Schwarzenfels und seiner Burgruine – dem Kreuzbergweg weiter folgen bis Eckarts und Staatsbad Brückenau – dort auf die südliche Talseite wechseln – auf dem Königsweg nach Bad Brückenau.*

6:35 Std. | 23,7 km | 570 m ↗ | 460 m ↘

Zwischen Neuengronau und Mottgers ist es nicht ganz leicht, sich zu orientieren, denn die Wege dort tragen keine Namen und sind zum Teil auch nicht markiert. Hier sollten Sie sich auf Ihre Karten-App verlassen, um den direkten Weg nach Mottgers zu finden.
Ab Mottgers ändert sich der Charakter der Landschaft, die Berge werden markanter; wir befinden uns in der Brückenauer Kuppenrhön, dem südlichsten Ausläufer der Rhön, wo durch den Buntsandstein hindurch Basalte an die Oberfläche gestoßen sind. Steil geht es zur Burgruine Schwarzenfels hinauf. Hübscher Ausblick zurück auf Mottgers und sein Tal. Weiter geht es unspektakulär hinab ins Sinntal – wir sind nun wieder in Bayern – zum Staatsbad Brückenau. Dieses entstand, weil es hier Mineralquellen gab, die den siechen Reichen des 18. und 19. Jahrhunderts ein etwas längeres Leben zu verschaffen schienen. Unter König Ludwig I. wuchsen die Anlagen zu einem imposanten Ensemble aus klassizistischen Bauten. Ludwig sorgte sogar für eine standesgemäße Unterkunft für seine Geliebte Lola Montez. Auch heute kann man hier noch nobel und teuer wohnen, aber wir gehen noch eine knappe Stunde weiter zur Kleinstadt Bad Brückenau. Dort wird es etwas preiswerter ... Das Städtchen von etwa 5000 Einwohnern besitzt eine nur kleine Altstadt – der Rest der Häuser entstand erst nach der verheerenden Feuersbrunst von 1876.

*Einkehrmöglichkeiten unterwegs:* In Mottgers, Schwarzenfels, Eckarts, Staatsbad Brückenau.

*Die Ortschaft Mottgers ganz im Süden der Rhön*

*Unterkünfte:* Hotel Zur Mühle, Hotel Ursula, Hotel Zur Krone, Hotel-Restaurant Deutsches Haus. Weitere Hotels vorher im Staatsbad, aber dann wird die Etappe morgen sehr lang!

## 28 BAD BRÜCKENAU – KISSINGER HÜTTE – KREUZBERG

*Bad Brückenau – nach S die Straße Am Kleinen Steinbusch hinauf – oben am Waldrand* NICHT *den Kreuzbergweg nehmen, sondern nach rechts auf einen örtlichen Weg Nr. 13 nach SO, nach Breitenbach – dort auf der Straße nach Mitgenfeld – 400 m nach dem Ortsende nach rechts (Süden) auf den Kreuzbergweg – nun immer dem Kreuzbergweg folgen – Schildeck – Würzburger Haus – Kissinger Hütte – Guckas-Pass – auf dem Kreuzbergweg am Kloster vorbei zum Kreuzberg-Gipfel, 928 m – Abstieg zum Kloster Kreuzberg.*

7:25 Std. | 25,6 km | 890 m ↗ | 350 m ↘

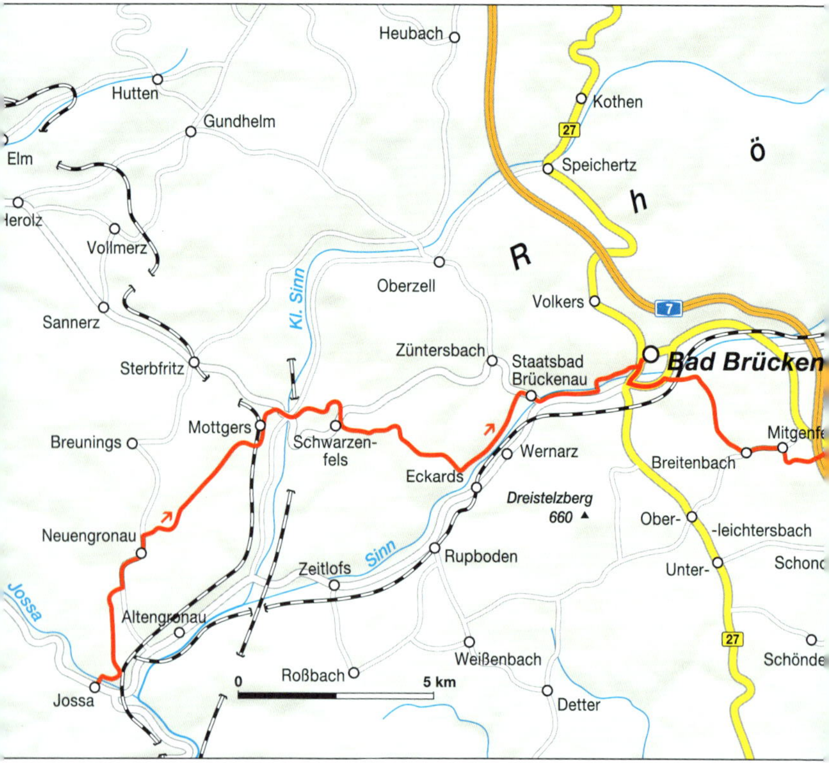

Leider verläuft der Kreuzbergweg zunächst nicht weit von der lärmenden Autobahn A7 entfernt. Ich versuchte, auf dem ersten Teilstück möglichst fern der Autobahn zu gehen. Darum wählte ich die Umgehung über Breitenbach, die auch etwas kürzer ist und etwas weniger Höhenmeter hat. Wem das zu kompliziert ist, der sollte von Brückenau aus einfach den Kreuzbergweg gehen und die Ohren zuklappen.
Nach der Unterquerung der Autobahn vor Schildeck wird es dann richtig schön. Immer höher führt uns der Weg in die Rhön hinein, es warten zwei Hütten mit Verpflegung und Aussicht, das Würzburger Haus und die Kissinger Hütte. Die Rhön liegt, dank des Vulkanismus, einfach eine Etage höher als der Spessart, auf den man hinunter blicken kann, und zwei Etagen höher als das fränkische Hügelland im Südosten. Nach einem Zwischenabstieg zum Guckas-Pass geht's dann zuerst sanft, dann steiler hinauf zum Kreuzberg; am Ende auf dem Treppenweg zum Gipfel. Die addierten Höhenmeter haben heute eine schon alpine Dimension! (Wenn man den Aufstieg vom Kloster zum Gipfel auf den nächsten Morgen verschiebt, wird die heutige Etappe etwas kürzer.)

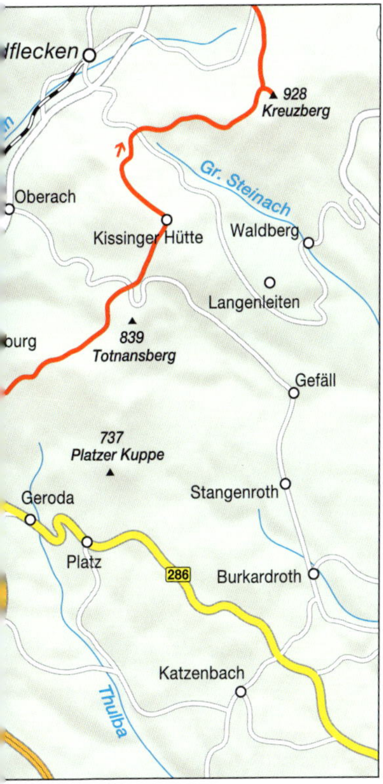


Der Kreuzberg, die dritthöchste Erhebung der Rhön, war in vorchristlicher Zeit wohl bereits Sitz einer Kultstätte. Die drei Kreuze nahe des Gipfels, die an Golgatha gemahnen, wurden 1582 durch den uns schon aus Mespelbrunn bekannten Julius Echter, den katholischen Eiferer, errichtet, der damit einen weiteren Wallfahrtsort kreierte. Etwas später gründeten die Franziskaner ein Kloster unterhalb des Gipfels.
In dessen Gästehaus können wir heute übernachten. Wer ein stilles, abgelegenes Refugium erwartet, täuscht sich. Das Kloster, vor allem seine Gaststätte, ist ein beliebtes Ausflugsziel, man kann ja auch mit dem Auto hier hochfahren.
Im Nordwesten, auf der anderen Talseite, liegt das Bundeswehr-Areal Neuwildflecken. Ich sah es zum ersten Mal wieder, seit ich 1974 dort drei Wochen Grundwehrdienst

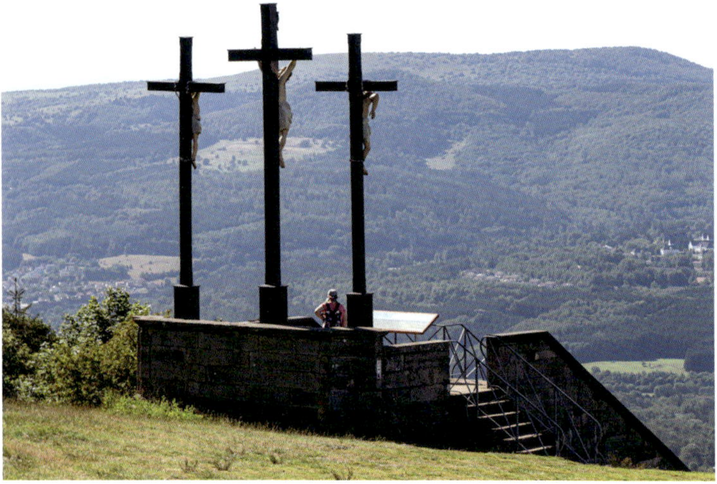

*Der Kreuzberg, 928 m, ist auch ein Wallfahrtsziel*

schob. Wegen Leistungsmängeln wurde ich dann in Bad Brückenau amtsärztlich untersucht, eine Herz-Kreislauf-Erkrankung festgestellt und ich als »vermindert tauglich« entlassen. Nun, ich lebe immer noch und habe seither viele zehntausend Höhenmeter zu Fuß absolviert … Meine Rührung angesichts der Kaserne hielt sich in Grenzen; ehrlich gesagt, war ich damals froh, schnell wieder Zivilist zu werden.

*Einkehrmöglichkeiten unterwegs:* Würzburger Haus, Kissinger Hütte.
*Unterkünfte:* Berggasthof Elisäus im Kloster Kreuzberg, Berggasthof Roth (1 km nördlich), Bergwanderhütte Neustädter Haus (1,2 km östlich), Haus Hohe Rhön (2 km nordöstlich). Oder, schon 7 km vorher, in der Kissinger Hütte.

## 29 KREUZBERG – ROTES MOOR – WASSERKUPPE

*Kreuzberg – Abstieg auf dem Fernwanderweg Hochrhöner bis Oberweißenbrunn – weiter auf dem Hochrhöner zum Himmeldunkberg, 888 m – L3396 überqueren – weiter auf dem Hochrhöner zum Roten Moor und zur Wasserkuppe, 950 m.*

5:50 Std. | 20,7 km | 580 m ↗ | 500 m ↘

Die Tourismuswerbung behauptet, die Rhön sei »das Land der offenen Fernen«, und sie verspricht nicht zu viel. Durch Beweidung wurde vielerorts der Wald zurückgedrängt, es entstanden heideartige Gebiete mit Büschen und Silberdisteln. Durch solch ein Gebiet kommen wir

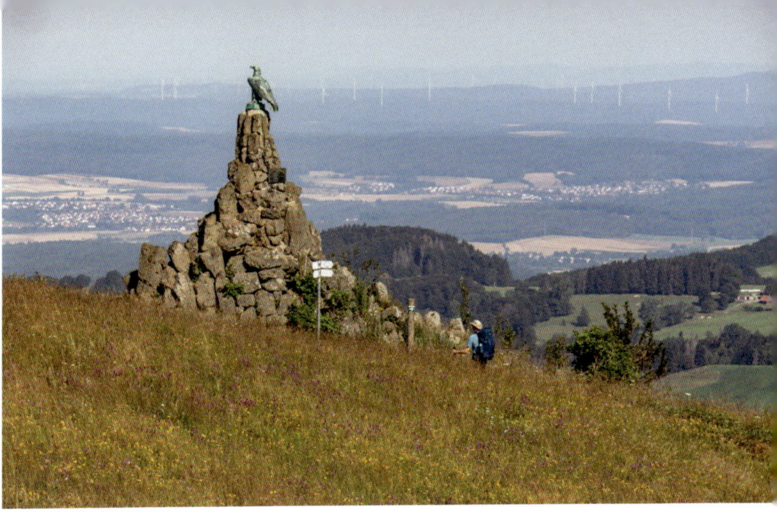

*Blick von der Wasserkuppe (mit Fliegerdenkmal) ins Tiefland um Fulda*

beim Abstieg nach Oberweißenbrunn und dem Wiederaufstieg zum Himmeldunkberg. Einige der grasigen Hänge werden (immer noch?) als Skihänge genutzt, es existieren sogar Liftanlagen. Am Himmeldunkberg kommen wir wieder von Bayern nach Hessen.

Die erste Hälfte der heutigen Etappe gehört zu den schönsten Passagen meines Mittelgebirgs-Trails, die zweite Hälfte führt überwiegend durch Wald, und auch das Rote Moor hat mich etwas enttäuscht. Erst kurz vor der Wasserkuppe endet der Wald. Von oben hat man große Aussichten, allerdings gibt es keinen ausgeprägten Gipfel. Vielmehr muss man einen Rundweg nehmen, um in alle Richtungen blicken zu können.

Der höchste Berg Hessens ist oben so flach, dass sogar ein Segelflugplatz auf ihn passt. In der Tat war die Wasserkuppe schon immer ein Zentrum der Segelfliegerei in Deutschland. Zeitweise gab es auch militärische Sperrzonen; einige militärische Bauten werden nun zivil genutzt, etwa von Segel- und Gleitschirmflieger-Schulen. Gipfeleinsamkeit ist Fehlanzeige, denn Straßen führen hier hinauf, man findet große Parkplätze, eine Sommerrodelbahn und einen Bereich mit Ess- und Souvenirständen.

Abends legt sich der Rummel; am besten erst vor Sonnenuntergang den Rundweg ums Gipfelplateau unternehmen.

*Einkehrmöglichkeiten unterwegs:* In Oberweißenbrunn.

*Unterkünfte:* Hotel-Restaurant Peterchens Mondfahrt, Berghotel Deutscher Flieger. Ausweichmöglichkeiten in Abtsroda, nach ca. 45 Minuten Abstieg: Berggasthof zum Hirsch, Landhaus Zur Schmiede.

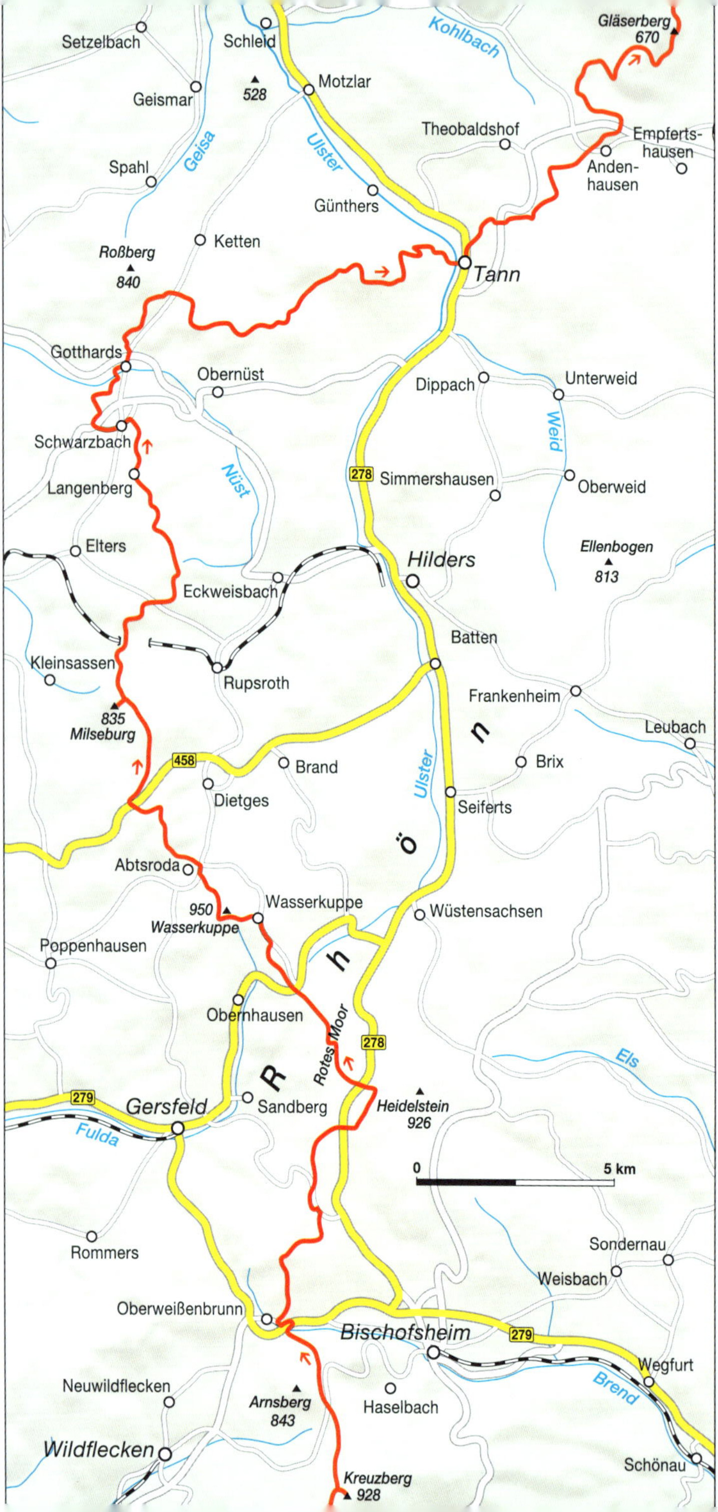

Setzelbach
Schleid
Kohlbach
Gläserberg
670
528
Motzlar
Geismar
Theobaldshof
Empferts-
hausen
Geisa
Ulster
Spahl
Anden-
hausen
Günthers
Ketten
Roßberg
840
Tann
Gotthards
Obernüst
Dippach
Unterweid
Schwarzbach
Weid
Nüst
Langenberg
278
Simmershausen
Oberweid
Elters
Hilders
Ellenbogen
813
Eckweisbach
Batten
Kleinsassen
Rupsroth
Frankenheim
835
Milseburg
Leubach
458
Brand
Brix
Ulster
Dietges
Seiferts
Rhön
Abtsroda
950
Wasserkuppe
Wasserkuppe
Wüstensachsen
Poppenhausen
Obernhausen
Rotes Moor
278
Els
279
Gersfeld
Sandberg
Heidelstein
926
Fulda
0
5 km
Rommers
Sondernau
Weisbach
Oberweißenbrunn
Bischofsheim
279
Wegfurt
Brend
Neuwildflecken
Arnsberg
843
Haselbach
Wildflecken
Schönau
Kreuzberg
928

## 30 WASSERKUPPE – MILSEBURG – SCHWARZBACH

*Wasserkuppe – auf dem Hochrhöner hinunter nach Abtsroda, weiter zur Enzianhütte und zum Berg Milseburg, 835 m (Aufstieg von Osten, Abstieg nach Westen und Norden) – weiter auf dem Hochrhöner zur Oberbernhardser Höhe – Lothar-Mai-Haus – Langenberg – von dort direkter Abstieg nach Schwarzbach.*

| 5:40 Std. | 19,6 km | 420 m ↗ | 900 m ↘ |
|---|---|---|---|

Abwechslungsreicher Weg von der Wasserkuppe zur Milseburg. Dieser Berg sieht schon von Weitem eigenartig aus, er trägt eine steile, felsige Kuppe. Es handelt sich um einen Vulkanpfropf aus erkaltetem Magma. Der eigentliche Vulkan wurde von der Erosion abgetragen, doch weil der umgebende Buntsandstein weicher als das Gestein im Vulkanschlot war, wurde der Pfropf als Erhebung sichtbar.
Vielleicht wurde der Berg Milseburg genannt, weil er schon von seiner Form her an eine Burg erinnert. Allerdings wurden auf ihm auch Burgen gebaut: eine mittelalterliche Anlage, von der aber nur noch spärliche Reste vorhanden sind, und vorher schon ein keltisches Oppidum aus dem 1. Jahrtausend vor Christus. Letzteres war eine große Anlage, die den gesamten Kegel umfasste. Wenn wir uns von Südosten nähern, überqueren wir beim Aufstieg eine Barriere aus Felsblöcken, die sich über mehr als einen Kilometer Länge erstreckt, ein Rest der antiken Festung. Die letzten Meter zum Gipfelkreuz sind felsig und nur den Trittsicheren zu empfehlen.

*Am Gipfel der Milseburg liegt magmatisches Gestein an der Oberfläche.*

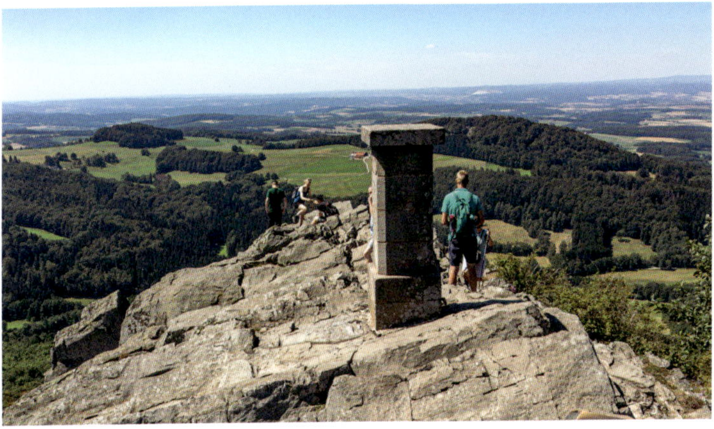

An der Oberbernhardser Höhe liegt ein Naturschutzgebiet auf Kalkmagerrasen mit seltener Vegetation. Es brummt vor Insekten!
Das Dorf Schwarzbach hat knapp 500 Einwohner und wirkt noch sehr ländlich.

*Einkehrmöglichkeiten unterwegs:* Enzianhütte, Milseburgstube (nördlich der Milseburg), Lothar-Mai-Haus.
*Unterkunft:* Gasthof-Pension Zum Schwarzen Adler, Rhön-Stern-Hotel. In Gotthards, 30 Minuten weiter, Pension Rhönhof. In Oberbernhards gibt es eine Jugendherberge, nicht weit vom Weg. Sie liegt aber ziemlich genau in der Mitte der Tagesetappe und deshalb recht ungünstig, sofern man nicht die Etappeneinteilung ändert.

## 31 SCHWARZBACH – TANN

*Vom Ortszentrum Schwarzbach Aufstieg nach W zum Hochrhöner – Gotthards – Bildtanne – Ahornplatz – Kettelborn – nordwestlich an Habel vorbei (alles auf dem Hochrhöner) – Habelberg südlich umrunden – Aussichtspunkt Habelstein – Tann*

5:15 Std. | 17,8 km | 600 m ↗ | 650 m ↘

Eine beschauliche Etappe durch ein sehr ländliches Gebiet. Viele Blumenwiesen: Ich habe noch nie an einem Tag so viele Schmetterlinge gesehen. Mehrere Kilometer geht es an der ehemaligen innerdeutschen Grenze entlang, und wir können auch ein Stück (dann schon in Thüringen) auf dem Kolonnenweg gehen. Diese aus Lochbetonplatten gebaute Piste verlief auf der DDR-Seite der Grenze und erlaubte die Kontrolle des Todesstreifens mit Militärfahrzeugen. Als Wanderpfad ist der Kolonnenweg nicht so gut geeignet: harter Untergrund, teils zerbrochene Betonplatten, und weil die Piste stur der Grenze folgt, führt sie oft steil bergauf und bergab.
Später bringt uns unser Trail auf halber Höhe um den Habelberg herum, eine für die Kuppenrhön typische kegelförmige Erhebung. Am Aussichtspunkt Habelstein sieht man Basaltsäulen, ein Hinweis auf die vulkanische Genese der Kuppen.
Tann zählt gut 4000 Einwohner, einige eingemeindete Dörfer eingeschlossen. Die Altstadt ist klein, aber hübsch. Dominiert wird sie von einer mehrteiligen Schlossanlage des Adelsgeschlechts derer von und zu der Tann, das – in Teilen – noch immer hier residiert. Das Schloss ist nicht von innen zu besichtigen, doch gleich in der Nähe gibt es das

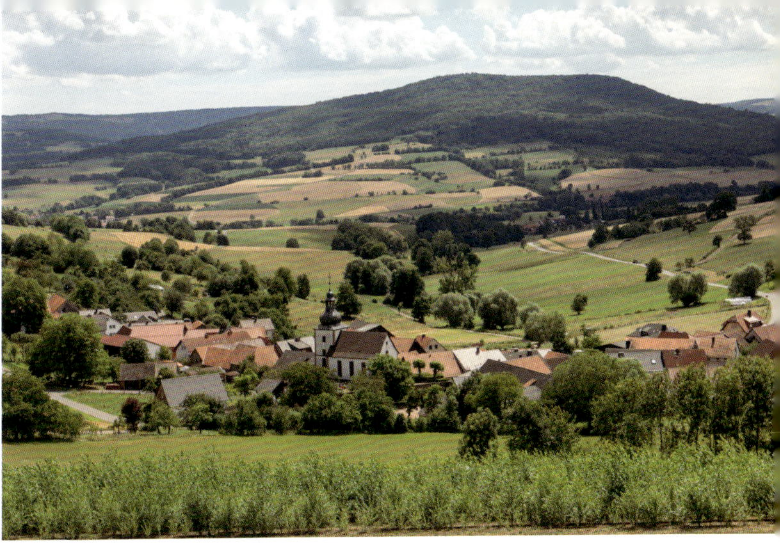

*Dorf Habel in der nördlichen Rhön*

Rhöner Naturmuseum und das Rhöner Museumsdorf mit ländlichen Gebäuden in traditioneller Bauweise.
Zwischen den 1950er-Jahren und 1989 lag Tann in einer Art Sackgasse: Die Stadt war auf drei von vier Seiten von der nach dem Bau der Sperranlagen undurchdringlichen DDR-Grenze eingeschlossen.

*Einkehrmöglichkeit unterwegs:* Keine.
*Unterkünfte:* Hotel Steakhouse am Rathaus, Gasthof Zur Krone, Pension Haus Ingrid, Pension Ditzel.

## 32 TANN – GLÄSERBERG – DERMBACH

*Tann – auf dem Hochrhöner zum Dietgeshof – Grenze Hessen/Thüringen – Andenhausen – Hotel Katzenstein – weiter auf dem Hochrhöner zum Gläserberg, 670 m – Dermbach.*

5:05 Std. | 17,9 km | 510 m ↗ | 530 m ↘

Die ehemalige Zonengrenze ist noch zu erkennen an einem Band aus Büschen und Bäumen, die seit der Öffnung 1989 schon eine beachtliche Höhe gewonnen haben. Hinter Andenhausen kommen wir zum Hotel Katzenstein, erbaut 1935 aus Basaltsteinen aus der Umgebung. Zu DDR-Zeiten diente es der Stasi als Erholungsheim, auch Erich Honecker soll hier geurlaubt haben. Nur die garantiert Linientreuen durften kommen, weil es in der Fünf-Kilometer-Grenzsperrzone lag.

Gleich sichtbar wird, dass die Flurstücke hier bedeutend größer sind als in den westlichen Bundesländern – ein Erbe der Kollektivwirtschaft in den Landwirtschaftlichen Produktionsgenossenschaften (LPG). Der Hochrhöner führt uns in einem Zickzack zum Gläserberg. Die schöne Aussicht von dort reicht bereits bis zum Großen Inselsberg im Thüringer Wald.

Dermbach hat – allerdings inklusive umliegender Gemeinden – etwa 7000 Einwohner. Um den alten Ortskern erstrecken sich Gewerbe- und neue Siedlungsgebiete. Das Restaurant des Hotels Rhöner Botschaft besitzt einen Michelin-Stern.

*Einkehrmöglichkeiten unterwegs:* In Dietgeshof, Hotel Katzenstein (dieses war vorübergehend geschlossen), Dermbacher Hütte auf dem Gläserberg.

*Unterkünfte:* Rhöner Botschaft, Hotel Zum Rhönpaulus. Im Ortsteil Unteralba, 1 km nördlich, Landhotel Zum Baier.

## 33 DERMBACH – PLESS – BREITUNGEN

*Dermbach – nach Süden bis zum Weiler Glattbach – auf dem Jakobsweg, auch Kegelspielweg, nach Wiesenthal, dann Hochrhöner aufs Horn (Berg) – Abstieg zur Bernshäuser Kutte (Karstsee) – Hochrhöner zur Pleß (Berg), 645 m – Abstieg auf dem Jakobsweg bis Breitungen an der Werra.*

6:55 Std. | 24,8 km | 600 m ↗ | 690 m ↘

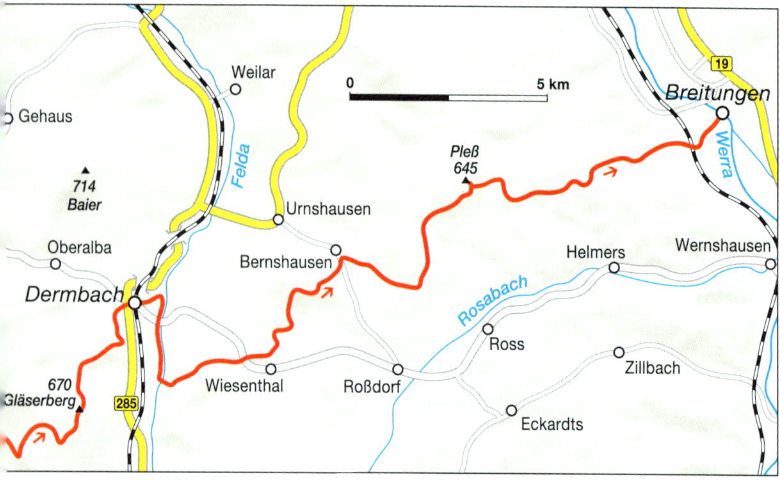

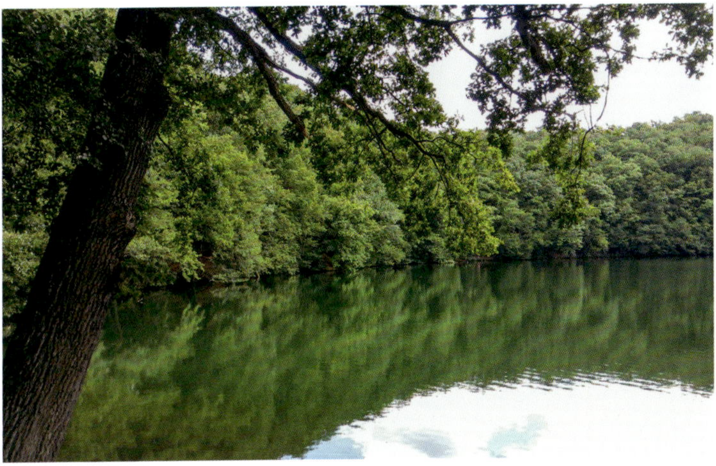

*Der bezaubernde, kreisrunde Karstsee Bernshäuser Kutte*

Zwei Höhepunkte besitzt diese Etappe: die Basaltkuppe Horn, bewachsen mit einem wunderschönen Wald aus hohen Buchen, und mit einer großen Aussicht nach Norden. Und die hinreißende Bernshäuser Kutte, ein kreisrunder Karstsee, umgeben von einem Saum tiefgrüner Bäume. Entstanden ist das Gewässer, weil unter der an der Erdoberfläche liegenden Buntsandstein-Schicht das ältere Gestein Zechstein liegt, das salzhaltig ist und das so stark aufgelöst wurde, dass dieser Erdfall entstand.
Der weitere Weg auf den Berg Pleß und danach hinunter nach Breitungen verläuft fast vollständig im Wald. Allerdings führte hier das Fichtensterben schon zu einigen Kahlschlägen. Wahrscheinlich hat man vom Pleß-Turm eine Aussicht – bei meinem Besuch war er geschlossen.
Breitungen, heute gut 4000 Einwohner, entstand schon im frühen Mittelalter an einer Furt über die Werra. Eine romanische Basilika wurde errichtet. Später kam ein Renaissance-Schloss dazu, gebaut von einem Graf Poppo XII. (kein Witz!). Beides war bei meinem Besuch nur von außen zu besichtigen. Hübsche Seen liegen am Stadtrand, bewachsen mit Seerosen.

*Einkehr unterwegs:* In Wiesenthal, in Bernshausen (dorthin kleiner Umweg).
*Unterkünfte:* Gasthaus Zur Linde, Pension Geißhirt, Pension Nürnberger Hof, Pension Spieker, Holzhütten am Strandbad, Jagdhaus Seeblick (etwas außerhalb).

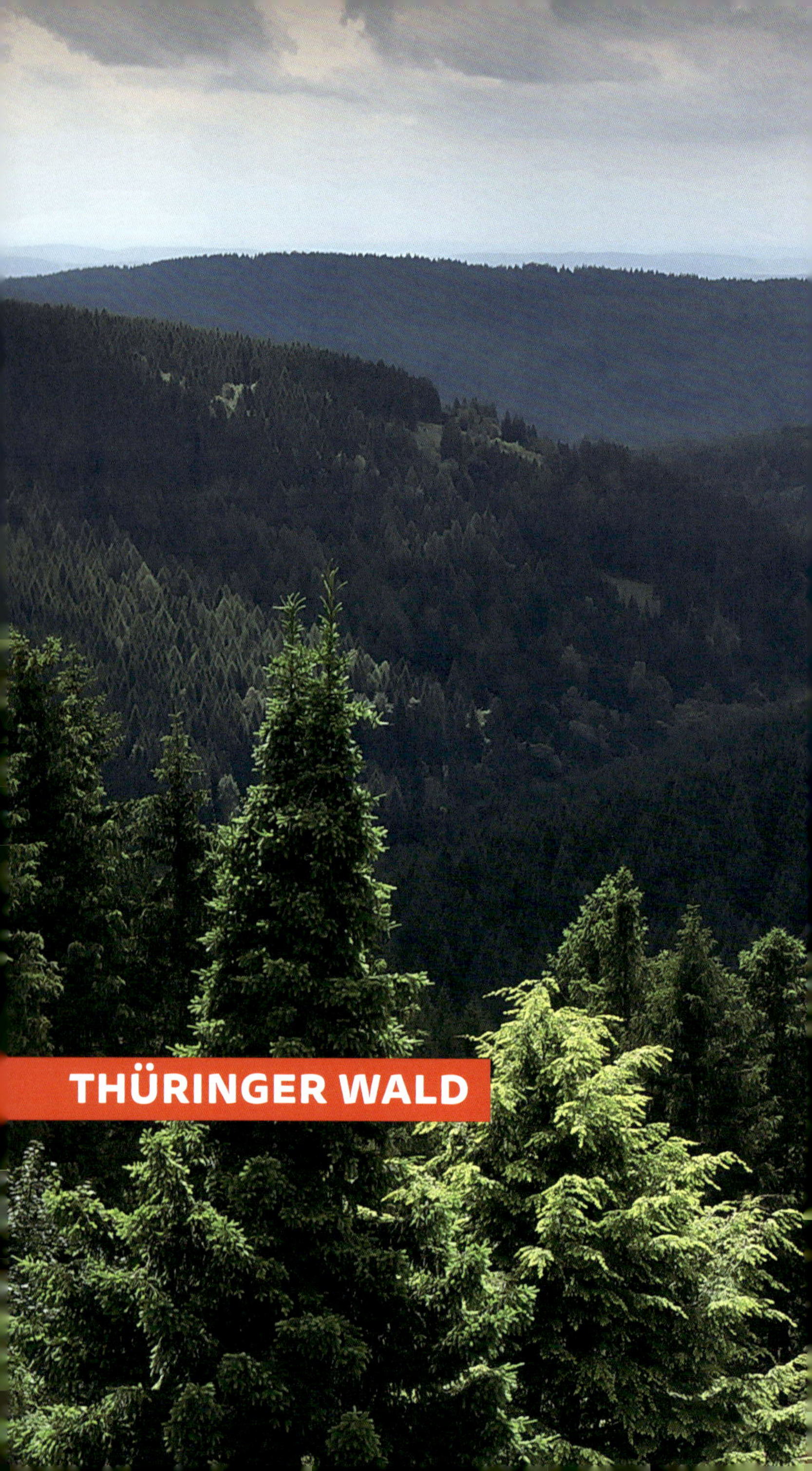

# THÜRINGER WALD

## 34 BREITUNGEN – GROSSER INSELSBERG – BROTTERODE

*Breitungen – auf dem Wanderweg x5, auch Breitunger Rennsteig, zur Anhöhe Vogelsberg – Kleine Wolfskuppe, dort den x5/Breitunger Rennsteig verlassen – bis zur Straße L1126 weitergehen und diese überqueren – durch das Gebiet des alten Bergwerks gehen – dann den Wanderweg nach Norden Richtung Hohe Klinge nehmen – Hohe Klinge – nun wieder auf den Breitunger Rennsteig – Rennwegskopf, 730 m – Dreiherrnstein – dort auf den »richtigen« Rennsteig – Oberer Beerberg, 830 m – Großer Inselsberg, 916 m – auf demselben Weg zurück zum Venetianerstein – Abstieg auf dem Thüringerwald-Weg abwärts nach Brotterode.*

7:00 Std. | 24,3 km | 750 m ↗ | 420 m ↘

Erst geht es über weite Getreidefelder aufwärts. Dann muss man ein kleines Stück durch ein Bergwerksgelände gehen (hier wird Schwerspat gefördert) und sich dafür an der Pforte anmelden. Da aber ein offizieller Wanderweg hindurchführt, ist das kein Problem, die Leute sind freundlich. Hinter der Feriensiedlung Hohe Klinge kommen wir wieder auf den Breitunger Rennsteig, dem wir anfangs gefolgt waren. Wer strikt dem Breitunger Rennsteig durch die Ortschaft Bairoda folgen will, geht etwa 20 Minuten länger und steigt etwa 80 Höhenmeter zusätzlich auf – angesichts der langen Etappe schlage ich aber »meine« Abkürzung vor.

Bis Hohe Klinge bewegten wir uns auf einer Randscholle des Thüringer Walds, doch dann steigen wir auf zur welligen Hochebene desselben. Auf dem bekannten Rennsteig nähern wir uns von Westen dem Großen Inselsberg, der vierthöchsten Erhebung dieses Mittelgebirges. Er überragt wie eine Insel die umliegenden Höhen, weil er aus hartem Quarzporphyr besteht und der Abtragung mehr entgegensetzen konnte.

Oben, vor allem vom kostenpflichtigen »Erlebnisturm«, sehen wir, dass die Bruchscholle des Thüringer Walds ziemlich schmal ist (an dieser Stelle nur etwa 15 Kilometer) und wie weit sie sich über das östliche Vorland herausgehoben hat. Im Norden ist bei genauem Hinsehen schon die Wartburg zu erkennen.

Die nächste Etappe wäre zu lang geworden, hätten wir erst auf ihr den Inselsberg besteigen. So erledigen wir das heute und können morgen westlich an ihm vorbeigehen. Für die Gesamtroute ergibt das eine kleine Schleife, da wir morgen den heutigen Weg kreuzen.

*Wir wandern nun in der waldreichen Mitte Deutschlands.*

In Brotterode, etwa 2700 Einwohner, wurde im Mittelalter Eisenerz abgebaut und verarbeitet. Obwohl der Ort 1895 weitgehend abbrannte, zeigt sich im Zentrum ein hübsches Ortsbild. In den 1920er-Jahren öffnete man sich dem Skisport; die Inselsbergschanze wurde gebaut. Einige siegreiche DDR-Skispringer stammten von hier. Heute gibt es noch zusätzlich vier weitere kleinere Schanzen für den Nachwuchs.

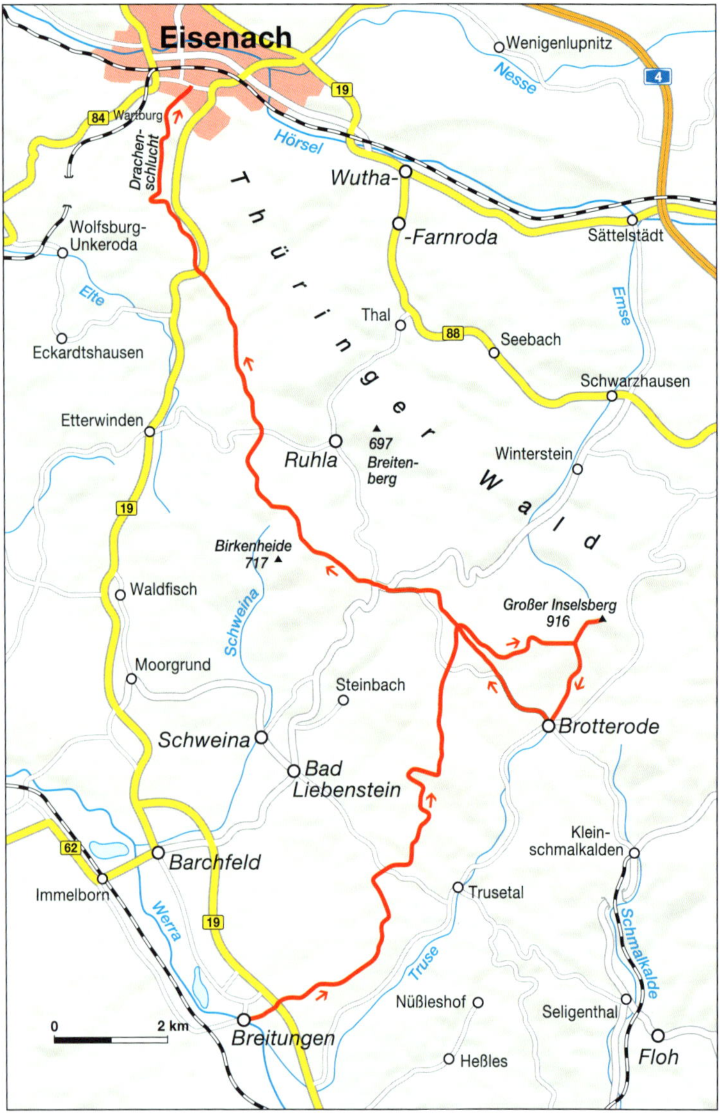

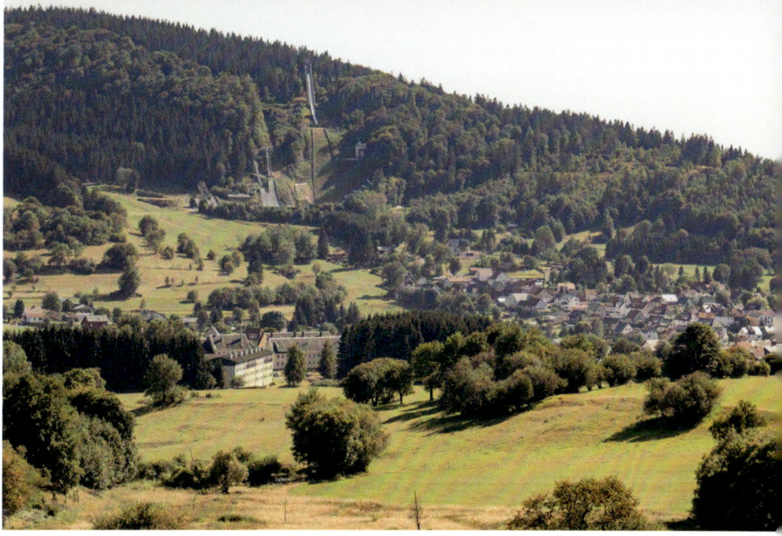

*Wintersportort Brotterode nahe des Großen Inselsbergs*

*Einkehrmöglichkeiten unterwegs:* Berggasthof Hohe Klinge, Waldschänke Dreiherrnstein, Berggasthof Stöhr (Großer Inselsberg).
*Unterkünfte:* Hotel-Pension Pfefferstübchen, Hotel Zur guten Quelle, Hotel Berggarten, Pension Turmschlösschen. Auf dem Großen Inselsberg gibt es eine Jugendherberge. Wer dort nächtigt, sollte den Ort Brotterode auslassen und am nächsten Tag auf dem Rennsteig zurück zum Dreiherrnstein gehen, wo man auf die Route der folgenden Etappe stößt.

## 35 BROTTERODE – DRACHENSCHLUCHT – WARTBURG – EISENACH

*Brotterode – auf dem Lutherweg zum Dreiherrnstein – dann immer auf dem Rennsteig – Felsen am Glöckner – an der Gaststätte Zur Hohen Sonne den Rennsteig verlassen und den Weg in die Drachenschlucht nehmen – kurz vor dem Ende der Drachenschlucht nach W zur Elfengrotte und Sängerwiese abbiegen – auf dem Jakobsweg, gleichzeitig Lutherweg, zur Wartburg – Eisenach.*

6:50 Std. | 24,7 km | 320 m ↗ | 670 m ↘

Erst kreuzen wir am Dreiherrnstein die gestrige Route, dann geht's weiter auf dem Rennsteig. Dieser ist einer der meistbegangenen Fernwanderwege in Deutschland; wir sehen das an den dicken Rucksäcken manch anderer Wanderer.

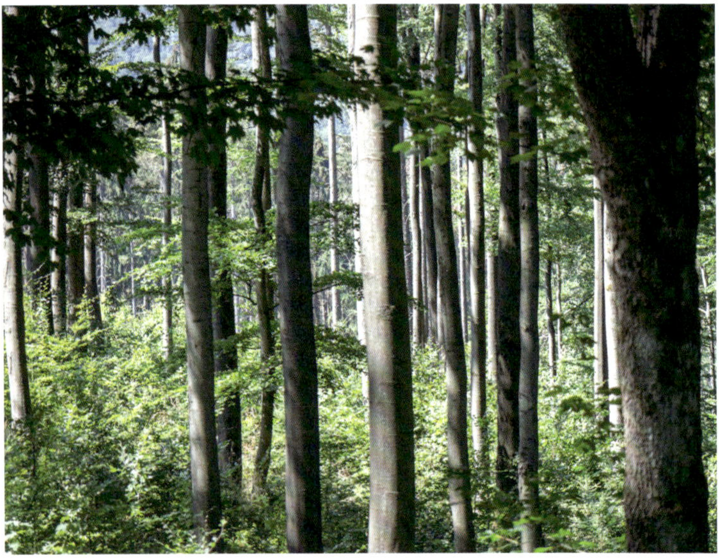

*Nach vielen Kilometern durch tiefen Wald ...*

Es gibt viele Rennsteige und Rennwege in Deutschland; es handelt sich bei ihnen nicht um alte Handels- oder Pilgerwege, sondern um militärische Wege, auf denen Ritter und andere Kämpfer schnell vorankamen. Meist verlaufen sie ziemlich gerade auf den Bergrücken; sie waren zu steil für Wagen, aber nicht für Reiter und Fußvolk.

Im 19. Jahrhundert wurde der Thüringer Rennsteig als Wanderroute wiederentdeckt. Er führt jetzt die Wander-Auszeichnung »Qualitätsweg«. In jenen anderthalb Tagen, die ich auf ihm unterwegs war, ging ich aber – mit kurzen Ausnahmen – fast immer auf ziemlich geraden, breiten, gekiesten Forstwegen. Mag sein, dass er weiter südlich naturnäher trassiert ist.

Überrascht hat mich, dass am Nordende des Thüringer Walds die Landschaft plötzlich spannender wird. Eine enge Schlucht, die Drachenschlucht, führt bergab. Die Klamm wird so eng, dass man an manchen Stellen die bemoosten Felswände berühren muss. Allerdings ist der Weg stark verbaut, Treppen führen hinab und Gitterroste erlauben es, direkt über dem Gewässer der Schlucht zu gehen. Allein ist man hier nicht; es gibt Parkplätze am oberen und unteren Ende der Sehenswürdigkeit.

Weil durch die Hebung der Thüringer-Wald-Scholle das sehr harte Gestein namens Rotliegendes zur Erosion gelangte, entstanden die steilen Talhänge. Durch ein Nebental steigen wir nach Westen zur Fels-

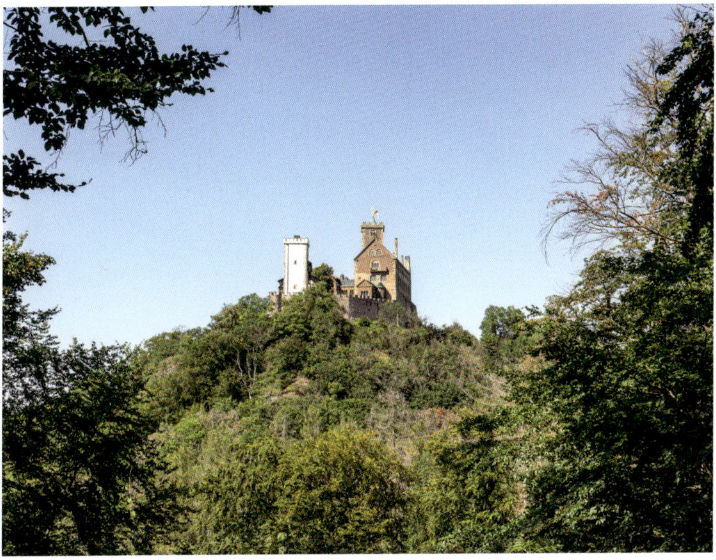

*... kommt auf einmal die Wartburg zum Vorschein.*

formation Elfengrotte auf, und dann auf den Höhenrücken, der uns zur berühmten Wartburg führt. Hier übersetzte 1522 Martin Luther die Bibel ins Deutsche. Die von ihm gepredigte Reformation veränderte die Welt.

Die heutige Gestalt der Wartburg stammt weitgehend aus dem 19. Jahrhundert, ist also eine Neuschöpfung aus dem Geist der Romantik und darin dem bayerischen Phantasieschloss Neuschwanstein verwandt, wenn auch weniger exaltiert. Auch die Wandgemälde und Mosaiken in den Innenräumen, die man besichtigen kann, sind fast durchweg Neuschöpfungen aus dem nationalistischen Geist der Wende vom 19. zum 20. Jahrhundert.

Eisenach, 42.000 Einwohner, ist die größte Etappenstadt unseres Deutschen Mittelgebirgs-Trails. Was der Zweite Weltkrieg und der DDR-Städtebau an Altstadt übrig gelassen hat, ist nun hübsch saniert. In den Villenvierteln an den Hängen ist mancherorts das großbürgerliche Flair der Entstehungszeit zu spüren. Eisenach war und ist auch Industriestadt. Wo früher die Wartburgs vom Band liefen, fertigt heute Opel.

*Einkehrmöglichkeiten unterwegs:* Imbiss zur Wallfahrt am Rennsteig, Gaststätte zur Hohen Sonne. Wartburg: Burg-Café, Romantik-Hotel.
*Unterkünfte:* Zahlreiche.

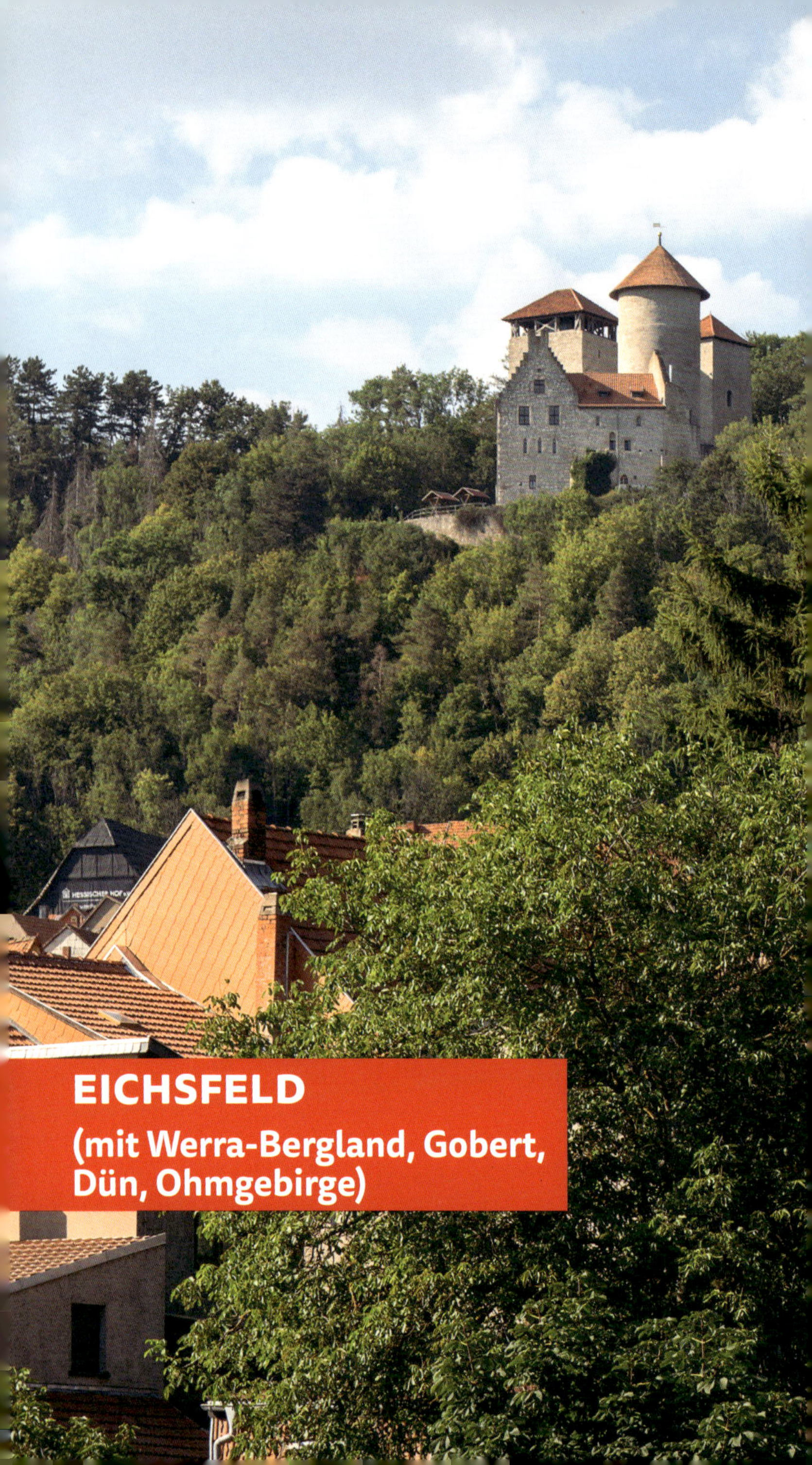

# EICHSFELD

## (mit Werra-Bergland, Gobert, Dün, Ohmgebirge)

## 36 EISENACH – CREUZBURG – SCHERBDA – TREFFURT

*Eisenach – die Altstadt nach W verlassen, dann auf der Kasseler Straße nach NW gehen – bei der Gaststätte Zum Hirt auf den Wanderweg Langer Zug wechseln und zur Anhöhe aufsteigen – nun weiter zum Feuersteinkopf und nach Hörschel – auf dem Elisabethpfad, gleichzeitig Lutherweg und Jakobsweg, nach Spichra und weiter zum Stiftsgut Wilhelmsglückbrunn – danach auf dem Sträßchen (nicht auf dem Lutherweg, da Umweg) nach Creuzburg – den Ort nach Norden auf dem Luther-/Jakobsweg verlassen – Ortschaft Scherbda – nun nur noch auf dem Jakobsweg weiter – westlich an einem Steinbruch vorbei nach Schnellmannshausen absteigen – auf dem Jakobsweg nach Treffurt.*
*Abkürzung: Steigt man westlich des Steinbruchs nach Westen auf einem unmarkierten Weg nach Schnellmannshausen ab, spart man etwa 2 km und eine halbe Stunde. Außerdem könnte man zwischen Eisenach und Hörschel den Zug nehmen. Auf dem kompletten Weg wie oben sind es aber:*

8:25 Std. | 31,0 km | 450 m ↗ | 510 m ↘

Auf dieser langen Etappe habe ich manchmal geflucht. Es war heiß und sonnig, und auf größeren Teilen des Wegs gibt es kaum Schatten. Gegen Ende musste ich sogar um Trinkwasser bitten. Die mitgeführten zwei Liter waren ausgetrunken, und auch noch ein Liter Saft, den ich unterwegs gekauft hatte.
Die erste Teilstrecke nach Hörschel ist noch okay, sie führt meist durch Wald und hat oft naturnahe Wege.
Dann geht man nach Spichra auf einer Autostraße und danach bis Creuzburg auf einem asphaltierten Wander- und Radweg, der meist über Felder führt. Etwas besser wird es auf der Anhöhe zwischen Creuzburg und Schnellmannshausen, doch die abschließenden etwa 5 km nach Treffurt sind dann auch wieder asphaltiert und schattenarm.

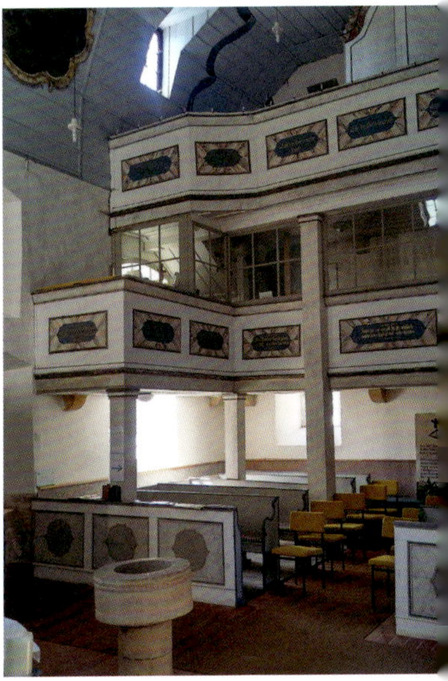

*Links: Über Treffurt erhebt sich die imposante Burg Normannstein.*
*Rechts: Dreifaltigkeitskirche in Spichra*

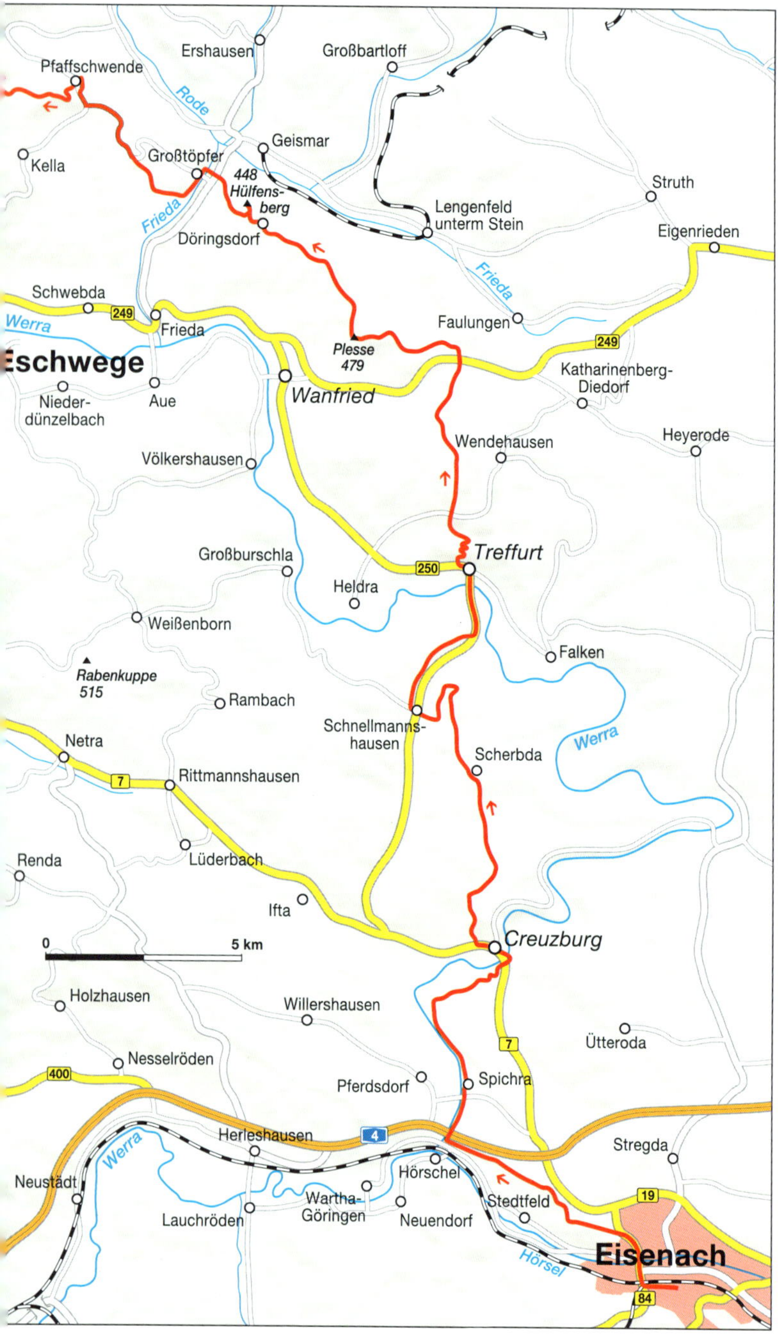
Pfaffschwende
Ershausen
Großbartloff
Rode
Kella
Großtöpfer
Geismar
448
Hülfens-
berg
Struth
Frieda
Döringsdorf
Lengenfeld
unterm Stein
Eigenrieden
Frieda
Schwebda
249
Frieda
Werra
Faulungen
Plesse
479
249
Eschwege
Wanfried
Katharinenberg-
Diedorf
Nieder-
dünzelbach
Aue
Wendehausen
Heyerode
Völkershausen
Großburschla
Treffurt
250
Heldra
Weißenborn
Falken
Rabenkuppe
515
Rambach
Schnellmanns-
hausen
Werra
Scherbda
Netra
7
Rittmannshausen
Renda
Lüderbach
Ifta
0
5 km
Creuzburg
Holzhausen
Willershausen
7
Ütteroda
Nesselröden
400
Pferdsdorf
Spichra
4
Herleshausen
Stregda
Werra
Hörschel
Neustadt
Wartha-
Göringen
Stedtfeld
19
Lauchröden
Neuendorf
Hörsel
Eisenach
84

Das heutige Stiftsgut Wilhelmsglückbrunn war früher eine Saline. Im 17. und 18. Jahrhundert stellte man aus salzhaltigen Quellen, die dort entsprangen, Kochsalz her. Heute residiert dort ein ambitioniertes Biohotel samt Bioladen.
Bei Creuzburg beginnt das steile Durchbruchstal der Werra durch die Schichten des Muschelkalks. Die Ebenauer Köpfe, eine gegliederte Felswand, sind von der Werrabrücke gut zu sehen. Dem Talverlauf zu folgen, würde aber eine zusätzliche Etappe erfordern, deshalb gehen wir nach Treffurt den direkten Weg über den Berg.
Treffurt hat ohne seine Eingemeindungen etwa 5000 Einwohner. Seinen Namen erhielt es, weil es hier drei Furten über die Werra gab. Wahrscheinlich hat die Lage im Abseits der innerdeutschen Grenze, die nur einen Kilometer entfernt war, dazu beigetragen, dass zu DDR-Zeiten wenig wegsaniert wurde, und so existieren heute noch rund 250 Fachwerkhäuser. Am spektakulärsten von ihnen ist das Rathaus mit einem 20 Meter hohen Turm. Über der Altstadt erhebt sich die mächtige Burg Normannstein aus dem 11. Jahrhundert. Erstaunlich, dass das Städtchen nicht bekannter ist; es gibt nur wenige Übernachtungsmöglichkeiten und Restaurants.

*Einkehrmöglichkeiten unterwegs:* In Spichra, Wilhelmsglückbrunn, Creuzburg, Schnellmannshausen.
*Unterkünfte:* Hotel Waldblick, Hotel 1601, Pension Weiherstraße, Pension Meißner. Notfalls nach Falken, 4 km südlich, ausweichen.

*Werrabrücke in Creuzburg*

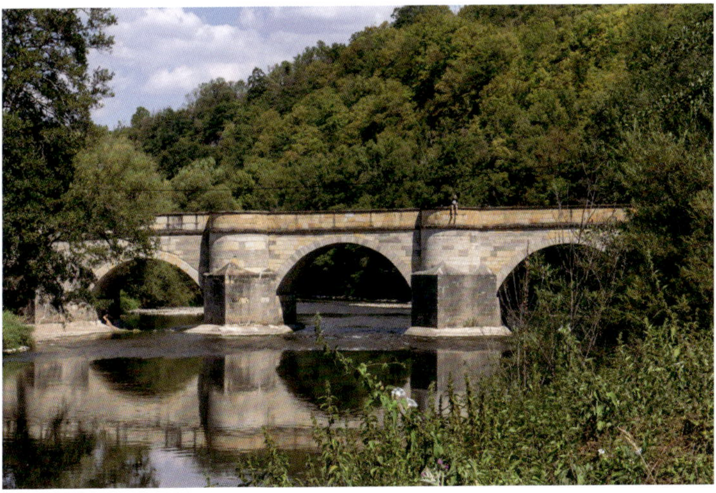

## 37 TREFFURT – PLESSE – HÜLFENSBERG – PFAFFSCHWENDE

*Treffurt – Burg Normannstein – auf dem Jakobsweg/Lutherweg/Werra-Burgen-Steig nach N zur ehemaligen innerdeutschen Grenze aufsteigen – auf dem Jakobsweg steil zur Straße B249 absteigen und jenseits wieder steil aufsteigen – dem Jakobsweg/Kolonnenweg nach NW folgen, aber dann nach W abzweigen, um auf die hessische Seite zum Berg/Aussichtspunkt Plesse, 479 m, zu gelangen – zurück auf den Jakobsweg/Kolonnenweg/Eichsfeld-Wanderweg – Döringsdorf – Hülfensberg (Kloster) – Großtöpfer – auf dem Jakobsweg/Eichsfeld-Wanderweg bis östlich der Burg Greifenstein gehen – dann Wechsel auf die wenig befahrene Straße nach Pfaffschwende – Pfaffschwende.*

7:05 Std. | 23,7 km | 820 m ↗ | 670 m ↘

Eine Etappe durch sehr einsame Gegenden. Erst über den Bergzug im Norden Treffurts, dann Aufstieg zum ehemaligen Todesstreifen, dem wir nun etliche Kilometer – bis Döringsdorf – folgen. Zwischendurch überschreiten wir ihn kurz nach Hessen, um von der Anhöhe Plesse nach N ins hessische Werratal mit den Städten Wanfried und Eschwege hinabzublicken. Der Aussichtsturm ist wegen Baufälligkeit gesperrt, doch auch von seinem Fuß sieht man die Landschaft gut.
Hinter Döringsdorf steigen wir auf den Hülfensberg hinauf. Oben befinden sich eine Wallfahrtskirche und ein Franziskanerkloster mit

*Im Ortszentrum des abgelegenen Pfaffschwende*

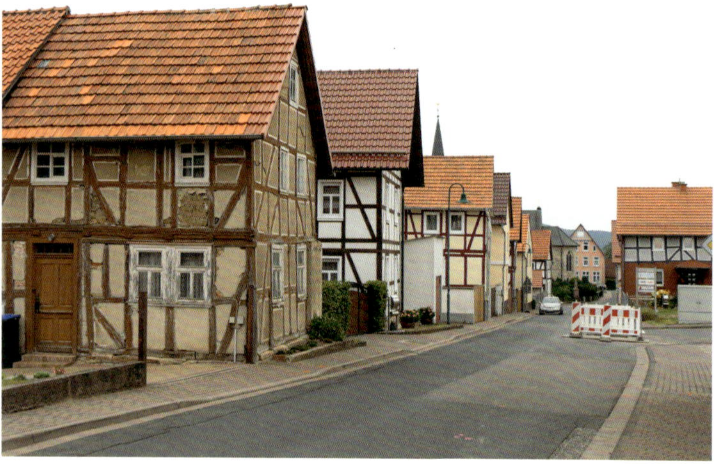

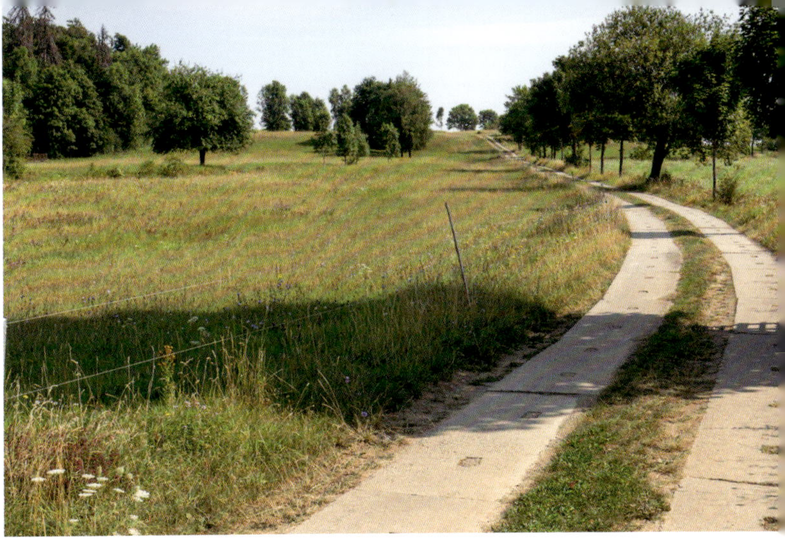

*Kolonnenweg an der ehemaligen DDR-Grenze*

derzeit offenbar vier Mönchen. Das Eichsfeld ist auch nach der Reformation katholisch geblieben und ist insofern eine Besonderheit im protestantisch dominierten mittleren Deutschland. Obwohl der Hülfensberg nur einen Kilometer von den Grenzanlagen entfernt lag, wagten es die DDR-Machthaber nicht, das Kloster aufzulösen und die Wallfahrten zu verbieten.

Weiter geht es dann nach Richtung W zum Dorf Pfaffschwende (knapp 300 Einwohner). Der alte Ortskern wird von neueren Gebäuden umgeben, unter anderem einigen kleinen Betrieben und einer ehemaligen Kaserne zur Unterbringung der Grenztruppen.

*Einkehrmöglichkeiten unterwegs:* Keine.

*Unterkunft:* Gastätte-Pension Zur Gobert. Außerdem sind in der renovierten Grenzerkaserne Appartements zu mieten, allerdings gedacht für einen Urlaub mit dem eigenen Hund (Dog Star Holidays).

Falls man in beiden Unterkünften kein Nachtlager findet, hat man ein Problem. Im Eichsfeld sind die Möglichkeiten begrenzt. Die nächste liegt auf der hessischen Seite des Höhenzugs Gobert, in Hitzelrode, das Naturhotel Hessische Schweiz. Dafür ist man aber eine gute Stunde länger oder 3,3 km mehr unterwegs, und sollte dafür nicht über Pfaffschwende, sondern von Großtöpfer aus gleich über den Ort Kella gehen.

Drei weitere Unterkünfte liegen in Martinfeld. Um diese Gemeinde zu erreichen, muss man aber vom Hülfensberg aus nach Norden gehen, gut drei Stunden lang, über Geismar und Wilbich. Nächtigt man aber schon mal in Martinfeld, sollte man gleich die Route ändern und von dort aus am nächsten Tag direkt nach Heilbad Heiligenstadt wandern. Wer es eilig hat, könnte in diesem Fall auch Heiligenstadt ganz weglassen und von Martinfeld direkt nach Leinefelde gehen.

## 38 PFAFFSCHWENDE – HEILBAD HEILIGENSTADT

*Pfaffschwende – Pfaffschwender Kuppe – zunächst auf den Kolonnenweg/Eichsfeld-Wanderweg, dann auf einem kurzen Verbindungsweg nach W auf die hessische Seite zu den Aussichtspunkten Weißer Graben und Wolfstisch am Fernwanderweg E6 – in der Gegenrichtung zum Punkt Schöne Aussicht gehen – zurück zum Kolonnenweg/Eichsfeld-Wanderweg auf der Thüringer Seite – etwa 1 km nördlich der Schönen Aussicht ist der Eingang der »Stasiröhre« sichtbar, durch die DDR-Agenten unter den Grenzbefestigungen hindurch heimlich in die BRD kriechen konnten – auf den Weg P16 zum Rachelsberg wechseln – über P16 und einen unbenannten Verbindungsweg zum Dorf Weidenbach absteigen – auf der Straße nach Mackenrode gehen – auf*

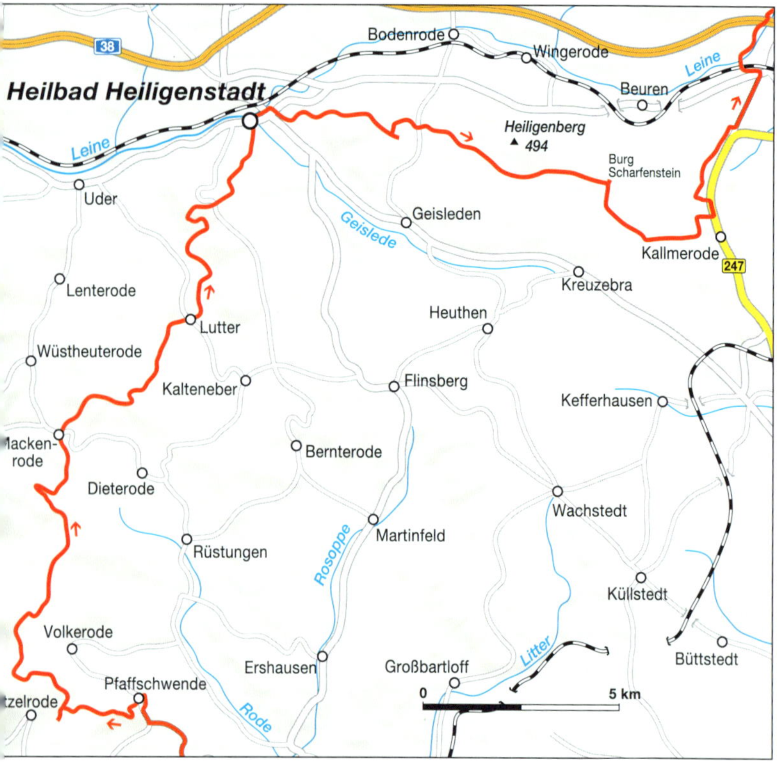

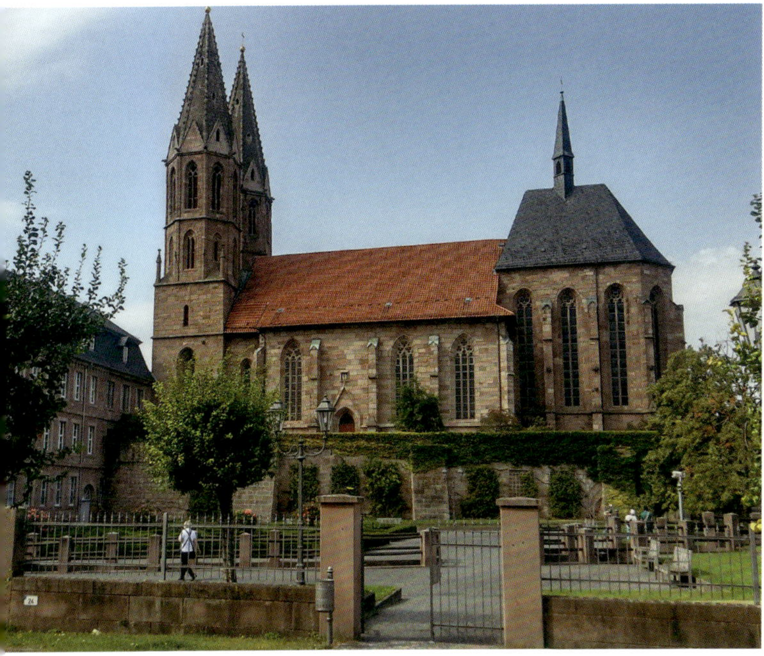

*Die Kirche St. Marien im schönen Heiligenstadt*

*dem Herkulesweg nach Fürstenhagen – auf dem Naturparkweg Leine-Werra nach Lutter und Heilbad Heiligenstadt.*

8:20 Std. | 28,3 km | 740 m ↗ | 840 m ↘

Als meistens ehrlicher Mensch gebe ich zu, dass ich diese Etappe so nicht gegangen bin. Weil es morgens in Pfaffschwende regnete, der Himmel finster war und laut Wetterbericht Gewitter drohten, ging ich anders, meist auf (wenig befahrenen) Straßen: Pfaffschwende – Volkerode – Wiesenfeld – Schwobfeld – Dieterode – Fürstenhagen, von dort wie oben beschrieben. Irgendwann hörte es auf zu regnen und die Sonne kam raus ... Ärger!
Darum kann ich über die Route bis Fürstenhagen nichts sagen. Ich bin sicher, dass sie funktioniert, man muss aber aufpassen, nicht falsch abzubiegen, denn sonst ist die ohnehin schon lange Etappe kaum noch zu bewältigen. Eine Navi-App ist hier dringend zu empfehlen.
Ich wollte hier über den Höhenzug Gobert gehen, weil er der höchste in weitem Umkreis ist und mit 569 Metern Mittelgebirgs-Dimensionen erreicht (etwa so hoch wie die höchsten Berge im Odenwald und Spes-

sart). Es gibt recht steile Abhänge; nicht umsonst heißt die Gegend – von der tiefer liegenden hessischen Seite aus gesehen – Hessische Schweiz.
Nun, auch auf meinem »Ersatzweg« gefiel mir das Obere Eichsfeld, das mir vor der Planung der Tour praktisch unbekannt gewesen war, mit seinem bewegten Relief und dem Wechsel aus Äckern und Wäldern sehr gut.
Die Anfänge von Heiligenstadt – heute etwa 17.000 Einwohner, mit umliegenden Gemeinden – reichen bis ins frühe Mittelalter zurück. Der Name soll auf Reliquien von Heiligen zurückgehen, die hier aufbewahrt wurden. Die Altstadt mit ovalem Grundriss hat sich vielerorts ihren Charme bewahrt. Der Zusatz »Heilbad« wurde zu DDR-Zeiten verliehen und hat sich bis heute erhalten. Früher stellte man die Solequellen heraus, heute lockt man mit Wellness im riesigen »Vitalbad«.

*Einkehrmöglichkeiten unterwegs:* In Fürstenhagen und Lutter.
*Unterkünfte:* In ausreichender Zahl.

## 39 HEILBAD HEILIGENSTADT – BURG SCHARFENSTEIN – LEINEFELDE

*Heiligenstadt Richtung O verlassen – auf dem Pilgerweg Loccum-Volkenroda über den Höhenzug Dün zur Burg Scharfenstein – weiter auf diesem Weg nach SO zum nördlichen Ortsteil von Kallmerode und weiter nach Beinrode – von dort auf kleinen Wegen in einem bewaldeten Hügelzug nach NO bis zum südlichen Stadtrand von Leinefelde – auf der Mühlhäuser Chaussee und den Lunapark weiter zum Stadtzentrum Leinefelde.*

5:15 Std. | 19,1 km | 410 m ↗ | 350 m ↘

Eine weniger spannende Etappe, zugegeben. Wer nicht den gesamten Mittelgebirgs-Trail zu Fuß gehen will, könnte auf die Idee kommen, zwischen Heiligenstadt und Leinefelde den Zug zu nehmen.
Der Höhenzug Dün, den wir ersteigen und dem wir nach Osten folgen, ist nach Norden hin eine markante Schichtstufe, gebildet aus Muschelkalk.
Eher selten – wegen der dichten Bewaldung am Hang – können wir nach Norden ins Vorland hinunterschauen. Nach Süden hin herrschen große Ackerflächen vor. Bemerkenswert ist der verlassene Bauernhof Steinhagen – von dem heute nur noch ein kleines Wäldchen auf einem riesigen Acker zeugt. Dessen Bewohner flohen aus Angst vor Enteig-

nung 1950 über Nacht nach Niedersachsen. Da die DDR-Landwirtschaft kollektiv von großen Genossenschaften betrieben wurde und ein einzelner Hof nicht mehr gebraucht wurde, verfiel das Anwesen, wurde aber auch nicht abgerissen, so dass sich das Wäldchen bildete.
Die Burg Scharfenstein liegt auf einem Sporn über dem Tal. Sie wurde in den letzten Jahren restauriert und beherbergt nun ein Hotel mit Restaurant und eine promilleträchtige »Whiskywelt«.
Der Zielort Leinefelde ist nicht sehr attraktiv, aber sehr interessant. Die DDR-Führung baute zu Beginn der 1960er-Jahre das Dorf Leinefelde innerhalb kurzer Zeit zu einer »Sozialistischen Stadt« aus. Eine neue, riesige Baumwollspinnerei bot Arbeit für viele tausend Beschäftigte, die aus der gesamten Republik angeworben wurden, und große Plattenbauviertel wurden hochgezogen. Die Bevölkerungszahl stieg von 2300 auf 16.000. Die Sache hatte auch einen politischen Hintergrund: Die Neubürger sollten die Vorherrschaft der katholischen, tendenziell antikommunistischen Eichsfelder brechen.
Nach der Wende brach die Industrie zusammen, viele Bewohner zogen notgedrungen weg. Etliche Plattenbauten wurden abgerissen, andere umgebaut und aufgehübscht. Momentan leben noch etwas über 9000 Menschen hier. Um Verwaltungspersonal einzusparen, wurde Leinefelde mit dem fünf Kilometer nördlich gelegenen Worbis vereinigt.

*Blick vom Dün nach Norden aufs Hügelland um Leinefelde*

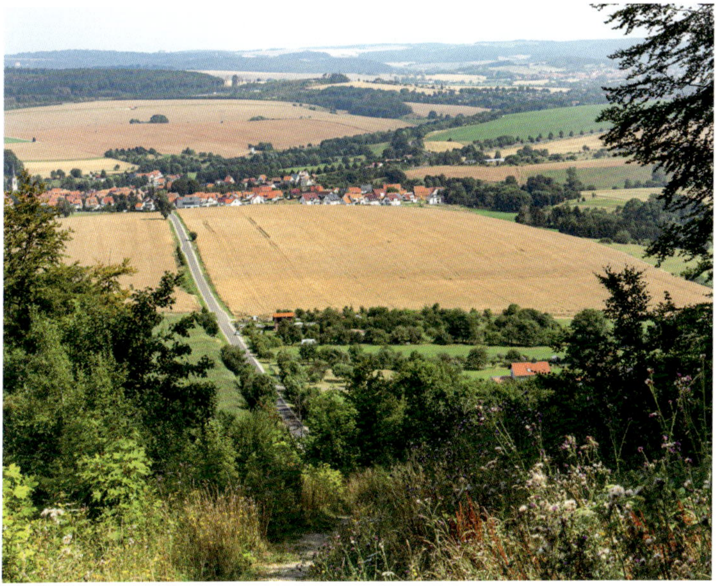

Berüchtigt ist Leinefelde für seine Neonazi-Szene und ein jährlich stattfindendes »Rechtsrock«-Festival. Allerdings scheinen diese Aktivitäten zuletzt abgenommen zu haben.

Im nördlichen Teil der Stadt existiert noch der dörfliche Teil mit älterer Bausubstanz. Die Hotels liegen überwiegend dort oder an dessen

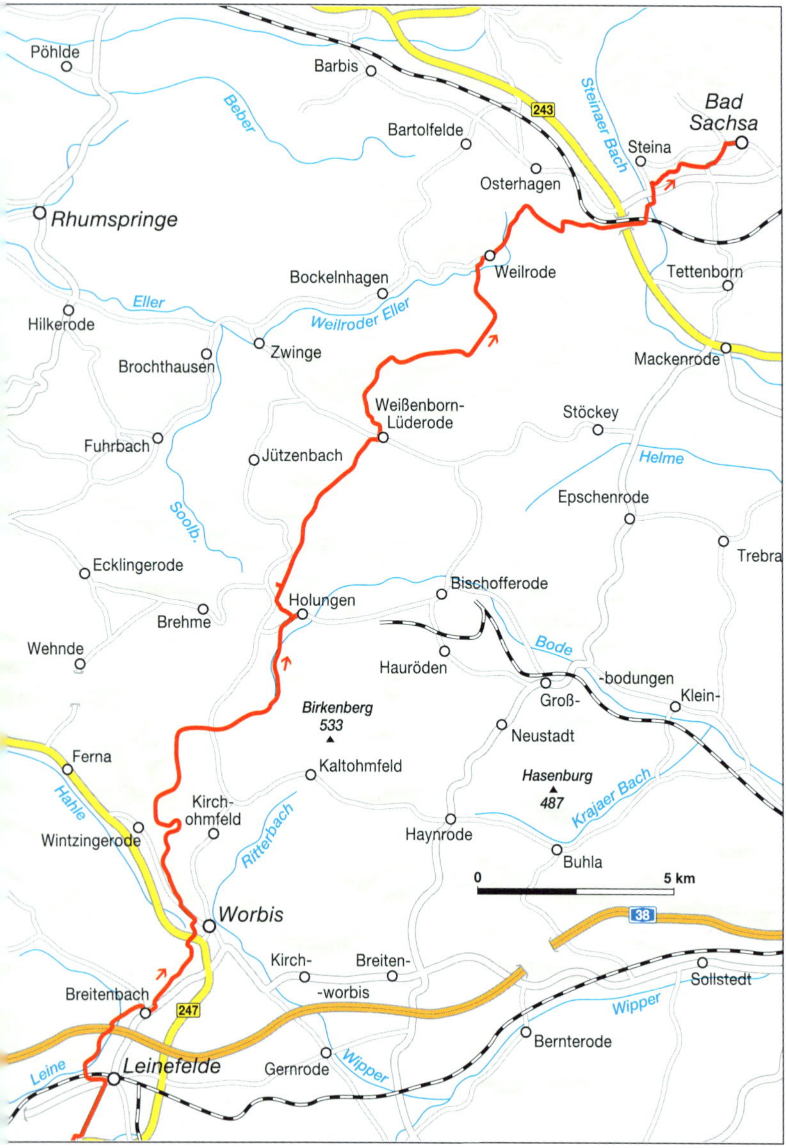

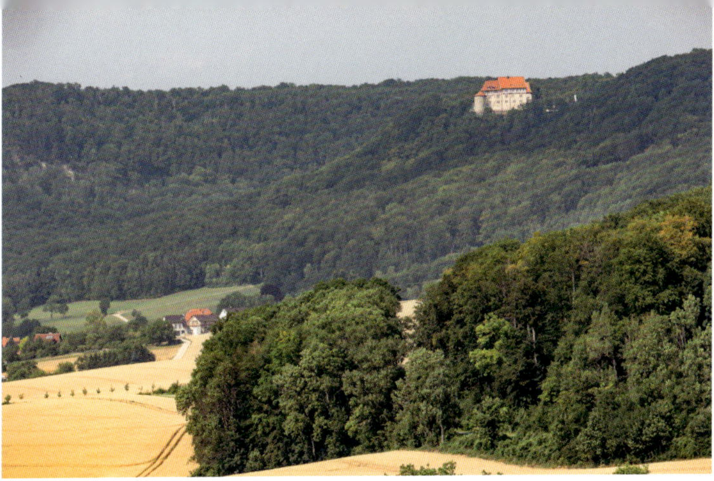

*Burg Bodenstein auf dem Höhenzug Kanstein*

Rand. Im älteren Teil entspringt auch die Leine, jener Fluss, dem wir später im Leinebergland wiederbegegnen werden.
Wer hier nicht übernachten möchte, kann gleich nach Worbis weiterwandern. Allerdings wird dann die morgige Etappe recht kurz.

*Einkehrmöglichkeiten unterwegs:* Café der Burg Scharfenstein.
*Unterkünfte:* Hotel Deutsches Haus, Hotel Haus Eichsfeld, Hotel Zur Leinequelle, Hotel-Pension Leinotel.

## 40 LEINEFELDE – WORBIS – HOLUNGEN

*Leinefelde – zum Friedhof am nordwestlichen Ortsrand – am Parkplatz vorbei auf der kleinen Straße nach N gehen, die Autobahn A38 unterqueren – durch Breitenbach auf die Anhöhe Klienbaude – dem Wanderweg bis Worbis folgen – in Worbis nach NW, den Schildern zum »Alternativen Bärenpark« folgen – wo jener beginnt, dem Harz-Eichsfeld-Thüringer-Wald-Weg (HET) nach N folgen und zur Anhöhe Kanstein aufsteigen – Grabstätte Adelsborn – Burg Bodenstein – jetzt immer dem HET folgen bis Holungen.*

5:00 Std. | 18,2 km | 350 m ↗ | 350 m ↘

Da die Etappe nur mäßig lang ist, könnte man in Worbis den »Alternativen Bärenpark« besuchen, in dem sich die Tiere angeblich wohlfühlen. Ich tat es nicht.
Hinter Worbis steigt man auf ins Ohmgebirge – keine Angst, dieses liegt nur gut 150 Meter höher als das Umland. Vom Kanstein und der Burg Bodenstein aus hat man schöne Blicke nach Westen über das

Untere Eichsfeld, das schon in Niedersachsen liegt. Das Ohmgebirge ist ein Plateau aus Muschelkalk, das sich als Schichtstufe über die umliegenden Buntsandstein-Gebiete erhebt. Sein höchster Punkt ist mit 533 m der Birkenberg. Wir gehen westlich an ihm vorbei und erreichen immerhin 505 m.
Ein überraschender Anblick bietet sich am Zielort Holungen: Eine große, hellrote Abraumhalde. Sie ist ein Überbleibsel des Kalisalz-Bergwerks von Bischofferode, des östlichen Nachbarorts von Holungen. Mit Kalisalz werden Dünger und Sprengstoff hergestellt. 1944 und 1945 existierte hier ein KZ-Außenlager, in dem Häftlinge an V2-Raketen arbeiten mussten.
Nach der Wende und dem Aufkauf durch die westdeutsche K+S AG wurde das Bergwerk wegen mangelnder Rentabilität geschlossen – obwohl die Bergarbeiter sich mit einem Hungerstreik dagegen wehrten. Die Schließung führte zu einem Bevölkerungsrückgang. Holungen hat nun noch zwischen 800 und 900 Einwohnern. Im Ortszentrum finden sich einige hübsche alte Häuser.

*Einkehr unterwegs:* In Worbis und Burg Bodenstein.
*Unterkünfte:* Am südlichen Ortsrand liegt die Pension Waldblick. Notfalls in den westlichen Nachbarort Brehme ausweichen (etwa 2,5 km entfernt). Dort gibt es die Eichsfeld-Pension. Zwischen den beiden Ortschaften liegt der Weiler Sonnenstein, wo vom Gasthof am Sonnenstein Ferienwohnungen vermietet werden.

## 41 HOLUNGEN – WEILRODE – BAD SACHSA

*Holungen – zum Aussichtshügel Sonnenstein hinaufgehen, dann dem Fernwanderweg Harz-Eichsfeld-Thüringer Wald (HET) nach N folgen – Weißenborn-Lüderode – weiter auf dem HET nach Weilrode – auf dem Harz-Hainleite-Wanderweg nach N über die Grenze nach Niedersachsen – nach O auf den Karstwanderweg wechseln – nach dem Kalksteinbruch Wolfskuhle diesen Weg verlassen, nach O unter der Straße B243 hindurchgehen und auf teils asphaltierten Feldwegen und Sträßchen erst nach O gehen, dann nach N Richtung Steina – am Ortseingang von Steina auf einem Wanderweg südlich am markanten Hügel Staufenbüttel vorbeigehen und weiter nach O über den Hügel Warteberg nach Bad Sachsa.*

6:40 Std. | 23,8 km | 490 m ↗ | 550 m ↘

Meistens geht es heute über Forst- und Wirtschaftswege durch das Hügelland des Eichsfelder Beckens. Hinter Weißenborn führt der Weg

längere Zeit schattenlos über Agrarflächen. Immerhin ist schon der Harz zu sehen mit dem Ravensberg, den wir morgen erklimmen.
Ein Anstieg führt uns hinter Weilrode hinauf zur ehemaligen Grenze, der Weg ist streckenweise etwas verwachsen. Auf der anderen Seite fallen sofort die kleineren Flurstücke der alten Bundesländer, hier Niedersachsens, ins Auge.
Da es von dort keinen durchgängig markierten Wanderweg bis Bad Sachsa gibt, müssen wir bis Steina etwas improvisieren. Wir wandern hier schon am Südrand des Harz entlang.
Aus kleinen Ursprüngen wuchs Sachsa durch den Tourismus schon im 19. Jahrhundert zu einem Kurort heran und errang den Zusatz »Bad«. Momentan zählt die Kernstadt etwa 6200 Einwohner. Eine »Bäderlandschaft« lockt Besucher an, und im Winter gibt es – sofern Schnee liegt – Langlaufloipen sowie Skihänge am nahen Ravensberg.
Der nördliche Stadtbereich liegt um einiges höher – das sollte man bei der Wahl der Unterkunft und des abendlichen Restaurants bedenken.

*Einkehrmöglichkeiten unterwegs:* In Weißenborn-Lüderode (Gasthaus, Bäckerei, Lebensmittelladen).
*Unterkünfte:* Zahlreiche Hotels und Pensionen.

*Weißenborn-Lüderode, am Horizont bereits der Harz*

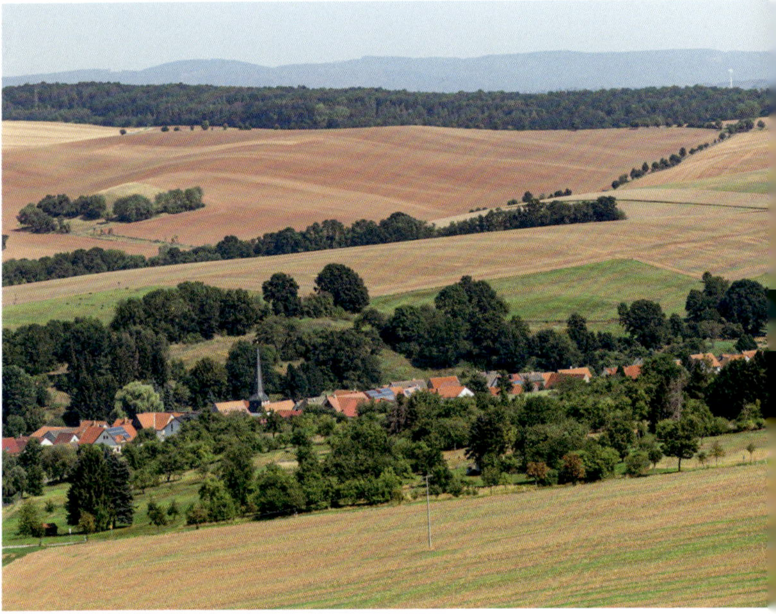

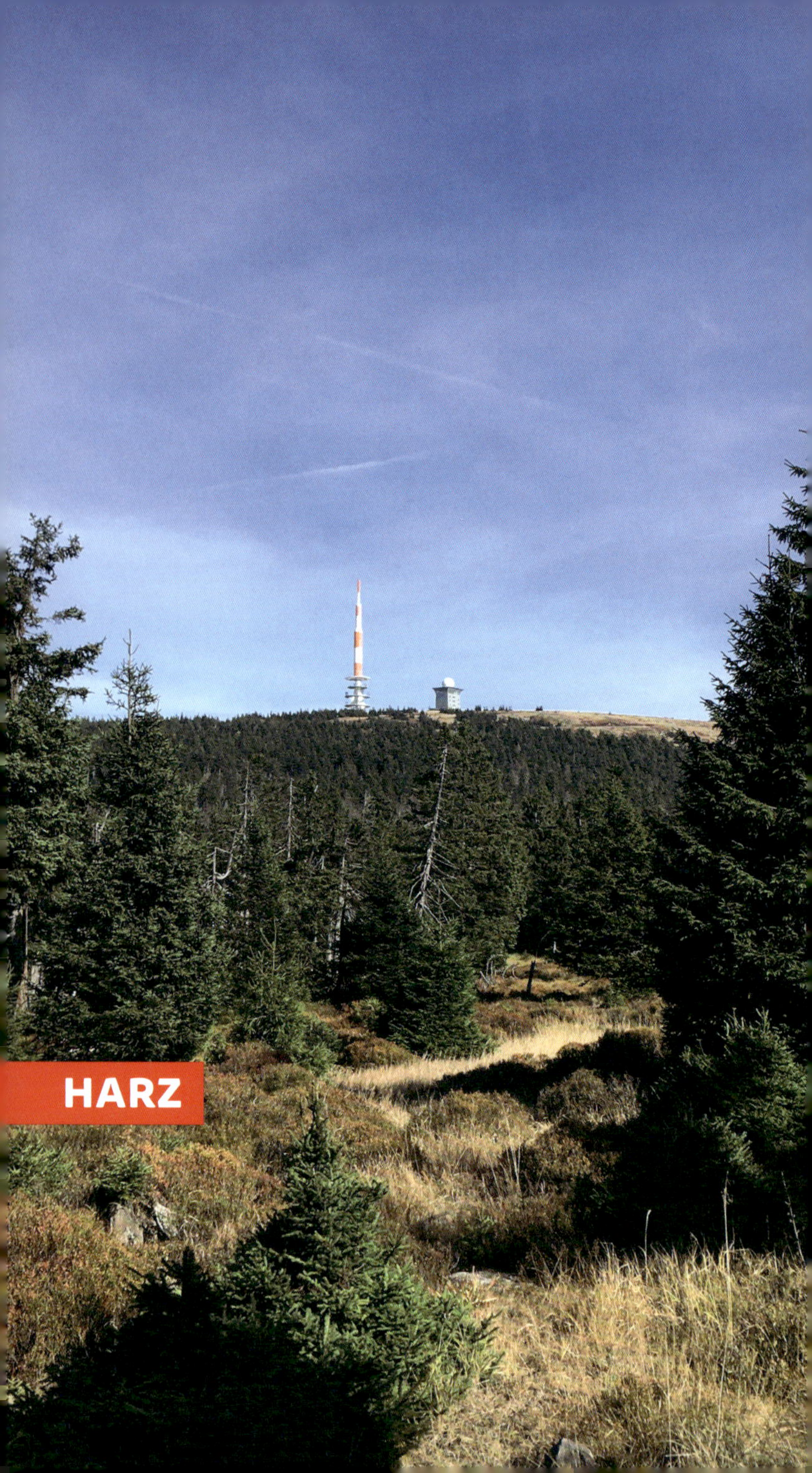
HARZ

## 42 BAD SACHSA – RAVENSBERG – BRAUNLAGE

*Bad Sachsa – nach NW durch den Kurpark – auf dem Ede-Baller-Weg, gleichzeitig Harzclub-Weg 30L, auf den Ravensberg hinauf – vom Gipfel auf kleinem Weg ein Stück nach W zu Aussichtspunkten absteigen, dann nördlich um den Berg herum weiter hinab zu einem Parkplatz – von dort weiter nach N auf Harzclub-Wegen zur Stephan-Hütte, Dr.-Hampe-Hütte und Hütte Am Jagdkopf – weiter nach N über den Harzclub-Weg 30D über den Großen Espentalskopf und den Kaiserweg, der später wieder zum Harzclub-Weg 30D wird, zum Stadtfriedhof Braunlage – dort rechts halten und in die Innenstadt von Braunlage.*

6:35 Std. | 22,6 km | 570 m ↗ | 330 m ↘

Eigentlich ist es großartig, sich wieder in einem richtigen Gebirge mit waldigen Rücken und tiefen Tälern zu befinden. Doch spätestens ab dem Ravensberg zeigen sich die schweren Schäden an den Fichtenforsten. Das Grün ist von hellbraunen Arealen der vertrockneten, abgestorbenen Forste durchsetzt. Auch der Weitblick zum Brocken zeigt dieses Bild.

Braunlage, etwa 4500 Einwohner ohne äußere Gemeinden, entwickelte sich erst im 16. Jahrhundert um ein Hüttenwerk herum. Etwa um die Wende zum 20. Jahrhundert wuchs der Tourismus stark an. Später wurde der Wurmberg über der Stadt fürs Skifahren erschlossen. Seit 1990 leidet der örtliche Fremdenverkehr durch die Konkurrenz des Ostharz nach dem Ende der DDR.

Ich fand aber, dass es noch reichlich Touristenrummel vor Ort gibt. Es existiert sogar eine Art Ballermann-Zone mit trinkfrohen Gästen. Natürlich ist der Harz immer noch ein beliebtes Kurzurlaubsziel für das gesamte nördliche Deutschland.

*Einkehrmöglichkeiten unterwegs:* Auf dem Ravensberg, später Café Forellenteich (kurz vor Braunlage).
*Unterkünfte:* Zahlreiche.

## 43 BRAUNLAGE – SCHIERKE – BROCKEN – TORFHAUS

*Braunlage – zur Talstation der Wurmbergseilbahn, dort nach rechts dem Harzclub-Weg 30E bergauf folgen – bei einer Verzweigung diesem Weg nach O folgen, bis man den großen Parkplatz Hexenritt am Fuß einer Ski-*

*Blick vom Goetheweg zum Brocken*

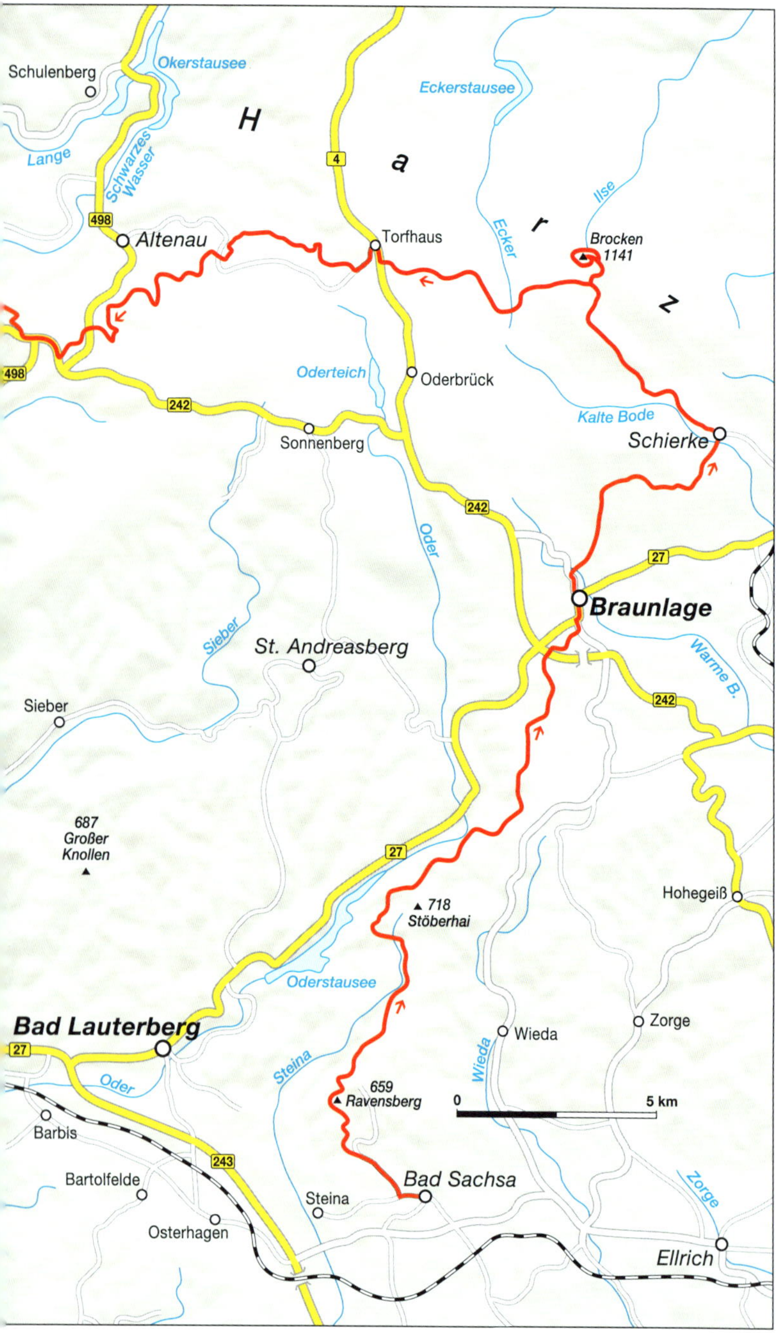
Schulenberg
Okerstausee
Eckerstausee
H
a
r
z
Lange
Schwarzes Wasser
4
498
Altenau
Torfhaus
Ecker
Ilse
Brocken
1141
Oderteich
Oderbrück
242
Sonnenberg
Kalte Bode
Schierke
Oder
27
Braunlage
Warme B.
Sieber
St. Andreasberg
Sieber
687
Großer
Knollen
718
Stöberhai
Hohegeiß
Oderstausee
Bad Lauterberg
Wieda
Zorge
Steina
Wieda
659
Ravensberg
0
5 km
Barbis
243
Bartolfelde
Osterhagen
Steina
Bad Sachsa
Zorge
Ellrich

*piste erreicht – dort auf einem schmalen Weg weiter nach O über den ehemaligen Eisernen Vorhang – dort weiter auf dem 30E nun leicht bergab bis nach Schierke – den Ort durchqueren, am westlichen Ortsende dem Teufelsstieg, auch Eckerlochstieg genannt, bergan folgen – schon nahe des Brocken-Gipfels stößt man auf die Brockenstraße, der man bergauf folgt – Brocken, Gipfel, 1141 m – den Gipfel auf dem Brockenrundwanderweg umrunden – Abstieg zunächst auf der Brockenstraße, dann jedoch scharf nach W auf den Hexenstieg/Goetheweg abbiegen – an der Schutzhütte Eckersprung (auch Grenze Sachsen-Anhalt/Niedersachsen) biegt der Hexenstieg/Goetheweg nach NW ab, dem wir, mit einem Abstecher zum Torfhausmoor, bis zum Weiler Torfhaus folgen.*

7:00 Std. | 24,2 km | 780 m ↗ | 540 m ↘

Der Wurmberg, an dessen Flanke wir aufsteigen und den wir in etwa halber Höhe Richtung Schierke passieren, ist touristisch stark genutzt. Wer es sich bequem machen möchte, kann mit der Wurmbergbahn bis zum Gipfel fahren und von dort nach Schierke absteigen. Eine weitere Alternative, Höhenmeter im Aufstieg einzusparen, ist es, den Wurmberg südlich zu umgehen; dazu wandert man von Braunlage erst Richtung Elend und dann durch das Elendstal nach Schierke. Allerdings geht man dann eine halbe Stunde länger.

Der Teufelsstieg ist einer der wenigen schmaleren Wege, die auf den Brocken hinaufführen. Oben muss man sich dann auf maximalen

*Blick vom Brocken in die Norddeutsche Tiefebene*

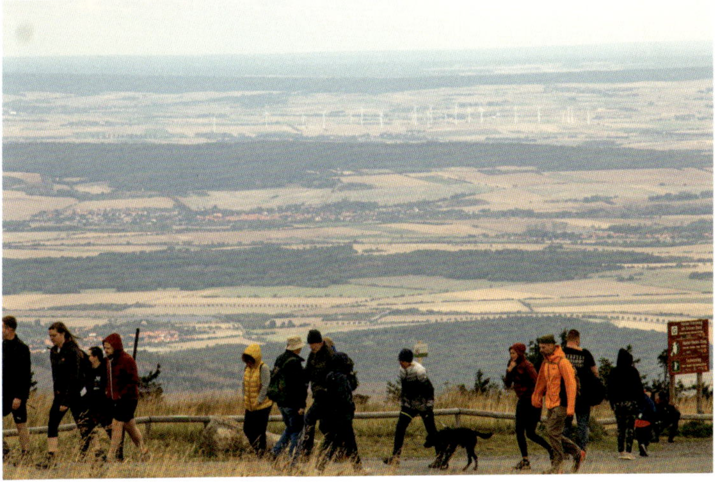

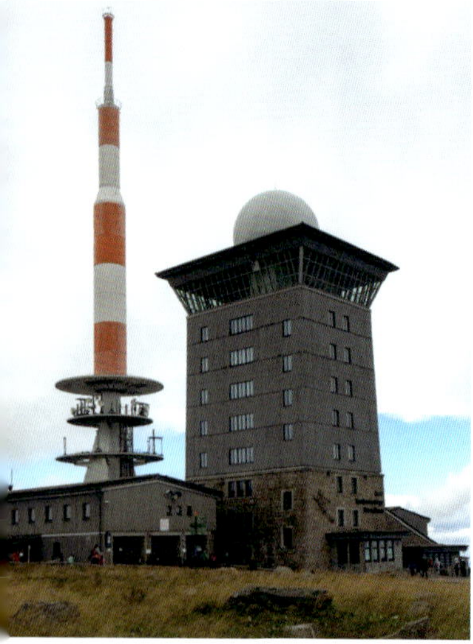

*Sendeturm und Brocken-Hotel*

Rummel gefasst machen; Autos dürfen zwar nicht hinauffahren, aber die Dampfzüge der Brockenbahn; hinzu kommen jede Menge Wanderer und Radfahrer. Dank E-Bikes gelangen ja heute auch betagte Zweiradfahrer überall hin …
Der Brocken ist ein Solitär, deutlich überragt er alle anderen Gipfel des Harz, und die vorgelagerte norddeutsche Tiefebene sogar um rund 1000 Meter. Der nächsthöhere Berg liegt über 200 Kilometer entfernt im sächsischen Erzgebirge. Man sollte sich auf kühle Temperaturen gefasst machen. Ende August musste ich bei 9 Grad alle meine Klamotten übereinander anziehen, und ich war froh, leichte Handschuhe mitgenommen zu haben. Die Waldschäden sind rund um den Brocken-Gipfel (noch?) nicht so stark ausgeprägt wie weiter unten; ich nehme an, weil die Temperaturen hier tiefer liegen.
Die für das nördliche Deutschland so ungewöhnliche Höhenlage verdankt sich einer Magmablase, die im Erdaltertum aufstieg und sich dann zu Granit verfestigte, allerdings weit unter der Erdoberfläche. Erst durch die Hebung des Harz und die Abtragung ringsum kam sie zum Vorschein und konnte durch ihre größere Gesteinshärte diesen Berg bilden. An den Hängen sieht man aufragende Felsformationen, welche durch die für Granit typische Wollsackverwitterung entstanden.
Die Menschen der Umgebung trauten sich nur zögernd auf den Brocken, früher auch Blocksberg genannt. Als Johann Wolfgang von Goethe 1777 den Berg bestieg, galt so etwas noch als gefährlich. In seinem Hauptwerk »Faust« hat Goethe eine Sage verarbeitet, nach der sich Hexen auf dem Brocken versammeln, um dort zu tanzen und mit dem Teufel geschlechtlich zu verkehren. Hohe Berge wurden in früheren Zeiten ja häufig als Sitz böser Geister angesehen.
Seit 1899 führt eine Schmalspurbahn auf den Brocken, die Steigung überwindet sie durch eine spiralförmige Umrundung der Gipfelkuppe. Dass die Züge immer noch von Dampfloks gezogen werden, ist zwar schön anzusehen, passt aber nicht so recht zum Kampf gegen den $CO_2$-Ausstoß.

Entlang der Bahnlinie steigen wir auf dem breiten Goetheweg ab und wenden uns dann nach NW zum Weiler Torfhaus, der mit 800 Metern höchstgelegenen Ortschaft Niedersachsens.

*Einkehrmöglichkeiten unterwegs:* In Schierke, auf dem Brocken.
*Unterkünfte:* Harzresort (sehr teuer), Jugendherberge. Ich wollte weder das eine noch das andere und fuhr mit dem Bus 820 (fährt jede Stunde) nach Braunlage zurück und am nächsten Morgen wieder hierher.

## 44 TORFHAUS – CLAUSTHAL-ZELLERFELD

*Torfhaus – nach W auf dem Hexenstieg hinab ins Tal der Nabe – von dort weiter auf dem Hexenstieg dem Dammgraben (Kanälchen) folgen – kurzer steiler Wiederaufstieg, dann dem Hexenstieg, der weiter den Dammgraben begleitet, nach Südwesten folgen, bis zum Sperberhaier Dammhaus, weiter über den Sperberhaier Damm bis zu der Stelle, an der der Hexenstieg die B242 kreuzt. An dieser Stelle aber nördlich der Straße bleiben und auf dem ziemlich geraden Harzclub-Weg 9A durch ein Waldgebiet – am Hirschler-Teich nach SW abbiegen und vom Damm zu einem Teichrandweg hinabsteigen, der südlich entlang der Teiche verläuft. Dieser Weg endet an der Altenauer Straße – entlang dieser nach Clausthal-Zellerfeld hineingehen und dann nach W auf der Erzstraße zum Kaiser-Wilhelm-Schacht und schließlich zum Zentrum des Stadtteils Clausthal.*

6:10 Std. | 22,8 km | 170 m ↗ | 390 m ↘

*Senkrechte Holzbretter dämmen die traditionellen Häuser in Clausthal.*

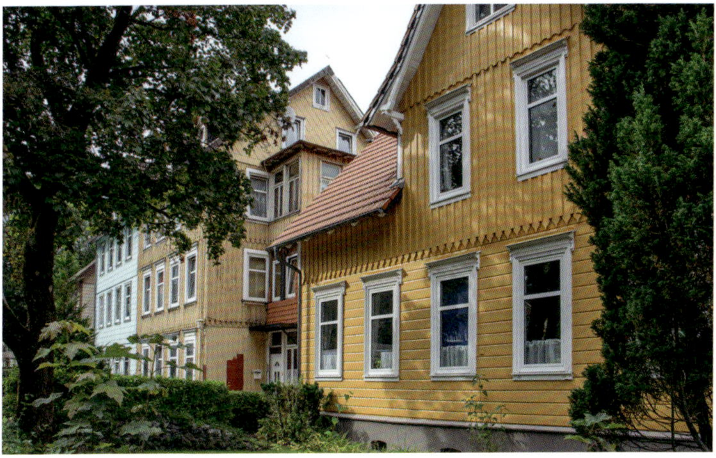

Heute besichtigen wir über mehrere Stunden ein kleines Weltwunder, das Oberharzer Wasserregal. Es wurde auch zum UNESCO-Weltkulturerbe ernannt. »Regal« bedeutet hier eine königliche Erlaubnis (von »rex«).

Der Bergbau im Oberharz war ab dem 17. Jahrhundert sehr bedeutend. Man förderte Eisenerz, Silber, Blei, Kupfer und Zink, und zwar aus tief hinabreichenden Schächten. Ein großes Problem war, dass diese Schächte mit der Zeit voll Sicker- und Grundwasser liefen. Dieses musste man von oben abpumpen. Dazu war es nötig, oben große Räder zu betreiben, die weiter unten die Pumpen antrieben. Ausreichend Energie dafür lieferten nur große Mengen strömendes Wasser. Das Wasser unten musste durch Wasser oben bekämpft werden. Man brauchte so viel davon, dass die örtlichen Bäche nicht ausreichten; man legte deshalb Stauteiche an. Weil auch das zu wenig war, kam man auf die Idee, von weit her Wasser in Kanälen zu den Bergwerken zu leiten.

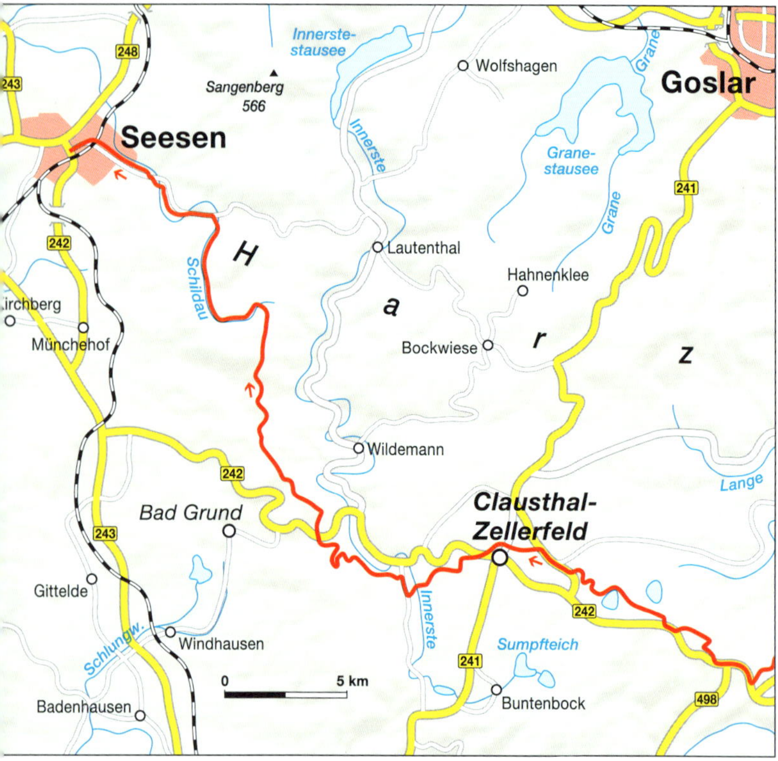

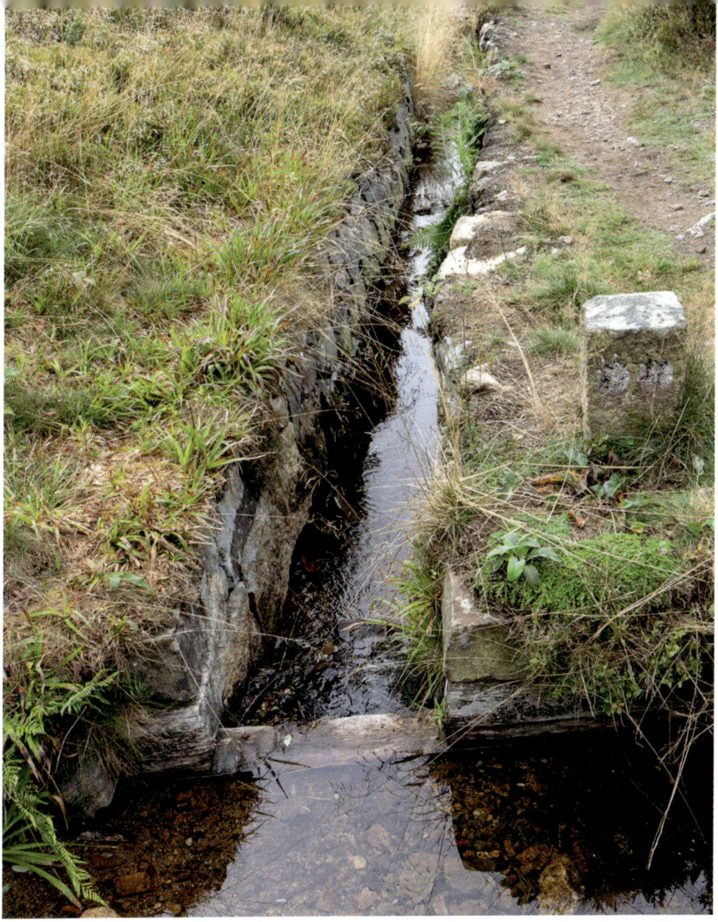

*Die Kanälchen des Harzer Wasserregals sind noch heute in Betrieb.*

Der längste dieser Kanäle ist der Dammgraben. Er führt Wasser aus dem Bereich um Torfhaus über rund 20 km nach Clausthal. Dies war aber nur dadurch möglich, dass der Graben – wie auch die anderen dieses Kanalsystems – fast horizontal um die Berge herum geführt wurde. Ein leichtes Gefälle ermöglichte ein ruhiges Fließen des Wassers. Einige Bergrücken wurden sogar in Tunneln durchstoßen. Das Wasserregal umfasste schließlich 110 Stauteiche und über 500 Kilometer Gräben.

Der Harzer Hexenstieg folgt dem Dammgraben fast bis Clausthal. Man geht also immer am Rand dieses schmalen Kanälchens entlang, ohne Steigungen, mit einem kaum merklichen Gefälle. Nur am Anfang muss man eine Anhöhe überwinden, durch die der Graben in einem Tunnel fließt, in den kein Wanderweg passt.

Ein Höhepunkt ist der Sperberhaier Damm, ein bis zu 16 Meter hoher und knapp einen Kilometer langer Aquädukt, mit dem eine Senke überbrückt wird. Das Schöne an der heutigen Etappe ist, dass man fast die gesamte Strecke auf einem schmalen Weg entlang des Grabens unterwegs ist, mit vielen Kurven – anders als auf den geraden Forstwegen.

Bei der Ankunft in der Stadt kann man in der Erzstraße ein paar Schritte zu einem alten Bergwerk gehen und seine großen Räder sehen, die die Pumpen antrieben. Noch anschaulicher informiert das Oberharzer Bergwerksmuseum in Zellerfeld über Technik und Geschichte des Abbaus.

Auch das Städtchen Clausthal, samt Zellerfeld und Eingemeindungen knapp 15.000 Einwohner, hat mir gut gefallen (in der anderen Hälfte der Doppelstadt, Zellerfeld, bin ich nicht gewesen). Viele der Häuser sehen ungewöhnlich aus, sie erinnerten mich an Skandinavien. In der Tat sind sie, ähnlich wie dort, an ihren Außenwänden zusätzlich mit waagrechten oder senkrechten Holzbrettern isoliert, was einen interessanten Streifeneffekt ergibt. Unterschiedliche Fassadenfarben kommen hinzu. Es gibt auch speziell konstruierte, einander ähnlich sehende Bergmannshäuser. Die barocke Kirche zum Heiligen Geist in der Ortsmitte ist ganz aus Holz erbaut und blau gestrichen – die zweitgrößte Holzkirche der Welt nach einer solchen in Finnland.

*Einkehrmöglichkeiten unterwegs:* Am Sperberhaier Damm.
*Unterkünfte:* Pension Pico-Bello, Hotel Goldene Krone, Gästehaus Kühn. In Zellerfeld: Wolfs Hotel, Pension Hohensee, Hotel Zum Harzer, Zellerfelder Hof.

## 45 CLAUSTHAL-ZELLERFELD – SEESEN

*Clausthal auf der Straße B242 nach SW verlassen – auf den Harzklub-Weg 2C einbiegen – Kleiner Clausthaler Teich – Fahrstraße im Innerste-Tal nach N – auf den Harzklub-Weg 2B wechseln – die Straße B242 queren – nun auf dem Harzclub-Weg 1M nach N aufsteigen – am Rastplatz Schweinebraten auf den Harzer Försterstieg wechseln – diesem nach N folgen bis zur Anhöhe Große Wulpke, 622 m – beim kurz darauffolgenden Wegkreuz nach W absteigen auf der Hahnentalstraße (nicht asphaltiert) – dieser erst nach W, dann nach N bis zur Straße L516 folgen – südlich der Straße auf Wanderweg bis zum Kurpark von Seesen – Seesen.*

6:15 Std. | 23,1 km | 320 m ↗ | 680 m ↘

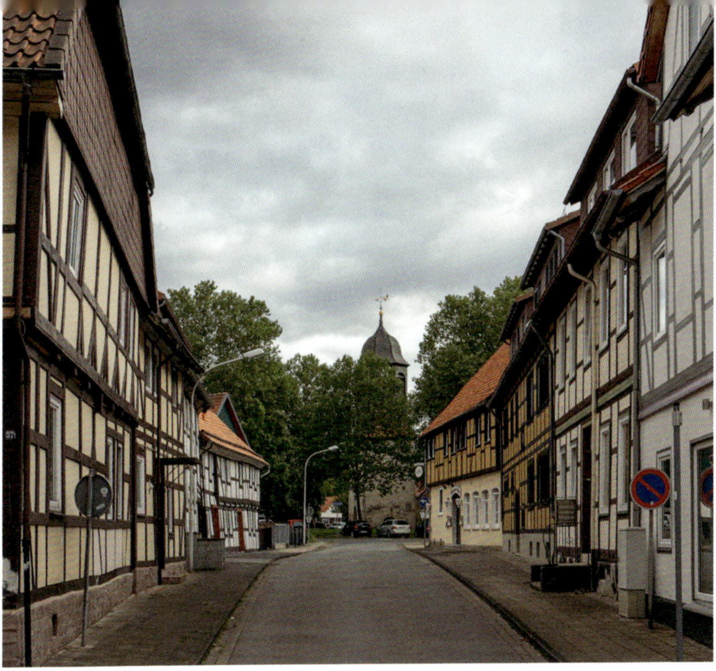

*In der Altstadt von Seesen*

Hinter Clausthal kommen wir noch einmal an einem der Stauteiche vorbei. Danach geht es hauptsächlich durch Wald. Stellenweise ergeben sich Aussichten nach O zu den Harzhöhen zurück und nach W ins Vorland.
Auf dem letzten Drittel der Strecke kam ich wieder durch ein vom Fichtensterben ramponiertes Gebiet; große Areale wurden gerade kahlgeschlagen, Bagger und andere Maschinen waren im Einsatz. Bis hier ein ansehnlicher Mischwald hochgekommen ist, wird es mindestens 30 Jahre dauern.
Seesen liegt direkt am Harzrand und hat samt Eingemeindungen etwa 19.000 Einwohner. Größter Sohn der Stadt ist Wilhelm Steinweg. 1850, mit 15 Jahren, wanderte er samt Eltern und Geschwistern nach New York aus. Er nannte sich nun William Steinway und leitete bald die Geschäfte von Steinway & Sons, die zu einem führenden Klavierbau-Unternehmen der Welt wurden. Auf Reisen besuchte er Seesen und zeigte sich großzügig. Er gab auch Geld für den hübschen Park, durch den wir kommen und der nach ihm benannt ist.

*Einkehrmöglichkeiten unterwegs:* Keine.
*Unterkünfte:* Hotel Wilhelmsbad, Hotel Zum Alten Fritz, Pension Pflug, Pension Berger. Am Stadtrand: Hotel Görtler, Pension Rote Rosen.

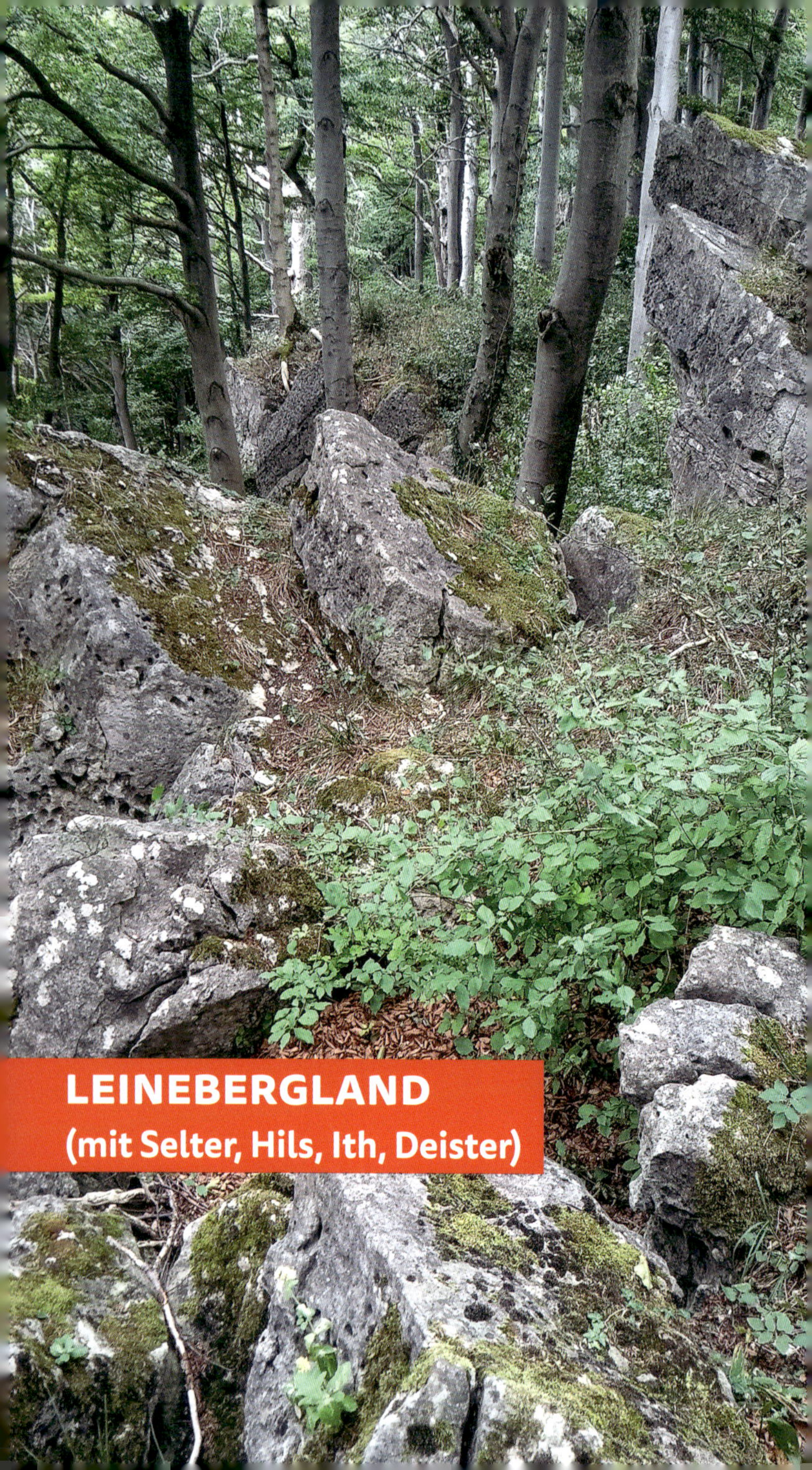

# LEINEBERGLAND
(mit Selter, Hils, Ith, Deister)

## 46 SEESEN – BAD GANDERSHEIM – FREDEN

*Seesen – auf dem Fernwanderweg E11 die Stadt nach W verlassen – Bilderlahe – Bad Gandersheim – auf E11 über den Bergzug Helleberg nach Schildhorst – dort auf der Straße nach W bergab, nach dem Hügel links abzweigen, um die Bahnlinie zu unterqueren – auf bahnparallelem Fuß-Radweg nach Freden.*

7:10 Std. | 27,1 km | 380 m ↗ | 490 m ↘

Die Strecke bis Bad Gandersheim führt durch agrarisches Gebiet. Wer hier lieber mit der Bahn fahren möchte, verpasst nicht viel. Bad Gandersheim hat schöne Fachwerkbauten; die romanische Kirche in der Stadtmitte geht zurück bis auf die erste Jahrtausendwende. In philologischen Kreisen ein Begriff ist die Stiftsdame Roswitha von Gandersheim (etwa 935 bis 973), die als erste deutsche Dichterin gilt; sie schrieb allerdings auf Latein. Nach ihr wurde auch ein Wanderweg benannt, der Roswithaweg.

Vom zweiten Teil der Etappe über den langgestreckten Helleberg hatte ich mir nicht viel erwartet. Doch irgendwann hörte der Forstweg auf, und ich musste mich auf Wegspuren durch eine grüne Hölle schlagen. Seltsam, denn ich befand mich auf einem Europäischen Fernwanderweg! Hat man die Route absichtlich verlegt, um sie spannender zu machen? Ich brauchte das GPS-Signal, um durchzukommen.

Freden, etwa 4700 Einwohner samt einiger Umlandgemeinden, ist sehr dörflich. Ausgesprochene Sehenswürdigkeiten gibt es nicht, abgesehen von der gemächlich fließenden Leine, deren Ursprünge wir ja in Leinefelde kennengelernt haben. Weiter südlich hat sie Göttingen durchflossen und strömt nun nordwärts Richtung Hannover.

*Einkehrmöglichkeiten unterwegs:* In Bad Gandersheim.

*Unterkunft:* Hotel Steinhoff. Sollte dieses nicht verfügbar sein, kann man mit der Bahn in wenigen Minuten Fahrt nach Alfeld oder Bad Gandersheim ausweichen.

*Die Klippen am Ith-Kamm erstrecken sich über etwa 20 Kilometer.*

## 47 FREDEN – AMMENSEN – KAIERDE – GRÜNENPLAN

*Freden – auf der Hauptstraße zum westlichen Ortsausgang gehen, dort nach Süden auf eine Straße namens Selterweg abbiegen – diesem und dem anschließenden Feldweg in Richtung des Naturschutzgebiets Selterklippen folgen – der Weg steigt zunächst mäßig steil an, dann führt ein kleiner Weg recht steil zwischen den Selterklippen bergauf – oben an der Hangkante, in der Nähe der Anhöhe Hohe Egge, nach NW gehen, bald gibt es einen Aussichtspunkt Brockenblick – von diesem nach SW, bis man auf einen markierten Weg, den Roswithaweg, stößt – diesem weiter nach Ammensen und Kaierde folgen – in Kaierde auf den Ith-Hils-Wanderweg wechseln – Grünenplan.*

6:50 Std. | 23,5 km | 630 m ↗ | 540 m ↘

Verzeihung, die Route zwischen Freden und Ammensen klingt kompliziert; sie verläuft auf unmarkierten Wegen und wahrscheinlich

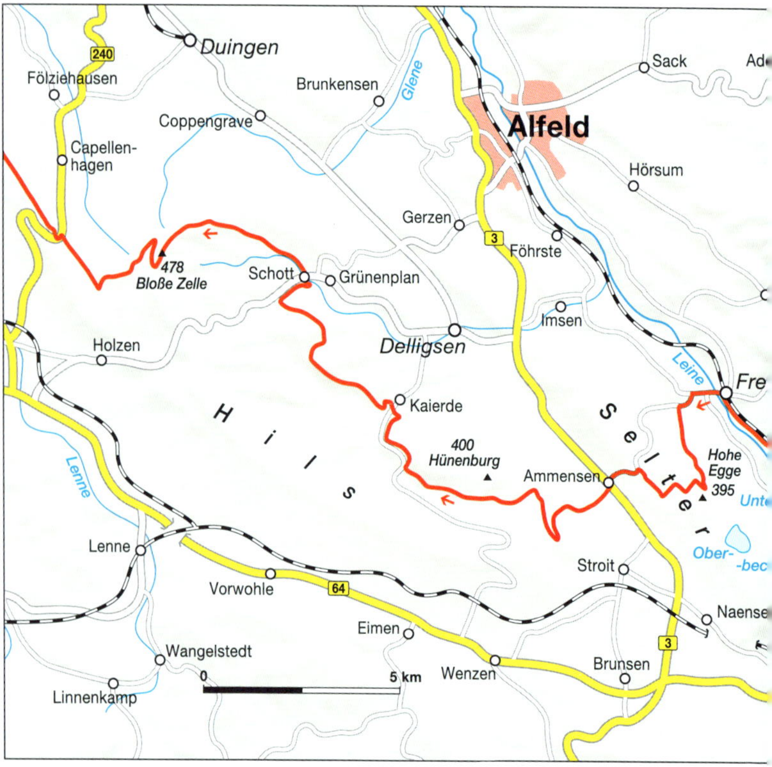

ohne Wegweiser. Die Leser sollten sich anhand genauer Karten- bzw. Onlinematerials orientieren. Oder sie sollten, das ist die Notlösung, zwischen Freden und Ammensen am Rand der Autostraße K401 gehen.

Das tat auch ich. Nachdem ich auf einer anderen, weiter nördlichen Route gescheitert war. Dass ich ausgerechnet im Leinebergland an die Grenzen meiner Pfadfinder-Fähigkeiten gelangte, hat mich selbst sehr überrascht. Um nicht zu sagen, gekränkt. Zwischen Freden und Ammensen gibt es keinen offiziellen Wanderweg, und immerhin muss man den steilen Bergzug Selter überschreiten. Normalerweise kann man als Wanderer die auf den Karten in dünnem, manchmal gestricheltem Schwarz gezeichneten Wege durchaus gehen, manchmal sind sie etwas verwachsen, manchmal morastig, aber fast immer existieren sie in der Wirklichkeit.

Als ich aber versuchte, nördlich der Straße K401 auf solchen Wegen aufzusteigen, kam ich in Schwierigkeiten. Die Wege hatten mal existiert, waren aber nun mit Dorngestrüpp völlig zugewachsen. Ich ver-

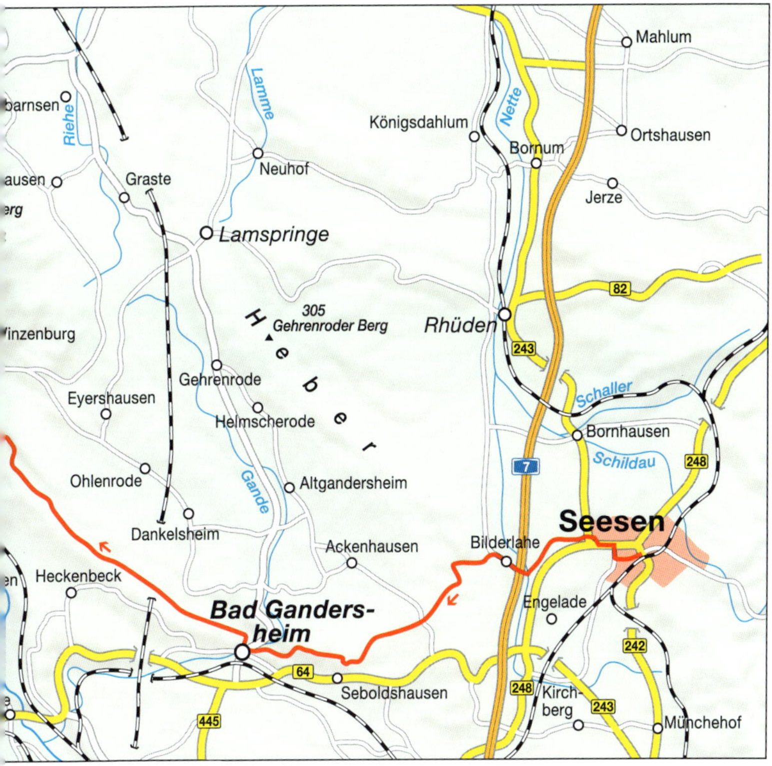

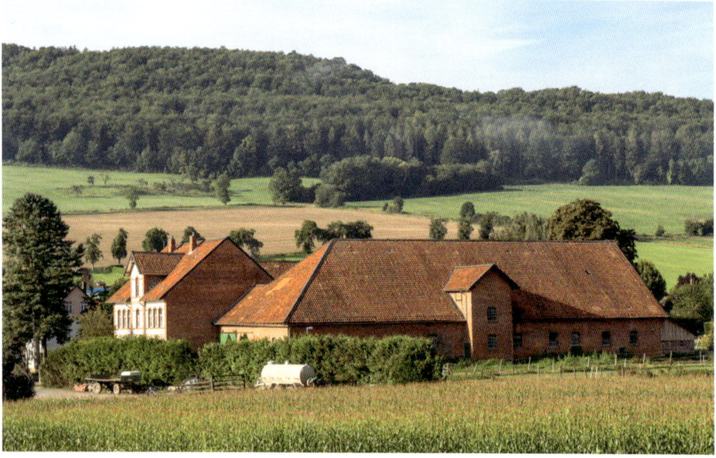

*Der Höhenzug Selter erwies sich als schwieriges Terrain.*

suchte mich dennoch durchzuschlagen, bis ich auf einmal vor einem Schild stand, das besagte, dass die Naturschutzbehörde beschlossen hatte, »den Wald unterhalb der Selterklippen der Natur zurückzugeben«. Ja prima, ihr Schlaumeier, dachte ich, vor 300 Metern wäre diese Info sogar hilfreich gewesen!

Da ich mich schon an den Dornen verletzt hatte, wollte ich vermeiden, den Pfad der Leiden einfach zurückzugehen, und versuchte, mich weglos zu einem bergab gelegenen Forstweg durchzukämpfen. Doch die stachligen Gewächse wurden immer dichter. Als ich den rettenden Forstweg schon vor Augen hatte, wollte ich das Dorngestrüpp zwischen mir und dem Weg mit einem meiner Wanderstöcke niederdrücken, und dann auf den Stock treten, um den letzten Schritt zu tun. Bei dem Versuch brach der aber mit einem Knall entzwei, und die Dornbüsche schnellten wieder empor! Ich musste weitere quälende 200 Meter zurücklegen, bis ich endlich auf den Forstpfad kam, der später auf die genannte Straße einbog. Die Hose war im Eimer; ich blutete aus etwa zehn kleinen Wunden. Und ich hatte für die restlichen Etappen nur noch einen Stock.

Selber schuld; ich verstieß gegen ein ehernes Gesetz beim Wandern: Wenn du nicht weiterkommst oder dich verirrst, dann geh genau auf demselben Weg zurück! Letztlich war es die Smartphone-App, die mich dazu verführte, dies nicht zu tun!

Ich kann nicht dafür garantieren, dass Sie auf dem Weg, den ich oben angebe, mehr Glück haben. Vielleicht wurden auch die Wege dort »der Natur zurückgegeben«. Vielleicht sollten Sie sicherheitshalber gleich

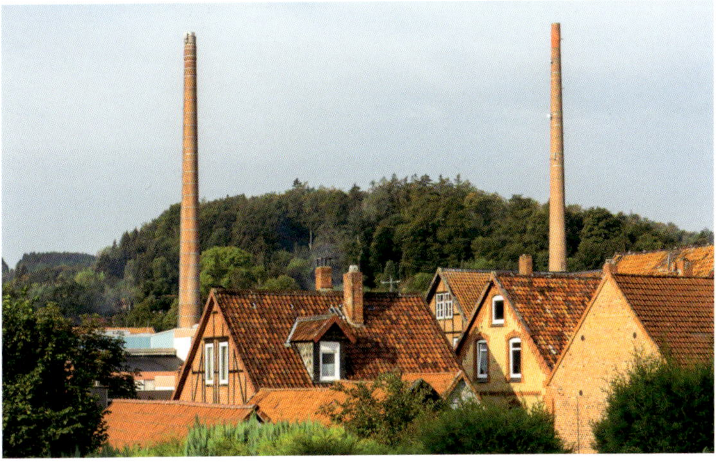

*Im Glasmacher-Städtchen Grünenplan*

auf der Straße gehen, natürlich am Rand, sie ist auch nicht stark befahren.
Der Höhenzug Selter ist, wie viele im Leinebergland, aus hartem Jura-Kalkstein aufgebaut. Mit dem Ort Selters im hessischen Taunus (wo auch das gleichnamige Mineralwasser herkommt), ist er nicht zu verwechseln.
Hinter Ammensen wird es waldig und einsam. Hinter Kaierde kommt man durch ein liebliches Tal, und das Terrain ist ziemlich bergig.
Der Ortsname Grünenplan hat nichts mit Strategien einer deutschen Ökopartei zu tun, sondern mit einer ebenen Waldwiese, auf der ein Braunschweiger Herzog ab 1744 eine Glasfabrik errichten ließ. Doch schon zuvor hatte es hier Glashütten gegeben. Zur Glasherstellung benötigte man viel Holz für die Öfen und zur Herstellung des Zusatzmaterials Pottasche. Deshalb war das Bergland Hils damals viel weniger bewaldet als heute.
Ein wichtiger Arbeitgeber im heutigen Grünenplan (2400 Einwohner) ist der Konzern Schott AG, der hier hochwertige Spezialgläser produziert. Die Fachwerk-Backstein-Architektur der Arbeiterhäuschen ist sehenswert. Und wo sonst sieht man heute noch solch schöne Backstein-Schornsteine?

*Einkehrmöglichkeiten unterwegs:* In Kaierde.
*Unterkünfte:* Lampes Posthotel, Hotel-Restaurant Berg-Café. Im Nachbarort Delligsen (Busse stündlich) gibt es noch das Café Henze und das Hotel Lorenzen.

## 48 GRÜNENPLAN – LAUENSTEIN

*Grünenplan – auf dem Ith-Hils-Weg nach NW zum Hils-Kammweg, gleichzeitig Weg X28 und E11 – Feuerschneisenhütte – höchster Punkt Bloße Zelle, 478 m – gleich danach nach N auf dem Weg HZ3 bergab, um wieder auf den Weg X28 zu gelangen – vor dem Ith-Segelflugplatz nach N auf einen unmarkierten Feldweg abbiegen und darauf bis zum Weiler Holzen-Ith gehen*

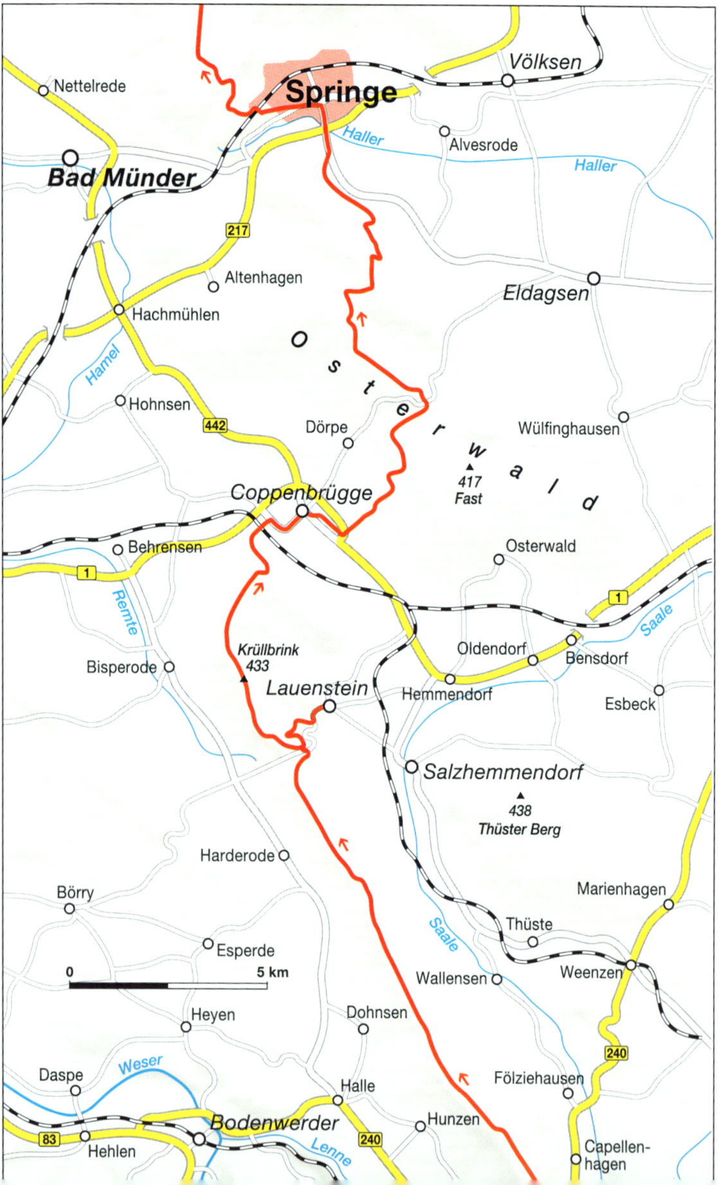

*– von dort auf dem Ith-Hils-Weg, gleichzeitig E11 und Roswithaweg, auf dem Ith-Kamm (mehrere Stunden) nach NW gehen – etwa 100 m nach dem Überqueren der Straße L425 nach O auf einen Forstweg abzweigen und auf diesem und einem später nach rechts abgehenden Weg nach Lauenstein hinuntergehen (oder am Rand der Straße L425) – Lauenstein.*

7:35 Std. | 26,7 km | 560 m ↗ | 580 m ↘

Diese anstrengende Etappe wäre noch länger, würde man nicht hinter der Anhöhe Bloße Zelle abkürzen und auf direktem Weg nach Holzen-Ith gehen. Bleibt man auf dem E11, geht man wohl etwa eine Stunde länger. Ich wanderte zunächst weiter bis zum Wilhelm-Raabe-Aussichtsturm, musste aber feststellen, dass die Bäume dort so hoch gewachsen sind, dass man von oben nur noch diese sieht, so dass man sich den Abstecher sparen kann. Die beste Aussicht nach N auf den Ith-Kamm hat man bereits von der Feuerschneisenhütte aus.
Der Ith ist ein 22 Kilometer langer Bergkamm, bestehend aus Juragestein. Die Gesteinsschichten senken sich Richtung Osten ab, und auf der steileren Westseite zeigen sich zahlreiche Klippen. Da aber ein dichter, naturnaher Buchenwald den Kamm umschließt, sind diese vom Vorland aus kaum zu sehen. Große Teile des Ith stehen unter Naturschutz. Der Kammweg ist schmal und gewunden, folgt immer der höchsten Linie, und weil sich Anhöhen und Sättel abwechseln, führt er auch meistens auf oder ab.

*Teil des Ith-Kamms, gesehen vom Hils-Höhenzug aus*

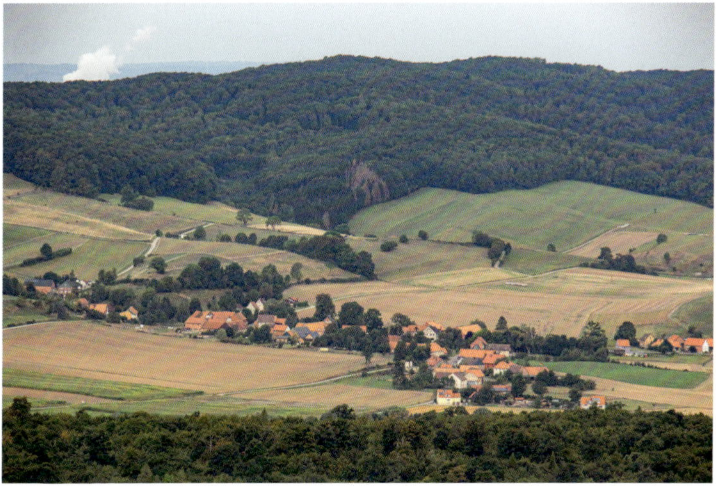

Auf diese »grüne Hölle« ausgerechnet in Niedersachsen war ich nicht gefasst! Ein schmaler, anstrengender Weg, und ich musste immer wieder über umgestürzte Bäume steigen. Außerdem hatte die Wetter-App Regen prophezeit, erst ab 13 Uhr, dann ab 15 Uhr. Um 15.30 Uhr war es soweit. Erst tröpfelte es, dann regnete es, dann goss es. Der Wind wurde zum Sturm. Bei solchem Wetter wird mir unbehaglich zumute. Immerhin schützte mich mein Plastik-Regencape optimal. Bei den teilweise steilen und nun glitschigen Abstiegen hätte ich mich gern auf beide Stöcke gestützt, aber einen hatte ich ja beim gestrigen Abenteuer verloren. Gefährliches, atemberaubendes Niedersachsen! Nun, ich kam wohlbehalten in Lauenburg an und konnte mir in der Unterkunft die Kletten aus den Schnürsenkeln und von den Hosenbeinen zupfen.
Lauenstein ist ein Flecken von knapp 2000 Einwohnern und besitzt im Zentrum ein hübsches Ortsbild, sonst aber keine besonderen Sehenswürdigkeiten.

*Einkehrmöglichkeit unterwegs:* In Holzen-Ith.
*Unterkünfte:* Lauensteiner Hof, Pension am Vogelsang, Naturfreundehaus (1 km nördlich).

## 49 LAUENSTEIN – COPPENBRÜGGE – SPRINGE

*Lauenstein – Wiederanstieg entlang der Straße L425 oder auf den Wegen nördlich davon zum Ith-Kammweg (Ith-Hils-Wanderweg, auch E11 und Roswithaweg) – Lauensteiner Kopf, 439 m, dort auch der Ith-Aussichtsturm – Mönchstein – Abstieg nach N, die Ortschaft Coppenbrügge nach NO durchqueren – auf dem Roswithaweg zum Weiler Salzburg – auf diesem Weg weiter zum Hirschtor, dann durch das Wildschutzgebiet Saupark bis zur Querung einer Straße mit Parkplatz und einer Lichtung – dort den Roswithaweg verlassen und einen leicht ansteigenden Forstweg nach N nehmen – nach knapp 1 km gelangen wir so auf den Kansteinweg – diesem bergab folgen (Abstecher zum Jagdschloss Springe möglich) und zum Stadtzentrum Springe gehen.*

8:05 Std. | 28,5 km | 680 m ↗ | 730 m ↘

Uff! Die vorletzte ist eine knackig lange Etappe. Wir steigen erneut auf zum Ith-Kamm, der in seinem nördlichen Teil besonders felsig ist und Klippen namens Adam und Eva sowie Teufelsküche besitzt. Dann queren wir ein breites Tal und steigen auf zu den nächsten Anhöhen namens Nesselberg und Kleiner Deister. Anschließend kommen wir

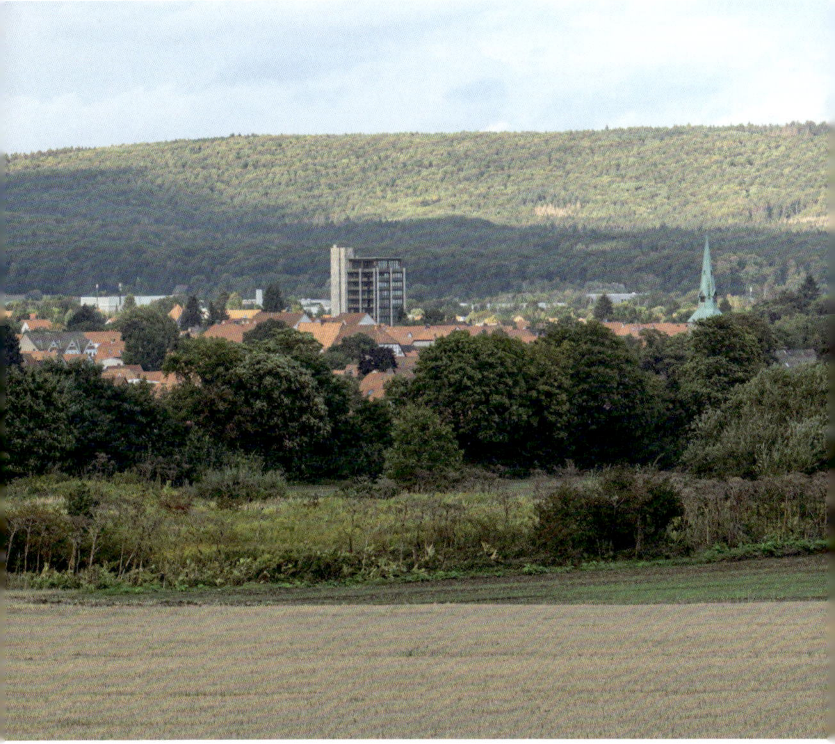

*Stadt Springe mit dem Deister, dem nördlichsten Vierhunderter Deutschlands*

durch den Saupark Springe. Das ist ein altes Jagdgebiet der Könige von Hannover, und weil das Wild dort sehr gut gehegt wurde, damit die Blaublütler immer genug zum Totschießen hatten, wurde das Gelände auf Druck der Bauern, denen die gefräßigen Tiere zusetzten, mit einer 16 km langen Mauer eingefriedet. Durch wildsichere Pforten können heute auch Wanderer hinein. In der Tat liefen mir dort vier Wildschweine über den Weg. Heute gehört das Areal dem Land Niedersachsen, doch die Landesregierung verzichtet seit einigen Jahren darauf, dort Staatsjagden abzuhalten.
Die Kernstadt von Springe hat gut 13.000 Einwohner. In der historischen Altstadt stehen schmucke niedersächsische Fachwerkbauten.

*Einkehrmöglichkeiten unterwegs:* In Coppenbrügge.
*Unterkünfte:* Hotel Deutsches Haus, Hotel garni Springe, Hotel Zum Grafen Hallermuth, Pension Am Deister, NKF Tagungshotel, Pension Schaper B&B.

## 50 SPRINGE – BAD NENNDORF

*Springe – nach W durch die Stadt zum Punkt Deisterpforte – dort auf den Fernwanderweg E1 – bergauf und nordwärts bis zum Weiler Kölnischfeld – weiter zur Anhöhe Bröhn, 405 m (Aussichtsturm) – weiter auf E1 zum Nienstedter Pass – Reinekensiekskopf, 382 m (Aussichtsturm) – Rodenberger Höhe – Waldgaststätte Teufelsbrücke – Mooshütte – Süntelbuchenallee im Kurpark Bad Nenndorf – Bad Nenndorf.*

7:10 Std. | 25,7 km | 620 m ↗ | 640 m ↘

Der Deister ist der nördlichste Mittelgebirgszug Deutschlands, und sein höchster Punkt Bröhn der nördlichste deutsche Berg über 400 Meter Höhe. Wir dürfen keine majestätische Szenerie erwarten, der Deister erhebt sich gerade mal 250 Meter über sein Umland. Immerhin gibt es mehrere Aussichtstürme, von denen man die Weite der norddeutschen Tiefebene erahnen kann.

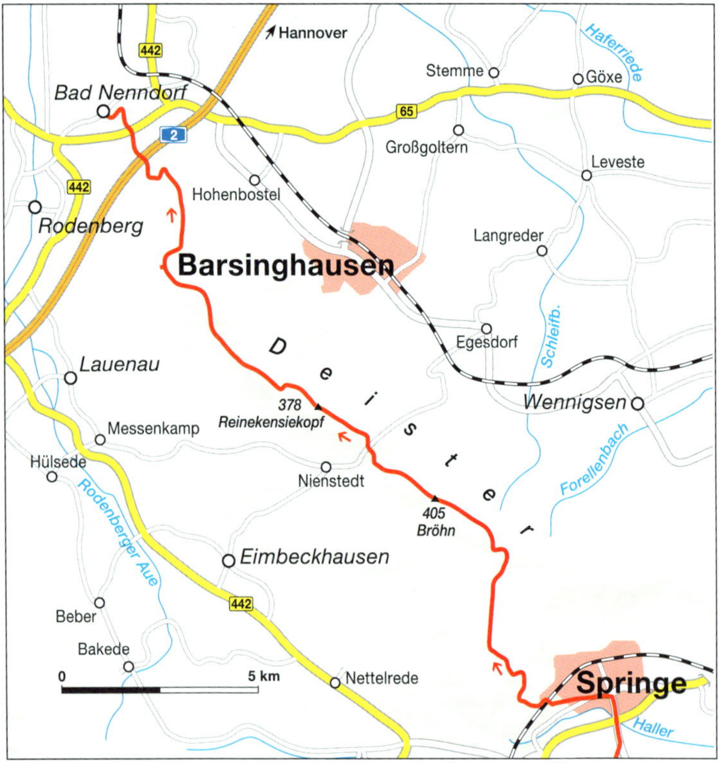

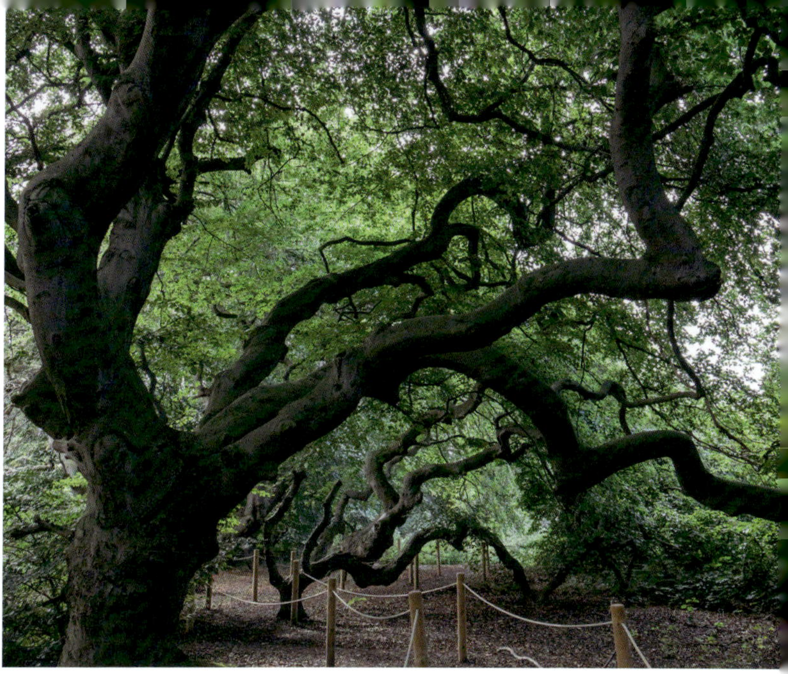

*Die pittoresk verwachsenen Süntelbuchen im Kurpark von Bad Nenndorf*

Ich war an einem Sonntag unterwegs, und die Gegend quoll über vor Wanderern und Mountainbikern, schließlich ist der Deister eine Art Stadtwald von Hannover. Verschiedene Gaststätten bewirten die Ausflügler. Nach dem Abstieg geht es Richtung Kurpark von Bad Nenndorf. Dort können wir den nun wirklich letzten Gipfel unserer Tour besteigen, den Hügel Galenberg. Und danach durch die Süntelbuchenallee gehen, eine Ansammlung pittoresk verwachsener Rotbuchen. Die Tour endet an der Wandelhalle des Parks neben dem imposanten Grandhotel.
Bad Nenndorf, 8700 Einwohner, wuchs wegen seiner Schwefelquellen zu einem Kurstädtchen heran. Einige hübsche klassizistische Bauten zieren den Ort. Im Schwimmbad der modernen Therme können wir unseren müden Knochen Entspannung gönnen.

*Einkehrmöglichkeiten unterwegs:* Gaststätte am Annaturm, Waldgaststätte Nordmannsturm, Waldgaststätte Teufelsbrücke, Mooshütte.
*Unterkünfte:* In ausreichender Zahl.
*Rückfahrt:* Mit der S-Bahn von Bad Nenndorf nach Hannover Hauptbahnhof, dort Zugverbindungen in alle Richtungen.

*Nächste Doppelseite: Ein Dampfzug der Harzer Schmalspurbahn*

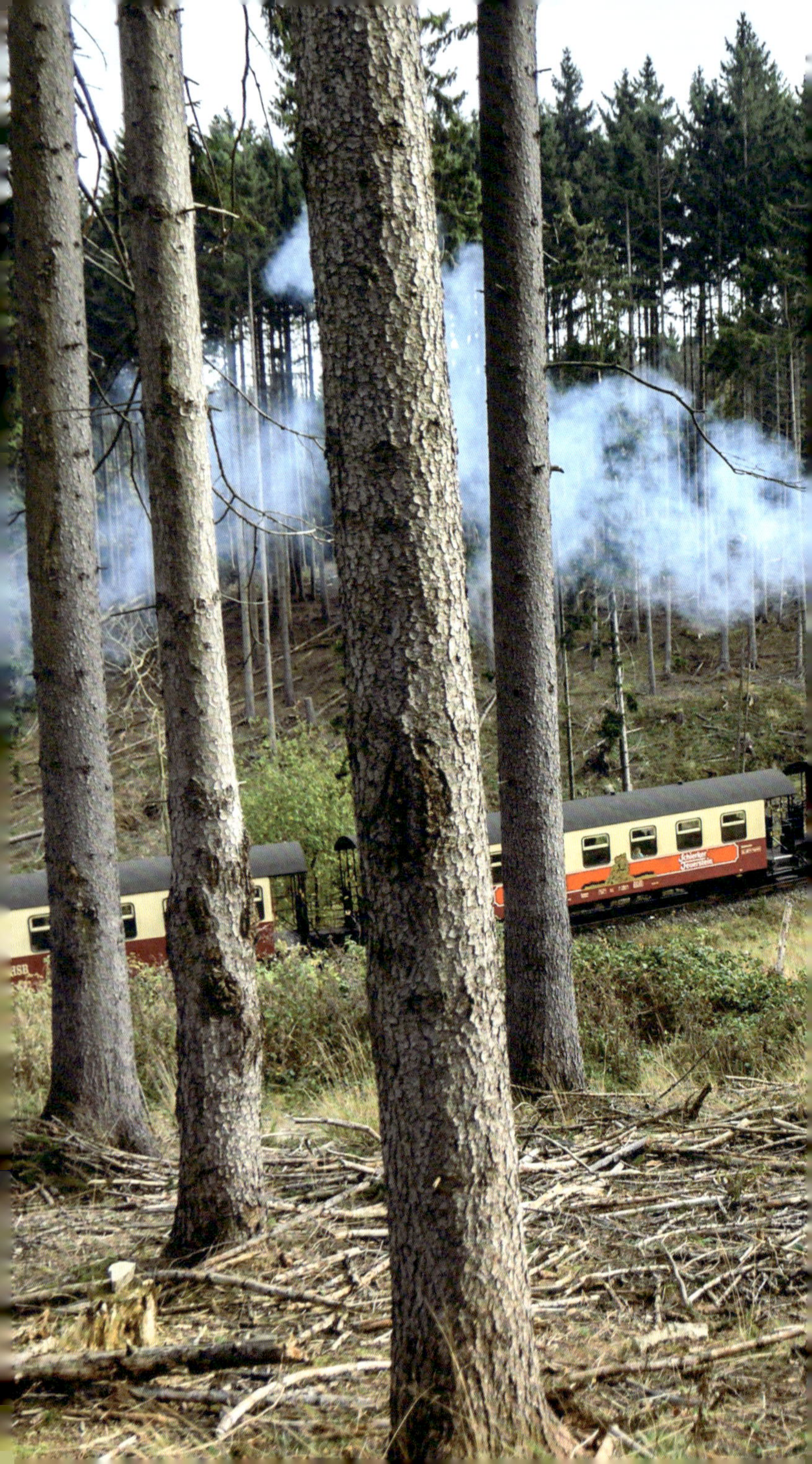

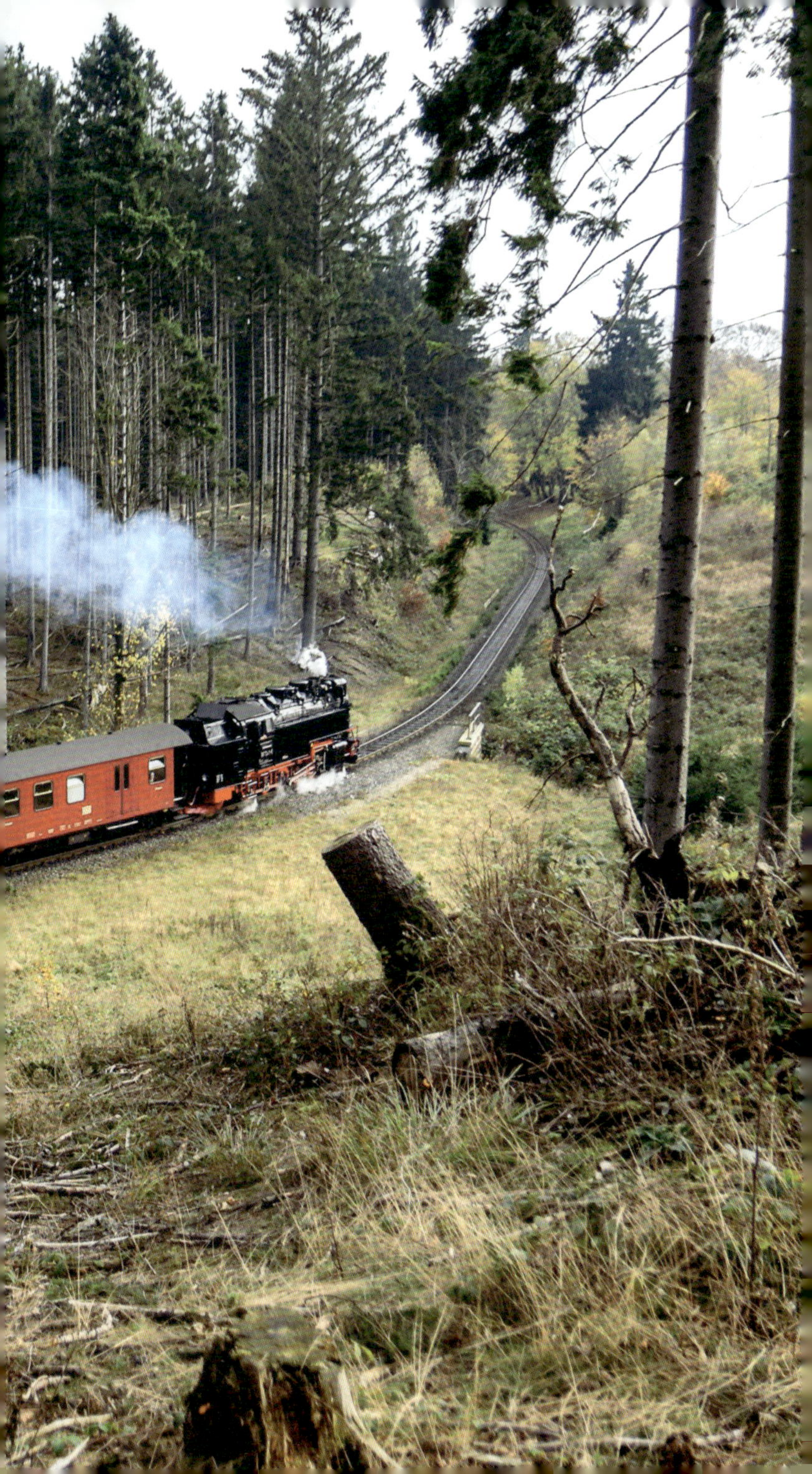

# REGISTER


**A**

Alexanderschanze 58, 59
Alpenüberquerungen 14
Alternativer Bärenpark Worbis 125
Altsiedelland 23
Ammensen 140, 141, 143
Appalachian Trail 11, 12, 13

**B**

Bad Brückenau 97, 98, 100
Baden 43, 59, 68, 70
Badener Höhe 61, 62, 63
Bad Gandersheim 139
Bad Liebenzell 65, 67
Bad Nenndorf 34, 148, 149
Bad Sachsa 126, 127, 129
Bad Wildbad 63, 64, 65
Bäracker 52, 53, 55
Bayern 27, 84, 85, 91, 97, 101
Bergbau 24, 27, 28, 134
Bergschuhe 36
Bergstraße 26, 75
Bernshäuser Kutte 106, 107
Bischofferode 126
Brandenkopf 55, 56, 57, 58
Braunlage 129, 130, 131, 133
Breitungen 106, 107, 109
Brend 52, 53
Brocken 28, 129, 131, 132, 133
Bröhn 148
Brotterode 109, 110, 111
Bruchschollen 21
Bryson, Bill 12
Buntsandstein 19, 20, 21, 22, 26, 27, 64, 77, 97, 103, 126
Burg Bodenstein 125, 126
Burg Normannstein 117, 118
Burg Scharfenstein 122, 123, 125

**C**

Clausthal und Zellerfeld 28, 133, 134, 135, 136
$CO_2$-Bilanz 34
Coppenbrügge 146, 147
Creuzburg 115, 117

**D**

Dammgraben 133, 134, 135
Deister 16, 22, 146, 148, 149
Dermbach 105, 106
Deutsche Mittelgebirgsschwelle 16, 21
Dilsberg 77
Donauquelle 52, 53
Drachenschlucht 111, 112
Dreiherrnstein 109, 111
Dün 114, 122

**E**

Echter, Julius von Mespelbrunn 90, 91, 99
Eichsfeld 16, 17, 22, 27, 119, 122, 125, 126
Einhardsbasilika 83, 84
Eisenach 111, 113, 115
Eiszeiten 22, 23, 74
Eppingen 70, 72, 74
Eppinger-Linien-Weg 68, 70, 72
Erbach 84
Erzbistum Mainz 85
Europäische Fernwanderwege 11

**F**

Feldberg 29, 47, 49, 53
Feldbergpass 47, 49
Fichtensterben 24, 107, 137
Forbach 61, 62, 63, 64

Freden 139, 140, 141
Frieden von Rijswijk 70
Friolzheim 67
Furtwangen 50, 51, 52

G
Gäu 66, 67
Gäurandweg 67, 68
Geißhöhe 89
Geologie 18
Gläserberg 105, 106
Gobert 119, 121
Goethe 28, 132
Goslar 28
Granit 21, 80, 132
Gras-Ellenbach 81, 82, 83
Großer Inselsberg 109, 111
Große Wulpke 136
Grünenplan 140, 143, 144

H
Habel 104
Habelstein 104
Harkhof 57, 58
Harz 16, 17, 18, 21, 24, 28, 30, 127, 128, 129, 132
Hausach 55, 56, 57
Heckengäu 67
Heidelberg 30, 70, 75, 77, 80
Heigenbrücken 91, 92
Heilbad Heiligenstadt 120, 121
Heimatvertriebene 94
Herrenwieser See 61, 62
Herzogenhorn 47
Hessen 27, 83, 91, 93, 101, 118
Hessenthal 90, 91
Hessische Schweiz 119, 122
Hexenstieg 16, 131, 133, 135
Hils 22, 138, 140, 143, 144, 146
Himmeldunkberg 100, 101
Hinterzarten 29, 49, 50
Höchenschwand 45, 46
Hochrhöner 12, 16, 100, 103, 104, 105, 106
Hoffenheim 74, 75
Hohloh-Moor 64
Holungen 125, 126
Hornisgrinde 59, 60, 72
Hotzenwald 43
Hülfensberg 118, 119

I
Ith 22, 145, 146

J
Jugendherberge 35, 59, 77, 104, 111, 133
Jura 19, 20, 22, 143

K
Kaierde 140, 143
Kanstein 125
Karstwanderweg 126
Kinzigtal 56
Kissinger Hütte 98, 99, 100
Kleiner Deister 146
Kloster Kreuzberg 98
Kloster Maulbronn 71
Kniebis 57, 59
Köhlerei 24, 27, 79
Kolonnenweg 104, 118, 120
Kontinentalschollen 18
Kraichgau 17, 21, 72, 74, 77
Kreidezeit 19
Kreuzberg 98, 99, 100
Kreuzbergweg 97, 98, 99
Kristallin (Gestein) 18, 19, 21
Kristalliner Odenwald 26, 80, 82
Kuppenrhön 21, 97, 104
Kurpfalz 70

L
Landkarten 16, 36
Lärmfeuer 83

Lauenstein 144, 145, 146
Leine 125, 139
Leinebergland 17, 22, 29, 30, 125, 138, 141, 143
Leinefelde 120, 122, 123, 124, 125, 139
Lettgenbrunn 92, 94, 95
Löss 23
Ludwig I. von Bayern 97
Ludwig XIV. von Frankreich 70
Luther, Martin 113

M
Main 15, 77, 85, 87, 91
Maulbronn 68, 72
Mespelbrunn 89, 90, 91, 99
Michelstadt 83, 84
Milseburg 27, 103, 104
Miltenberg 84, 85, 87
Mittelweg (Schwarzwald) 43, 45, 50, 63, 65
Monbachtalschlucht 67
Montez, Lola 97
Mottgers 97
Mühlacker 67, 68, 70, 71
Muschelkalk 19, 20, 22, 67, 72, 122, 126

N
Napoleon Bonaparte 85
Naturfreundehäuser 35
Neckar 77
Neckargemünd 77, 79
Neuwildflecken 99
Nibelungenlied 83
Niedersachsen 31, 123, 126, 131, 146, 147
Nöggenschwiel 43, 45
Notruf-Nummer 41

O
Oberflockenbach 79, 80, 81
Oberharzer Wasserregal 28, 134
Ochsenstall (Hütte) 59, 60, 61
Odenwald 16, 17, 20, 21, 26, 28, 30, 77, 80, 82, 121
Ohmgebirge 114, 125
Oppidum 27, 103
Ostweg (Schwarzwald) 67
Outdoor-App 36

P
Pfaffschwende 118, 119, 120, 121
Pleß 106, 107
Plesse 118

R
Ravensberg 127, 129
Regenschutz 37
Rennsteig 16, 109, 111, 112, 113
Rhein 34, 43, 53
Rhön 16, 17, 21, 27, 95, 97, 99, 100
Rhöner Museumsdorf 105
Romantik 25, 90, 113
Roswitha von Gandersheim 139
Roswithaweg 139, 140, 145, 146
Rotliegendes 21, 112
Rucksack 13, 37, 38

S
Saupark Springe 147
Scheuelberg 72
Schierke 131, 133
Schliffkopf 59, 60
Schwarzbach 103, 104
Schwarzenbachtalsperre 61
Schwarzenfels 97
Schwarzwald 14, 15, 16, 17, 20, 21, 22, 24, 26, 43, 45, 61, 67
Schwarzwaldhochstraße 50, 60, 62
Seesen 136, 137, 139

Selter 138, 141, 143
Sinngrund-Jossa 95
Sinsheim 74, 75, 77
Sommerberg (bei Wildbad) 63, 64
Sperberhaier Damm 133, 135, 136
Spessart 16, 17, 20, 27, 28, 30, 87, 89, 90, 99
Springe 146, 147, 148
Staatsbad Brückenau 97
Stasiröhre 120
St. Blasien 45, 46, 47
Steinsberg 74, 75
Stromberg-Heuchelberg 17, 72
Südwestdeutsche Schichtstufenland 13, 21
Süntelbuchenallee 148, 149

T

Tann (Stadt) 104, 105
Thüringen 27, 104, 105
Thüringer Wald 16, 17, 21, 24, 27, 106, 109, 112
Torfhaus 130, 131, 133, 134
Treffurt 115, 117, 118
Tromm 82, 83

V

Vielbrunn 84, 85
Vogtsbauernhof 57
Vulkanismus 18, 21, 99

W

Waldaschaff 91, 92
Waldshut 34, 43
Wanderstöcke 37, 142
Wartburg 109, 111, 113
Wasserkuppe 100, 101, 103
Wasserschloss Mespelbrunn 89
Weltschnitzelhauptstadt 95
Werra 106, 107, 117, 118
Westweg (Schwarzwald) 12, 16, 49, 50, 51, 52, 53, 55, 56, 57, 58, 59, 60, 61, 63
Wiernsheim 67, 68
Wiesbüttmoor 92
Wildensee (Ort) 87, 89
Wilhelmsfeld 79, 80, 81
Wolfssteig 45
Wollsackverwitterung 132
Worbis 123, 125, 126
Wurmberg 129, 131
Württemberg 20, 59, 68, 71

Z

Zechstein 19, 22, 107
Zuflucht (Ort) 57, 58, 59

BERG & TAL **Der Verlag für Wandern, Reisen und Kultur**

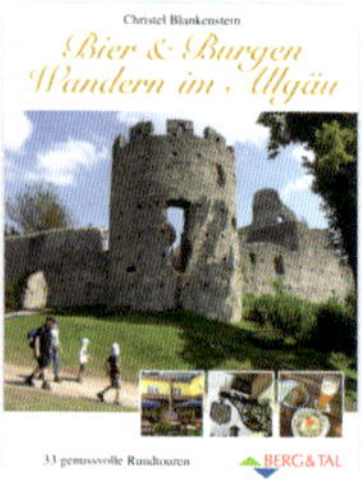


Christel Blankenstein
**Bier & Burgen – Wandern im Allgäu**
*33 genussvolle Rundtouren*

144 Seiten, 33 Routenkarten, eine Übersichtskarte, durchgehend farbig bebildert, Format 16,5 × 22 cm, Klappenbroschur // € 17,90

ISBN 978-3-939499-28-2

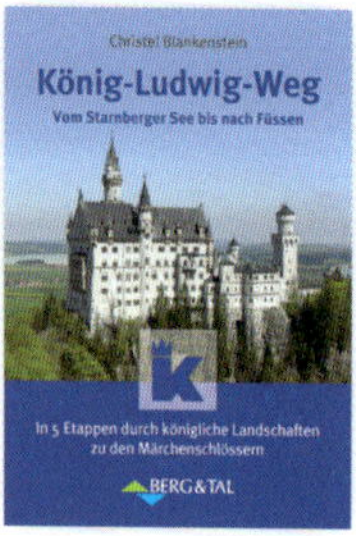


Christel Blankenstein
**König-Ludwig-Weg**
*Vom Starnberger See bis nach Füssen*

128 Seiten, 7 Routenkarten, eine Übersichtskarte, durchgehend farbig bebildert, Format 12 × 18 cm, Klappenbroschur // € 14,90

ISBN 978-3-939499-42-8

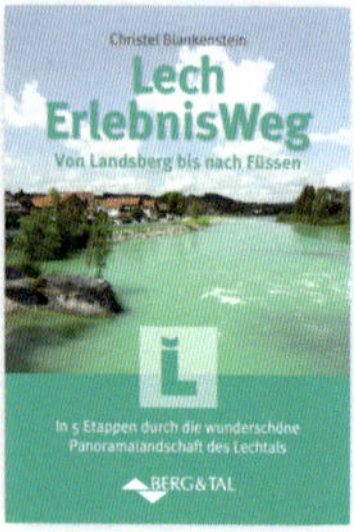


Christel Blankenstein
**LechErlebnisWeg**
*Von Landsberg bis nach Füssen*

112 Seiten, 5 Routenkarten, eine Übersichtskarte, durchgehend farbig bebildert, Format 12 × 18 cm, Klappenbroschur // € 14,90

ISBN 978-3-939499-43-5

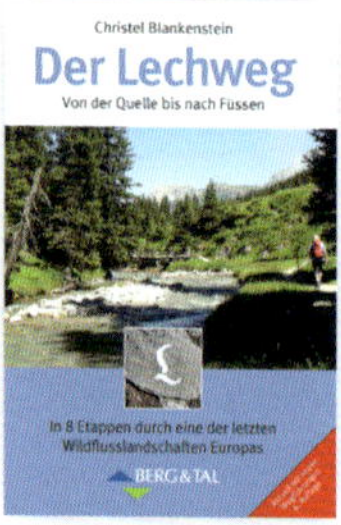


Christel Blankenstein
**Der Lechweg**
*Von der Quelle bis nach Füssen*
*Erster Fernwanderweg mit Europa-Zertifikat*

144 Seiten, 9 Routenkarten, eine Übersichtskarte, durchgehend farbig bebildert, Format 12 × 18 cm, Klappenbroschur // € 14,90

ISBN 978-3-939499-57-2

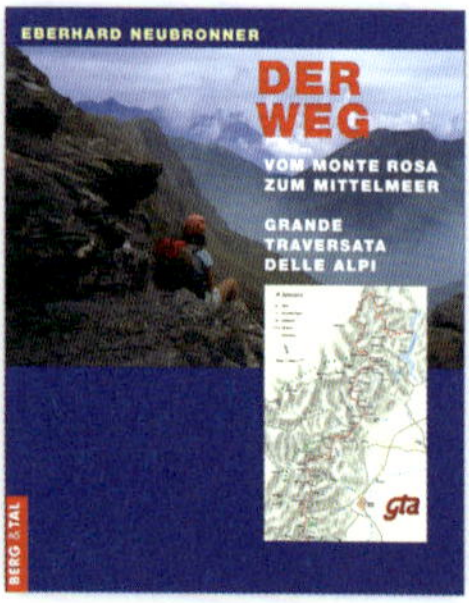


Eberhard Neubronner
**Der Weg – Vom Monte Rosa zum Mittelmeer**
*Grande Traversata delle Alpi*

176 Seiten, durchgehend farbig bebildert mit zahlreichen historischen Aufnahmen, zwei Übersichtskarten, Format 21,5 × 26,5 cm, gebunden // € 34,–

ISBN 978-3-939499-00-8

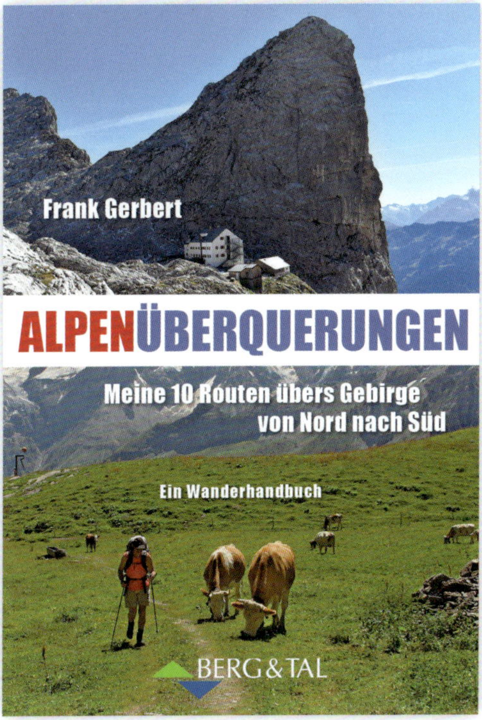


Frank Gerbert

**Alpenüberquerungen**

*Meine 10 Routen übers Gebirge von Nord nach Süd*
*Ein Wanderhandbuch*

224 Seiten, zahlreiche Routenkarten, eine Übersichtskarte, durchgehend farbig bebildert, Format 16,5 x 23,5 cm, Klappenbroschur mit Fadenheftung // € 24,90

ISBN 978-3-939499-60-2

## Bergwandern abseits des Massentourismus

Frank Gerbert ist wahrscheinlich der einzige Mensch, der die Alpen zehnmal zu Fuß auf verschiedenen, von ihm selbst entworfenen Routen überquert hat. Seit 2003 kombiniert der Journalist und Geograph existierende Wanderpfade zu neuen, überraschenden Transalp-Strecken. Eine Herausforderung erst für den Grips, dann für die Waden: Gerbert legte bei seinen Touren insgesamt 2800 Kilometer zurück und stieg dabei etwa 138.000 Meter in die Höhe. Der Autor informiert über alle Aspekte einer solchen Unternehmung und erklärt, wie sich jeder eine eigene Alpenüberquerung »erfinden« kann. Wem das zu aufwändig ist, der kann mithilfe genauer Informationen eine (oder mehrere) seiner Touren nachgehen. Die Alpenüberquerungen sind jeweils zwischen 200 und 400 Kilometer lang, sie können aber auch in Teilen zurückgelegt werden. Ob man alles zu Fuß geht oder manchmal in Bergbahnen oder andere Verkehrsmittel steigt, bleibt jedem selbst überlassen.

BERG & TAL

**Verlag Berg & Tal**
Heinrich Bauregger
Hirschgartenallee 48
80639 München
www.bergundtal-verlag.de

Tel: +49-89-63 85 08 80
Fax: +49-89-63 85 08 82
info@bergundtal-verlag.de

Downloaden Sie hier die Wegführung des Deutschen Mittelgebirgs-Trails im gpx-Format:

## IMPRESSUM



www.bergundtal-verlag.de

**Hinweis**
Dieser Band wurde mit aller Sorgfalt recherchiert, beschrieben und illustriert. Dennoch erfolgen alle Angaben ohne Gewähr, da zwischenzeitliche Änderungen nicht auszuschließen sind. Weder der Autor noch der Verlag können aus daraus resultierenden Nachteilen eine Haftung für Schäden irgendwelcher Art übernehmen.

**Bildunterschriften**
Umschlag-Vorderseite: Blick von der Littweger Höhe ins Tal des Einbach (Mittlerer Schwarzwald, Etappe 8)
Seite 2: Auf dem felsigen Gipfel der Milseburg in der Rhön
Seite 4/5: Im südlichen Schwarzwald

**Fotografie:** Alle Fotos stammen vom Autor, außer: S. 4/5, 33, 42, 108, 150/151: unsplash.com; S.128: Silke Wiedekind
**Covergestaltung:** Christian Weiß, München
**Layout, Typografie:** Catherine Avak, by-avak.de
**Redaktion:** Heinrich Bauregger
**Druck und Bindung:** BELTZ Grafische Betriebe GmbH, Bad Langensalza

Fragen und Kritik bitte an F.Gerbert@web.de

Printed and bound in Germany

ISBN 978-3-939499-66-4